# 守护心灵空间

主　编　张津凡　黎　阳
副主编　董婉玲　王丽娟
编　写　李京蕾　潘晓东　赵　楠　张海佳
　　　　容思慧　马　阗　尹俊博
主　审　曹晓平

SHOUHU XINLING KONGJIAN

中国电力出版社
CHINA ELECTRIC POWER PRESS

## 内容提要

本书根据大学心理健康的课程性质、设置目的和课时容量等因素，针对大学生心理健康方面的问题，如入学后的适应，生活习惯和作息规律，网络依赖和接纳自己，人际交往和情绪调节，超越原生家庭与活出生命的精彩，以及学习和记忆的心理机制等，讲述了同学们步入大学后的喜悦、困惑与领悟。

在教材结构上，编者打破学科的固有逻辑，敲开架屋叠床的层次划分，以模块的形式讲解内容。在主体叙述之外，增设了相关阅读——正文的理论支撑；延伸阅读——正文内容的深入讨论；扩展阅读——正文内容的横向枝蔓；补充阅读——正文的关联内容。这样的结构编排，旨在为学生阅读提供便利，每个模块的内容相对独立，确保学生阅读一个模块，收获一个模块，领悟一个模块，同时增添阅读兴趣。

本书可作为高等院校大学生心理健康教育课程教材，也可作为新生入学指导用书。

**图书在版编目（CIP）数据**

守护心灵空间 / 张津凡，黎阳主编；董婉玲，王丽娟副主编. -- 北京：中国电力出版社，2025. 8.

ISBN 978-7-5239-0299-8

Ⅰ. G444

中国国家版本馆 CIP 数据核字第 2025MF4511 号

出版发行：中国电力出版社
地　　址：北京市东城区北京站西街 19 号（邮政编码 100005）
网　　址：http://www.cepp.sgcc.com.cn
责任编辑：孙　静（010-63412542）
责任校对：黄　蓓　王海南
装帧设计：张俊霞
责任印制：吴　迪

印　　刷：三河市航远印刷有限公司
版　　次：2025 年 8 月第一版
印　　次：2025 年 8 月北京第一次印刷
开　　本：787 毫米×1092 毫米　16 开本
印　　张：14
字　　数：296 千字
定　　价：42.00 元

# 前　言

有两句话说得好，一句是心有多大，世界就有多大；另一句是心大了，事就小了。其实这两句话可以归纳为世界和事情都取决于心灵的大小。所以，我们有理由，也必须要拓宽、修复、构筑我们的心灵空间。

本书针对大一新生心理健康教育面临的问题，立足于学生健康意识的养成和身心状态的改善，撷取相对成熟的心理学理论和技术，共包括十三章内容。

第一章：入学后的那些事。大学生心理活力不足引起社会的关注，甚至恐慌，更有人提出了“空心”的描述。现在的大学生从小被父母设计规划，被作业成绩拖累，缺少自主的活动，也就被扼杀了探索的愿望和兴趣。高考之后，他们满怀对大学的设想和憧憬，希望实现自己的愿望，做自己生活的主人。

第二章：时间去哪了。研究发现拖延行为同缺乏自信、低自尊、畏惧失败有关。拖延行为侵蚀了人们的生活，严重地危害了人们的心理健康。拖延行为的研究为减少拖延提出了值得推崇的对策。

第三章：一觉睡到小时候。睡眠和觉醒是意识的两种交替状态，自然就不能缺少任何一种状态。对勤奋的最大误解是废寝忘食，睡眠能保证大脑工作的效率和节奏。我们认为要想学得好，首先要睡得好。睡眠同心理健康有着密切关联，所有不开心都会干扰睡眠，同时睡眠不佳会在很大程度上影响心理和身体的健康。

第四章：我在梦里梦见。对梦的好奇和误传也许是与人的生活最为密切的心理现象。从远古开始，人们就怀着敬畏的心情回顾和解析梦境，各种学科也力图解释梦的发生。目前人们对梦的解释似乎可以摆脱对梦的迷信，至少可以减少人们对梦的预兆的恐惧。

第五章：说出你的故事。叙事心理治疗是后现代心理治疗中越来越受欢迎的一种治疗方法，其“人≠问题”的治疗观点影响了大批心理咨询师，解放了被“问题故事”困扰的心灵。其对问题的外化技术，发现生命故事中的线索，找到主流故事背后的支流故事，重新编排并重构故事，使个体拥有自己解决问题的勇气和力量。

第六章：同自己和睦相处。焦虑也被看作是人类的天性，人类总是处在各种焦虑之中，对自己不满是焦虑的根源。对应状态焦虑（state anxiety）的是特质焦虑（trait anxiety）。特质焦虑是遗传的心理特征，在心理机能上被称作解释风格（explanatory styles），是对事件解释的习惯。沃尔普（J. Wolpe）提出以松弛对抗焦虑，从引起焦虑的微弱刺激开始，逐渐调整身心趋向松弛和平静。

第七章：伸出你的手。客体关系理论认为人活着就是寻求关系，一切心理障碍都是关系的障碍。人际关系的修复和培养具有治疗价值。人际交往的演练是情感教育的成分，可以培养积极的沟通、表达、自助能力。身体语言的介绍帮助学生增长社会交往能力和技巧。

第八章：有话好好说。情绪是每个人心理机能健全和心理状态平稳的标志。全面体验情绪种类，不拒绝或不错过任何情绪的体验，搭建完整的情绪体系是个体的成长目标。在日常生活中及时地体察情绪和准确地识别情绪，随之调节自身的情绪状态，以保持和保证心理健康。

第九章：家庭的传承与超越。家庭养育了每个人，但是原生家庭也在自身的运行中伤害了很多人。减轻和消除原生家庭的不利因素和负面影响是家庭功能递进发展必须面对的问题。个体在修复自己伤痛的同时，完成对原生家庭的认同、感恩和超越，以推进家庭和社会的进步。

第十章：走向生命的绚丽。人类进化之艰辛，基因裂变之繁复，感官构造之精致，是大自然精心的打造和雕琢。所以说生存本身就是波澜壮阔的生命礼赞。人类感受之奇妙，思想之深邃，哲学家把生命引向了精神的追逐，生存的意义。尊重生命更深刻的含义是每个人都有理由让自己的生命绽放光彩。

第十一章：无网不利。科技的进步给人们带来了便利，也给人们带来了苦恼，甚至带来了恐慌和畏惧。对比传统的游戏娱乐方式，在由动转静的无声喧闹中，在对新事物的排斥中，代际的冲突不可避免。网络和电子游戏已经不可阻挡。同样，网络在协助人们迅捷、准确地查阅资料和探寻未知领域时显现出最大的便利。

第十二章：我的宠物是大象。早期的心理学研究多借助于动物实验。每位心理学家在描述自己的理论时，都忽略了一件事，就是他们观察或实验的对象，在许多方面，至少在心智水平上同人类有着巨大的差异。动物实验的最大缺陷是动物的学习是片段的，而人类的学习是连续的和迁移的。所以，人类学习的心理至今还没有说清道明。

第十三章：似曾相识燕归来。记忆是人们关注的话题，心理学最初受益的大概就是记忆的研究。但是，坊间流传的艾宾浩斯的遗忘曲线是错误的，因而由其引导的作业练习也是错误的。现代心理学在分子层面对记忆有了全新的解释。

具体编写分工如下。第一章：董婉玲，容思慧；第二章：张津凡，李京蕾；第三章：王丽娟，容思慧；第四章：王丽娟，李京蕾；第五章：赵楠，容思慧；第六章：张津凡，王丽娟；第七章：张津凡，潘晓东；第八章：黎阳，容思慧；第九章：张津凡，王丽娟；第十章：董婉玲，马阆；第十一章：赵楠，李京蕾；第十二章：黎阳，尹俊博；第十三章：黎阳，张海佳。

本书由沈阳大学曹晓平任主审，提出许多宝贵意见，在此表示感谢！

本书在编写过程中，借用了许多前辈和专家的研究成果，并尽最大限度将引用的文献做出标注，以示敬意。若有遗漏之处，深表歉意。

编　者

2025 年 7 月

# 目 录

# 第一章 入学后的那些事

> 完整的人，全在于自身的不懈努力和对自身的不断超越。
>
> ——雅斯贝斯

你终于迈入了大学校门。大学，曾经是在黑暗里不断牵扯你的亮光，也曾经是你心中的圣殿，还曾经是消磨你信心和自尊的黑暗。初高中，很多次暗下狠心告别书本，但第二天仍然走在去学校的路上。

如果不加掩饰地回答，很多人都会承认不是很想上大学，或者不是一定要上大学。很多人在还没找到自己的方向时，认为念书和上大学只是对父母的顺从，很像我们小时候去学特长班，寒暑假去补课。

什么时候让我们玩自己想玩的，或者学自己想学的？某些时候，头脑中闪过“我们的命运注定了是社会规划的，学校设计的，家长催促的”，难道这就是真的吗？

十九年的风风雨雨，我们还不曾认清自我，所欲不逾矩。

## 第一节 其实你不懂我的心

12 年寒窗苦读对每个学子来说都是一个不断蜕变的过程。经历了童年的天真、少年的懵懂、青春的张扬，一路追风，也一路沉淀。大学更是意味着成长、独立、自由、友情、爱情，也许上大学会帮你找个好工作，奔个好前程……但大学最想给你的是一个自由释放的天地和施展才华的舞台。它是终点，更是起点。

### 一、意兴阑珊

“大学之道，在明明德，在亲民，在止于至善。”这句耳熟能详的名句出自《大学》。古代治学的终极目标是皓首穷经，经历“为学之道，莫先于穷理。穷理之要，必在于读书。读书之法，莫贵于循序而致精。而致精之本，则又在于居敬而持志”。现在的大学目标多元化，信息纷至沓来，令人目不暇接。一位大学生描述自己在大学中的心理状态：“从小学的循规蹈矩，到中学的尺步绳趋，再到大学的自由开放，我会感到多少有点目不暇接，甚至难以适应。”

青春期都会有一个自我认同的过程，对自己的生命负责，包括对自己的尊重和肯定。

高考结束，甚至尚未结束时，家长已经替我们决定了读哪所大学，去哪座城市，学什么专业。然后，我们发现家长同我们一样，对于他们苦心孤诣选择的专业一无所知。先不论家长选择的对错，单是由别人选定大学和专业这一点，我们就是在念别人的大学，或者是在给别人念大学。很多家长替我们选专业的标准就是毕业后好找工作。这条理由可以不用考虑了，因为学哪个专业和毕业后从事的职业并不全然画等号。如果一定要说有，那就是待业。问题在于我们如何去念大学，尽管这个大学很大程度是父母帮助选择的，但是时光和生命是自己的，无论情愿与否，我们还是要分秒不差地度过，是要继续依照别人的规划走下去，还是活出属于自己的精彩，显而易见这不是一道选择题，答案是唯一的。要活出自己的精彩，就要先做一道人生中最难的题：认清自己。生命中和你最近的人就是自己，而这个“自己”往往是最难认清的。

心理学研究表明，个体自我意识从发生、发展到相对稳定，要经过 20 多年时间。

**相关阅读**　　**经验的自我观**

古人称为灵魂的概念，心理学用“自我”一词来替代。对自我的解释不再是逻辑的推理与权威的思辨，而是通过经验来总结。典型的经验自我观有以下几种：

西格蒙德·弗洛伊德（Sigmund Freud）认为，人格是由本我、自我和超我三部分构成的。自我与外界发生联系，能根据现实的原则代表外界的要求，是自律的适应作用、防卫作用和综合作用的主体，具有认识、判断与执行的能力。自我的重要任务是满足本我的欲望，是本我的真实奴仆，但也想根据现实原则来“控制”和“约束”本我。可见，弗洛伊德的自我概念是在生物学基础上，因后天的经验与生物体的成熟而成长起来的，它来自个体外部的客观观察，是个体精神机能的主体之一。

G.W.奥尔波特（Gordon Willard Allport）把自我分为八类：主体的自我；被认识到的客体的自我；原始的利己的自我；控制冲动的自我；精神过程的接受者的自我；追求目标者的自我；行为体系的自我；文化主体的自我。从奥尔波特的分类中可以看到两点：一是自我概念内涵的多样；二是他没有提出分类的根据与标准。

G.H.米德（George Herbert Mead）从奥尔波特对自我的分类中挑选了第一类和第二类加以展开。他把自我分为两个成分，一是作为主体的我（I），二是作为客体的我（me）。作为客体的我接受着主体的我的命令与态度，使自身符合社会的要求；作为主体的我则随时随地根据社会规范实现对主体的我的调节。自我的这两个方面是通过社会交往而逐渐被分化而明确起来的。

爱利克·埃里克森（Erik H.Erikson）认为，自我意识在青春期发展的主要内容是自我同一和角色混乱的冲突。青少年期的主要任务是建立一个新的同一感或自己在别人眼中的形象，以及他在社会团体中所占的情感位置。这一阶段的危机是角色混乱。“同一的感觉也是一种不断增强的自信心，一种在过去的经历中形成的内在持续性和同一感（一个人心理上的自我）。如果这种自我感觉与一个人在他人心目中的感觉相称，很明显这将为一个人的生涯增添绚丽的色彩”。如果一个青少年感到他所处的环境剥夺了他在未来发展中获得自我同一的种种可能，他就将以令人吃惊的力量抵抗社会环境。在人类社会的丛林中，没有同一的感觉，就没有自身的存在，所以，他宁做一个坏人，或干脆如死人般活着，也不愿做不伦不类的人，他自由地选择着一切。随着自我同一形成了“忠诚”的品质。埃里克森把忠诚定义为：“不顾价值系统的必然矛盾，坚持自己确认的同一的能力。”所以，青少年期的主要任务是清晰地认识自己、了解自己。

## 二、寻找自我

青年人都会有自我认同的过程，也就是找到自己是谁、要成为什么样的人的过程。

W. 詹姆斯（William James）将自我经验分为三个部分：生理的自我（与周围物质客体相伴随的躯体自我），社会的自我（关于别人对自己的看法的意识），以及心理的自我（监控内在思想与情感的自我）。

生理自我指个体对自己躯体、性别、形体、容貌、年龄、健康状况等生理特质的意识。在生理的自我方面，个体的自我评价，主要表现为对自己的身体、衣着、家庭成员以及自己所有物的判断，从而表现为自豪或自卑的自我情感。其个人的追求则表现为对身体的外表和物质欲望的满足，或获得家庭成员的关心和爱护等。

社会自我指个体对自己在社会关系、社会角色、社会地位及社会评价中的意识，是个体在与他人互动中形成的对自身社会特征的认知。在社会的自我方面，自我评价主要表现为个体对自己在社会上的名誉、地位、亲族、财产的估价，从而表现出自尊或自卑的自我体验。其个人的追求则是引起他人的注目、重视，期望获得他人的好感，其表现则是追求名誉、追求金钱、追求爱情，并怀有强烈的竞争心。

心理自我是指个体对自己的心理特征，如认知能力、情绪状态、性格特质、价值观、动机、兴趣、理想等的意识与评价，是自我意识中最抽象、最内在的层面。在心理的自我方面，自我评价主要表现为个体对自己智慧、能力、道德水准的优越感。其自我追求则表现为在政治上、宗教上、道德上、良心上的进取和智慧上的提高。

詹姆斯认为，一切与自身相关的事物都会在某种程度上成为自我的一部分。

如何认识和评价自己，心理学家为我们提供了一些方法。

美国心理学家乔瑟夫•勒夫（Joseph Luft）和哈林顿•英厄姆（Harrington Ingham）在 20 世纪 50 年代提出个体自我认识的乔韩窗口理论，被广泛应用于理解和培养自我意识、个人发展、改善沟通、推进人际关系、团队建设和群体间关系。

他们认为人对自己的认识是一个不断探索的过程，因为每个人的自我都有四部分，如图 1-1 所示。

（1）自我和他人都知道的，是公共的我（public self）。

（2）自我知道，但他人不知道，是秘密的我（secret self）。

（3）自我不知道，但他人知道，是盲目的我（blind self）。

（4）自我和他人都不知道的，是潜在的我（unconscious self）。

| | 自己知道 | 自己不知道 |
|---|---|---|
| 他人知道 | 公共的我<br>(public self) | 盲目的我<br>(blind self) |
| 他人不知道 | 秘密的我<br>(secret self) | 未知的我<br>(unconscious self) |

图 1-1　每个人的四部分

不同的人的四个方块的面积是不同的，有些方块对某些人来说可能很大，对另一些人来说却可能很小。第一个方块，公共的我是人际交往的主要阵地。人与人的交往，大多发生在这个领域，所以，我们如果胸怀坦荡，从善如流，就可缩小第二和第三方块的面积，扩大共同的我的面积，从而推进自我与他人的关系。乔韩窗口理论告诉我们，通过与他人分享秘密的自我，通过他人的反馈减少盲目的自我，人对自己的了解就会更多、更客观。若以百分比来分配各个方块的面积，那么属于你自己的四个方块的面积是怎样的呢？

### 课堂活动　　自我的体察

1. 你觉得你是一个怎样的人？
2. 你认为你在别人眼里是怎样的人？
3. 你满意自己的现状吗？
4. 你希望你成为一个怎样的人？
5. 你怎样改变现状成为自己期望的那种人？

## 三、接纳自己

一些个体对自己不认同、不接纳，这种对自我的否定使我们不敢说出自己内心的想法，一味地按照别人对自己的规划前行。久而久之，无论行为模式还是思维模式都会形成一种习惯，把自己锁进无助的牢笼中。

荣格（Carl Gustav Jung）曾经问道：“你究竟愿意做一个好人，还是一个完整的人？”

每个人都是不完美的，每个人身上都有自己不愿意触碰的阴暗面，亲人朋友不愿意接受，连我们自己也无法面对。于是，我们不惜代价、竭力伪装成人见人爱的好人，活得很累。事实上，我们的每个缺点背后都隐藏着优点，每个阴暗面都对应着一个生命礼物：好出风头只是自信过度的表现；邋遢说明你内心自由；胆小能让你躲过飞来横祸；

撒泼在有些场合是解决问题的最好方式。每个人都应该明白的一件事是爱自己和接纳自己不需要任何条件。无论你曾经做过什么，无论你是怎样的，拥有什么样的外貌特征、声音体味，无论你来自什么样的文化和家庭背景，作为这个世界的一分子你都是独一无二的，你的使命是来让这个世界因你的存在而更多元、更丰富。所以你天然地就应该被接纳、被珍爱，尤其是被你自己所接纳和珍爱。

1. 完整地接纳自己是一种非凡的能力

自我接纳（self-acceptance）最早是由美国心理学家 G. W. 奥尔波特提出的，它是指个体对于自身的一切，包括身体、能力、品德、名誉等各个方面都能认可其正面的价值，接受自身的现实状况。自我接纳的最终目的是让个体正视并拥抱真实的自己，然后在现有基础上整装出发，进一步完善自我。自我接纳的内容主要包括两个方面：一是对自我的接纳；二是对环境的接纳。每一个方面，又具体表现为对现状的接纳；对形成背景、原因的接纳；对改变过程的接纳。

首先，自我接纳是一种积极的态度。一个人如果可以清楚地认知自己、准确地评价自己，就能够制定现实可行的目标，进而采取有效的行动，充分发挥自己的长处，最终取得成功；相反，一个人如果不能清楚地认识和评价自己，对自身的评价并不稳定，时而自卑，时而自负，就会影响自身的发展。心理学研究表明，如果一个人能够接受自己，就说明他没有明显的自卑心理，能够比较客观地认识自己，心理上比较平衡，他们采取的自我防御越少，社会适应能力就越强。

其次，自我接纳是一个过程。因为要做到自我接纳首先要坦然面对真实的、客观的自我，包括体态特征、家庭背景、成长过程及经历、个性特点等一切与自我相关的内容。此时仅仅是正视，不做任何好或坏的评价。就像看着一棵树，仅仅是看着它，看到它的高度、大小、枝丫数量等，而不去评论它是否高大葱郁。在正视客观自我的基础上，再审视自己的不足和对自己的不满，之后就要将这种不满转化为对自己的合理期望。就像承认你内心确实嫌弃那棵树的枝丫不够整齐漂亮，树叶不够翠绿繁茂，同时将这种“嫌弃”转化为你对那棵树的期望，你期待它的枝丫可以更加整齐，期待它的树叶能够更加繁茂。

再次，自我接纳是一系列的行动。在真实自我的基础上，按照自己喜欢的样子，一步一步去塑造期待中的自己。这个行动的过程，就像给那棵树浇水施肥、修剪枝丫，以使它长成期待中枝繁叶茂的样子。真正的自我接纳，除了要接纳自我本来的样子，要接纳对自己的期望，还要接纳完成对自己的期望是一件并不简单的事，更要接纳在完成对自己的期望的过程中，那个可能时而前进，时而退后，时而又原地徘徊的自我。也就是说，当你在给那棵大树浇水施肥时，你需要接纳那棵大树不是“立刻”枝繁叶茂，而是一点点地蜕变而来。

接纳自我是自尊、自爱的体现。一个接纳自我的人，他是尊重自己的，而且他相信自己的能力和潜力。自尊与自爱是大学阶段学生的优势需求，是极其重要的心理品质。

## 补充阅读　自我意识

自我意识是意识的核心部分，就是自己对自己的认知，还包括自我观察、自我评价、自我体验、自我设想、自我监督、自我控制、自我塑造等。

自我意识的基本结构由三个系统组成，一是自我调节系统，包括自我观察、自我评价、自我监督、自我控制四部分。二是自我意识的动力和导向系统，包括人的需要、动机、兴趣、理想、信念、世界观等。三是自我意识的功能系统，包括气质、性格、态度、意志、情感、能力、理智等。这三个系统相互联系，相互作用，处于一个统一体中。

自我意识从内容上可分为生理自我、社会自我、心理自我；从形式上可分为自我认识、自我体验、自我调控；从观念角度可分为现实自我、投射自我、理想自我。

2. 提高自我效能感，积极肯定自己

在大学阶段，我们还经常表现为：明知快考试了，该看书复习了，可还是一拖再拖，始终不行动；明知整天泡在网吧里玩游戏不应该，可就是戒不掉；明知不该逃课去逛街，可就是抗拒不了诱惑……经常会有人虽然清楚应该怎么做，但是在行为表现上却并不理想。这就是俗话说的“没心没肺”，为什么会这样？

1977 年，班杜拉（Albert Bandura）提出了自我效能理论。自我效能（或者简称信心）指人们对自己实现特定领域行为目标所需能力的信心或信念，简单来说就是个体对自己能够取得成功的信念。它包括两个成分：结果预期和效能预期，其中结果预期是指个体对自己的某种行为可能导致什么样结果的推测；效能预期是指个体对自己实施某行为的能力的主观判断。自我效能是个人对自己完成某方面工作能力的主观评估。评估的结果如何，将直接影响到一个人的行为动机。自我效能同时也标志了人们对自己产生特定水准的，能够影响自己人生的行为能力的信念。自我效能的信念决定了人们如何感受、如何思考、如何自我激励，以及如何行为。

班杜拉指出，个体亲身经历的成败经验对自我效能的形成影响最大。成功的体验会提高个体的自我效能，反复的失败会降低个体的自我效能。对于学生而言，如果努力奋斗或苦苦挣扎之后总是不能获得理想的结果，他就会出现“心理失控状态”，其中既包含对个人能力的否定，也包含对环境控制感的丧失。大学生，特别是一些凭借父母、老师时时刻刻耳提面命而保持骄人成绩的大学生，从小到大，习惯了依赖和被动听从，缺乏自主和自我判断能力。这样的学生进入大学后，不知所措、漫无目的地按照原来的学习和生活方式来适应大学就很容易产生“怎么努力也无济于事”的心理失控状态，最终产生“能力不足”的归因偏差，进而放弃对世间事物的牵挂和对未来的期待。

班杜拉等人的研究指出，自我效能具有以下效用：影响或决定人们对行为的选择，以及对该行为的坚持程度和努力程度；影响人们在困难面前的态度；影响人们的思维模式和情感反应模式，进而影响新行为的习得和习得行为的表现；影响活动时的情绪。自我效能高的人：期望值高、遇事理智处理、乐于迎接应急情况的挑战、能够控制自暴自弃的想法，需要时能发挥智慧和技能。自我效能低的人：畏缩不前，情绪化地处理问题，在压力面前束手无策，易受惧怕、恐慌和羞涩的干扰，当需要时，其知识和技能无以发挥。

班杜拉指出可以通过以下三条途径来培养自我效能感。

（1）增加个体对成功的体验。自我效能感作为个体对自己与环境发生相互作用的效能的主观判断，是以个体多次亲身经历某一同类工作而获得的直接经验为依据的。多次的失败会降低个体的自我效能感，多次成功的体验则会提高个体的自我效能感。

（2）增加替代性经验。替代性经验指个体通过观察能力水平相当者的活动，获得的对自己能力的一种间接评估。它使观察者相信，当自己处于类似的活动情境时，也能获得同样的成就水平。

（3）语言说服。语言说服指通过他人的指导、建议、解释及鼓励等来改变人们的自我效能感。当个体总能获得外界的关心和支持时，他的自我效能感就会增强。人们对自身能力的知觉在很大程度上受周围人评价的影响，尤其当评价来自有威信或对个体来说比较重要的人。班杜拉认为对个体的“无条件的积极关注”会增强个体的自我效能感。但是如果说服者的言语劝导与个体的实际能力不相一致时，一开始可能会增强个体的自我效能感，但经过验证后，反而会加剧降低个体的自我效能感。

对于大学生来说，积极归因、设置恰当的目标与任务、提供积极的言语和鼓励、引导其进行积极的自我评价、建立有效的激励机制都是提高自我效能感的有效方法。

## 第二节　大学里的修行

学生这个标签在你身上贴了已经有十几年之久，你知道怎样学习吗？我们来回顾一下以前的学习经历。小时候，从你满怀希望地背起小书包走进校园的那天起，身边的所有人就告诉你要好好学习，将来考大学，上了大学才会有出息。然后你就开始了上课、练习、复习、考试的学习生涯。小学六年好好学习为了考上好初中，初中三年勤奋刻苦为了考上好高中，高中三年寒窗苦读为了考上好大学。我们一直都在为了考试考好而学习。你背了多少公式定理，解了多少深奥的习题。这种被动式的填充学习过程是否让你体验过学习的快乐呢？

### 一、大学里的学习

大学里的学习真的不一样了。虽然大学里有许多课程，但这些课程就像信息库，只是给你提供专业信息的平台，我们根据自己的应用需要和喜好去过滤和选择有用的信息，深入学习。它的特点就是自学，转被动学习为主动求知。不会再有老师每天耳提面命地告诉你学什么，每天扒着窗户看你是不是偷懒；不会有做不完的练习题；也不会有老师要求你去背诵或者反复地誊写。我们需要自己去确立目标，发现问题、研究问题、解决问题。你可以不用再为了考试而学习，不用再为了父母而学习，更不用为了讨人欢心而学习。大学里的学习只为你自己有更美好的未来。

但是，问题随之而来：大学的教学模式是与以前完全不同的，这就意味着你还用原来小初高的学习方法肯定不合适。下面我们来看看大学里正确学习模式的开启方法。

1. 学习目标的转变

不知道你是否想过为什么要学习。明确的答复是，学习不是为了考试，不是为了找好工作，不是为了变成有钱人……

从人类进化历程的角度上讲，学习的最初面目是问题解决。面对一个个问题情景，人类祖先要想办法解决问题，以维持生存。在那之前，莫说高深的理论，就连数字都是不存在的。随着人们解决问题的数量越来越多，积累的有效方法也越来越多，为了把这些方法流传下去，人们试着去分门别类地记录这些方法。久而久之，人们积累了大量的知识供后人学习。不难看出，学习知识的初衷就是为了解决问题。大学学习才真正回归了本源：解决问题，知识转化生产力！这才是学习的真正目的。在专业学习中，更重要的是通过大学里的课程培养专业思维。

### 扩展阅读　　刻意练习

安德斯·埃里克森（Anders Ericsson）研究诸多领域的杰出人物，提出刻意练习。刻意练习包含三个要素：目标、错误、方法论。

1. 目标

设定一个稍稍超过自己现有能力的目标。盲目受挫毫无帮助，实现目标才能突破原有水平。

2. 错误

刻意练习需要犯错，并关注这些错误，错误带来的进步超出想象。犯错的过程是在实践的过程中不断修正错误的过程。

3. 方法论

刻意练习要有自己的方法论，可以归结为：组块化，重复练习，尝试体会。

练习的效果是神经元的结构发生变化。2000 年，诺贝尔生理学或医学奖得主之一，埃里克·坎德尔（Eric Richard Kandel）发现“髓鞘质”是“交流、阅读、学习技能和人之成为人的关键”。当我们开启神经回路的方式正确时，髓鞘质越增厚，绝缘度就越高，人们的动作和思维就越加精确和敏捷。

2. 学习方法的转变

你是怎么学习的呢？班杜拉的社会学习理论着眼于观察学习和自我调节在引发人的

行为中的作用，重视人的行为和环境的相互作用。班杜拉认为学习是探讨个人的认知、行为与环境因素三者及其交互作用对人类行为的影响。学习者要对学习的内容进行加工和理解使其与自己的行为目标和环境因素相吻合，这正是大学学习的特点，即自学。自学不仅仅是自己学会所学内容，还要自主选择学习内容，独立研究学习方法，独立评价学习效果。这是大学的学习与小初高学习最大的不同之处，也是很多同学无法适应大学学习生活的重要原因。

3. 学习焦虑的产生

学习目标的扭曲和学习方式的巨大转变，给习惯了原有学习模式的学生带来了极大的挑战，短时间内很难适应。这种适应不良则使众多学生产生学习焦虑。其表现为无明确学习目标、无学习动力、无成就感、学习精力分散、缺乏正确的学习方法、逃课、厌倦考试，甚至是考试作弊。

4. 考试作弊

考试作弊的基本动因是害怕考试不能及格。其实，我们可以推断，所有面临考试的同学都会产生或多或少的担忧和恐惧。那么，为什么有些同学无法承受考试的担忧和焦虑呢？

第一，考试作弊同以往解决问题的方式有关。从本质上讲，考试作弊是种逃避或回避现实问题的做法。人们在遇到阻碍、压力和挫折时，心理上会自动地做出防御反应，表现出各种各样的应对方式。心理健康和人格成熟的应对方式是正视问题，并解决问题。

第二，考试作弊是力量的展示。初高中时受制于老师的监视，不敢违纪。如果按照劳伦斯·科尔伯格（Lawrence Kohlberg）的道德发展理论，学生还处于“好孩子”阶段，大学阶段进入了“社会契约取向”阶段，开始对现实做出条件性取舍。从学业的角度讲，中学时要为考大学真刀实枪地训练，考上大学“已经出息了”，不必对成绩的真实性较真了。

但是，考试作弊而及格并不能消除对考试的厌烦和恐惧，反倒增添愧疚和负罪的感觉。也许有的同学会说，作弊是因为考的内容没用。也许有的同学会说，大家都在作弊。但是，无论用哪种理由为自己搪塞开脱。采用不正当手段去实现目的，都会给自己增添更多种类的负性情绪。作弊得手后，你是倍感轻松，还是增添了新的惶恐。事实上，没有人会因为作弊而心安理得。虽然深至内心的厌恶和恐惧会驱动作弊学生不加顾忌地铤而走险，但得手之后却没有同学会认为觉得庆幸和光彩。

第三，当你诉说自己是作弊通过的考试，你是否感觉到你同正当考试的同学有了隔阂，你不再属于他们的那个团体，把自己打入了另类。考试作弊，还给自己增添了孤独。这种孤独不是来自同学眼中的鄙视，而是来自自己内心的失措和茫然。

第四，因作弊而及格后，是添加了学习的动力，还是走向了反面。经历作弊得手后的短暂兴奋，内心是更加充实，还是松懈和落寞。当一个人觉得不用学习功课，只凭技巧就可以蒙混过关，就可以惊险地毕业，他是对大学生活的放弃，还是对自己的放弃？

## 扩展阅读　海因兹偷药

科尔伯格采用开放式的两难故事，提出了道德推理发展的系统理论。

科尔伯格假设：海因兹的妻子病危，而他却无钱支付高额的药费。在药商不肯降价，又不答应延期付款的情况下，为了给妻子治病，海因兹破门而入偷了药。故事中，海因兹遇到的两难问题是应该遵守法律，还是要维护个人生命的权利。

向被试者提出的问题是海因兹应不应该那么做，为什么？

科尔伯格根据被试者提供的判断理由，分析其中所隐含的认知结构特点，划分出道德发展的三个水平和六个阶段。

水平一：前习俗水平。外在标准控制，通过行为后果来判断行为，如受奖励为好行为，受惩罚为坏行为。

阶段1：惩罚和服从取向。以服从权威和避免受惩罚作为判断行为好坏的标准，不理解道德标准，不理解故事中主人公的两种价值观冲突。

阶段2：功利取向。以是否能满足个人需要作为判断行为正确与否的标准，即出于个人利益的考虑。

水平二：习俗水平。以遵从社会规范、社会规章制度为准则。

阶段3："好孩子"取向。以取悦并得到他人的认同，以他人的意图进行判断。认为权威人物所制定的社会准则、行为标准都是对的，应该遵守。

阶段4："好公民"取向。也称为维护社会秩序取向，即作为社会成员，应该遵守社会规章制度，维护社会秩序，这是公民的义务，不能违反法规、法律。

水平三：后习俗水平。道德标准内化于己，成为自己的道德标准，遇到道德标准矛盾冲突时，自我可以做出选择。

阶段5：社会契约取向。认识到各种法规都是为公众的权利和利益服务的，符合公众需要的便应遵守；如果不适宜，就可以按多数人的意愿修改。

阶段6：普遍道德原则取向。这是理性良心取向，个体的道德认识超越社会法规和法律，普适于尊重每个人的尊严、生命价值和全人类的正义。个人可按伦理原则进行选择，如海因兹有责任挽救任何人的生命（包括妻子或陌生人）。

焦虑的产生来源于压力。学习焦虑的产生也源自学生在大学学习过程中感受到的种种压力。学习带来的压力：学习科目多，学习内容多，老师讲得快，听不懂课，看不懂书，没人辅导；考试带来的压力：多科目同时考试，复习时间紧张，怕挂科，考不好没有奖学金，考不好没法和父母交代；还有就业带来的压力。

虽然大学的学习生活有诸多压力，但如果应对得当，压力则会转变为动力。积极规划大学生活就是很好的应对方法。

## 二、大学需规划

李开复在写给大学生的信中告诉我们，想要读好大学要做到以下几点。

1. 打好基础

大学不是“职业培训班”，而是一个能让自己适应社会，做各种不同工作的平台。这个平台的基础就是基础课程。大学时，一定要把一些基础知识——数学、英语、编程、写作、化学、物理等学好。在科技发达的今天，学这些不变的基础才是最重要的。有些高深的技术，几年后就会改变。没有好的基础，也学不会高深的技术。

2. 培养自己的学习能力

专业知识固然重要，但是大学毕业生更重要的是思想的能力、学习新东西的能力。因为未来的世界会有很大的改变，所以熟悉旧知识还要有学习新知识的能力。

### 扩展阅读　为己正名

1995 年，在美国旧金山，500 多名经济、政治界人士，分析世界全球化的走向。会议主旨讨论如何解决 80% 多余人口与 20% 财富人口之间的冲突。曾任美国国家安全事务助理的布热津斯基提出采取温情、低成本、半满足的办法麻醉“边缘化”人口的不满，后被称作“奶头乐”（tittytainment）理论，具体的形式包括：暴力网络游戏、报道无聊小事明星丑闻、商品优惠活动、廉价品牌推销等。

魔性而邪恶的奶头乐，其大致的寓意是类比婴幼儿叼着没有实际内容的奶嘴，没营养没味道，但口唇等感官和心理会得到巨大的满足，自然会乐此不疲。

由于轻而易举就能获得快乐。普罗大众不知不觉在“奶头乐”中丧失思考能力。虽然深陷其中的不止大学生，但最受抨击的是大学生。因为每个国家和民族都把复兴的希望寄托在年轻人身上，自然不希望大学生有任何的闪失。甚至有人发明了带有轻蔑意味的与“病”有关的词汇歧视和指责学生。但是，每个国家的科技振兴、经济复苏、政治昌明的中坚力量都是大学生。

所以，我们似乎好像应该在校园里做些改观来为自己正名。

3. 找到自己的兴趣

大学生活中，很多学生很容易就恢复过去被动的习惯。因此大学生必须尽快地明确自己的目标。“毕业”不是一个目标。远期的目标是人生目标，中期的目标是职业、出国、读研。近期的目标是要把基础课学好、要去旁听自己有兴趣的课、要通过某些水平考试、要参加社团、要提升沟通或表达的能力。这些目标因人而异，但是每个人都必须考虑自己的兴趣及客观条件，并逐步地进行调整和提高。大学阶段最重要的是通过对本专业的体验和对其他专业的了解找到你的兴趣，你需要明白和验证自己的兴趣和特长所在，以便逐渐确定今后的发展方向。

4. 培养自己的人际交往能力

大学生活的必修课之一就是练习与人相处的能力。第一次离开家门，开始会遇到很多人际矛盾，但是未来在社会里与人相处的能力会越来越重要，你必须培养与人相处的能力。培养的方法很多，打工、社团、交友都是方法。在学业步入正常轨道的前提下，你可以慢慢去培养。我们不能与人和睦相处，问题很可能出在自己身上。在他人身上见到的，往往是自己投射出去的态度与情感的回应，就像照镜子一样，我们的表情、态度，可以由他人对我们的表情和态度上一览无遗。因此，在我们和他人的关系中，如果我们本身不友善，他人对我们也不会友善。如果我们不信任别人，他们也不会信任我们。如果我们敌视别人，那别人也会敌视我们。

5. 找合适的老师，欲速则不达

尽量找年轻、真正做事的老师。如果要从事研究工作，那么就找从国外归来的老师；如果将来要参加工作，那么尽量找有过开公司经验的。打好扎实的基础，欲速则不达。很多同学才读大二，就决定将来要做什么。这类问题一方面没有考虑自己的才华、兴趣，另一方面太急迫了。大学最重要的是要把基础打好，学东西要按部就班，不可能一步登天。打基础是苦功夫，不愿吃苦却想成才是不可能的。

6. 不要以为在大学成绩好就够了

在21世纪的今天，人才已是国际的概念，你不能只因为在你的大学过关或成绩不错就自满。去网上看看世界著名大学的公开课（OCW），做做他们的试题。如果能达到好的成绩，这时候你就可以自信地面向国际了。掌握自学能力很重要，因为中学和大学的一个分界线是大学里的很多东西需要自学，而且以后走上工作岗位很多东西也需要自学。如果在大学阶段没学会自学，那么以后很容易就会落后。毕业之后，所有的学习都要靠自己，所以学会自学是大学期间重要的一环。

7. 分清轻重缓急

人生的每个阶段都有那个阶段最重要、最急需完成的事情。比如，在大学阶段，学习文化课，掌握自学的能力和开阔视野是最重要的。文化专业课重要，因为成绩不好会影响毕业，深造或就业，也因为对于很多人来说专业知识和技能影响了他一生从事的职业，同时因为离开了学校以后再也没有机会这样系统地、专一地、不受任何干扰的学习机会。

因为大学是开阔视野的最好的地方（有图书馆，各科的老师，五湖四海的同学）；更因为很多大学生还没有吃准自己的职业兴趣所在，开阔视野有助于找到自己最感兴趣和最擅长的方面。

8. 以目标为中心，以学业为主线，融会贯通

不要认为学什么专业你就一定要干那一行，很多人从事的不是自己在大学里所学的专业。你首先应该清楚自己的目标是什么，将来无论你想做哪一行，都要清楚任何一种

能力和修养的培养都不是彼此孤立的。比如，有些专业课有实践项目，几个同学合作，既是上好专业课的一部分，也是培养合作精神的途径。重要的是，不要浪费了在大学宝贵的四年，这里是你一生中独立学习时间最多的地方。

## 补充阅读 名人眼中的大学

蔡元培（1916—1919 年任北京大学校长，20 世纪初中国现代大学教育制度的创立者）：大学实行通才教育，主张健全人格，由教授治校，有学术自由探讨的风气。

胡适（现代学者，历史学家、文学家、哲学家，历任北京大学教授、北京大学校长）：一个大学的历史存在于什么地方呢？在书面的记载里，在建筑的实物上，当然是的。但是，它同样也存在于人们的记忆中，相对而言，存在于人们的记忆中，时间是有限的，但它毕竟是存在，而且这个存在更具体，更生动，更动人心魄。

季羡林（著名古文字学家、历史学家、作家。曾任中国科学院哲学社会科学部委员、北京大学副校长、中国社会科学院南亚研究所所长）：文化重建，价值理想、信仰的重建，本应该是大学的任务。因此，大学生的问题，正是大学教育问题的折射；用廉价的赞颂来掩盖大学生的问题，其实质就是要掩盖中国大学教育的问题。

鲁迅（中国文学家、思想家、革命家、现代文学的奠基人之一、民主战士）：在公众舆论控制的社会中，大学应当成为一个精神的岛屿。有了这个精神岛屿，大学才不会沦为一个精神荒芜的世俗之地，才不会成为一个人心浮躁、追名逐利的市肆里巷。

梅贻琦（1931—1948 年任清华大学校长，与蔡元培同为中国近代教育史上最重要的教育家）：大学教育的最高目标是培养承担社会责任，转移社会风气，具有很强的社会责任感和使命感，能够思考解决重大问题、复杂问题的知识分子，而不仅仅是培养各行各业的专家。

钱学森（中国科学家，火箭专家，长期担任中国火箭和航天计划的技术领导人）：大学教人的道理，在于使人们净化个人的心灵，陶冶个人的情操，培养个人的善良美德，在于团结群众，教育群众，弃旧扬新，从而使人们达到真善美的最高境界。

竺可桢（当代著名的地理学家和气象学家，中国近代地理学的奠基人，曾任浙江大学校长）：诸君皆系大学生，然所谓大学者，非校舍之大之谓，非学生年龄之大之谓，亦非教员薪水之大之谓，而是道德高尚，学问渊深之谓也。

杨东平（北京理工大学教育科学研究所教授，编有《大学精神》一书）：大学之所以称为大学，关键在于它的文化存在和精神存在。大学的文化是追求真理的文化，是严谨求实的文化，是追求理想和人生抱负的文化，是崇尚学术自由的文化，是提倡理论联系实际的文化，是崇尚道德的文化，是大度包容的文化，是具有强烈批判精神的文化。

## 第三节 我 想 去 看 看

大学对于初入校园的学生来说是极其陌生的世界。走入大学的那一刻，我们的心里确实带有成功的满足感，但比满足感更多的是忐忑。你是否有着或者有过如下的感觉和困惑？

### 一、大学生的困惑

1. 大学的课好多，感觉大部分课程都没什么用，不感兴趣

刚刚进入大学的你一定不会逃课。虽然会有背着书包找错教室或者记错上课时间的尴尬，但你仍不减对上课的热情。这种新异刺激带来的热情很快会被枯燥取代。有的同学觉得课程过于抽象，有些课程很晦涩。还有同学认为，除了专业课之外，其他课程都是浪费时间，并以“没用”斥之。

知识的积累和思维的训练是一个循序渐进的过程。大学里的课程是系统关联的，有前置课，有后继课；有共同课，有专业课。专业课中有专业基础课、专业理论课、专业实践技能课。有的课程似乎枯燥无味，但是它是前置课。前置课没学好，学习后继课就困难了。有的课程培养的是思维，比如高数。因此要耐心钻研。

2. 自己整天忙得不可开交却感觉没有收获

我们在大学充满好奇。学校组织的大大小小的活动多，各种各样的社团更是吸睛无数。很多同学坚信在大学能得到很好的锻炼，能结交很多志同道合的人。加上社会主流价值观认为，大学生能力的培养更重要，大学不一定就以学习成绩为重，很多大学生毕业后找不到工作就因为他们没有学以致用的能力。所以很多学生满腔热情地参加活动，加入社团、学生会等组织。努力找到自己的位置，想要体现自己的价值。但一到考试的时候，成绩单看了却让人心寒，于是自己陷入了迷茫和自我否定当中。

如此茫然源自自我认识不清，归根结底我们还是要认识自己，了解自己的真正需求，为自己设置目标和人生规划。

3. 大家为什么都这么喜欢玩手机、玩游戏

手机！在大学老师的眼里，这个本是智能又便利的通信工具可能会显得很可恶。因为在他们的课堂上，手机好像才是真正的主角。只要你在学生上课的时候随便在哪间教室外观察一下，就会发现，有学生在玩手机，根本没有听讲。

在大多数人看来，全校公共选修课可学可不学，没那么重要，只要每次上课去和老师见见面，点名时答“到”，考试时照着老师画的重点稍微看下书，过了便是王道。

一个即将大学毕业的学生对上课玩手机有这样的感慨：有那么多次我上课玩手机而没有去听老师讲课，我错过了那么多知识与时间；有那么多次我把时间浪费在玩电脑和手机上，而没有去参加那么多有意义的活动；有那么多次我晚上玩手机到深夜，打破了

我的正常休息时间……而现在的我又获得了什么？没有学到什么知识，而是越来越堕落，越来越没斗志，越来越看不清自己的未来了。

你有同感吗？行动起来，不要白白浪费了自己的大好时光。

4. 为什么我的钱总是不够花

“父母每月给我 1200 元钱作生活费，平均下来，一天 40 块，按理说，在学校食堂吃三顿饭绰绰有余了，还能吃得不错。可是，我的日子却过得很狼狈，经常是上半月滋润，下半月拮据，有时还得找同学借钱，拆东墙补西墙，糗啊！老实说，本人一不怎么吸烟，二不怎么买名牌，偶尔和朋友喝喝啤酒、聚聚餐，也谈不上多么铺张浪费，可我就是不知道把钱花到哪里去了！老师，我该怎么花钱才不至于像现在这么紧张呢？干脆向您坦白吧，最近我认识了一个小学妹，感觉很好，可是我现在哪有钱谈恋爱呀！所以我急于改善我的财务状况，早日过上幸福生活。”这是一个大学生对自己财务状况的自述。其实这不仅是他的问题，而是普遍问题。其实解决这个问题就是要学会理性消费，避免让自己踏进消费误区。

5. 学习重要还是能力重要

到了大学，很多人说大学里面学的东西没用，很多人将来从事的专业都不是大学里面学的专业，所以在大学里更重要的是锻炼自己的能力，人脉才是王道。大学里面，学习真的不重要吗？或者锻炼能力和学习哪个更重要？这是很多大学生的困惑。

一个大三的学生这样讲，一不小心已经大三了，回顾头两年的大学生活，大都忙于学生组织里的工作或做点小生意赚点外快。到了大三，学生组织不打算干了，生意也想放弃，学年考评表里看一眼成绩单，挂科数目在减少，可是又真正学到了什么？朋友 A 大一开始一直做兼职，到现在自己承接了某互联网平台在这座城市的推广，自诩城市经理，一个月收入几千块，已经办理休学手续，在大家眼里，他算是学生创业者中比较成功的，学业对他来说已经不重要了。朋友 B 从大一加入学生组织，前几天刚刚当上主席，学业基本也废了。这其中没有对错，关键是你怎么看你的人生。

很多大学生想在大学里锻炼自己的能力，与社会有更多的接触，增加经验。而且在社会观念里面，大学不一定就以学习成绩为重，很多大学生毕业后找不到工作就因为他们没有学以致用的能力，但是大学里的学习也同样很重要，因为它与奖学金等挂钩，毕业证也要绩点足够才行。而且不同公司看中的点不一样，有的是学习，有的则是能力问题。

6. 我性格内向，不善交际，是个不受欢迎的人

在大学里，很多学生的愿望就是让自己变成一个会交际的人，变得外向、开朗。不喜欢现在沉闷的自己。其实我们处在一个外向理想型的价值系统中，“几乎每个人都坚信最理想的自我状态是善于交际、健谈的，即使是在聚光灯下也应该谈笑自如”。而内向、敏感、严肃及腼腆，在当今社会被看成是一种次等人格。但真实状况和你想得不一样。

荣格说：内向者往往是被内心世界的想法和感受所吸引，而外向者则倾向于关注外部的生活和活动；内向者的注意力往往集中在他们之丁身边事物的意义上，而外向者则会投身到事件当中；内向者会在独处时为自己充电，而外向的人则会首选社交活动；外

向的人倾向于速战速决，他们习惯迅速做决定，所以更适合处理复杂和带有冒险性质的事务。内向者在处理问题的时候，步调更缓慢而且更有目的性，他们更喜欢在一段时间内致力于一件事情，这类人在面对金钱和名利的诱惑时，往往表现得相对淡泊。

内向的人并不一定是羞涩的。羞涩是对可能出现的反对言论或者羞辱而感知的恐惧心理，而内向是一种对于平和环境的偏好。人们混淆这两个概念的一个很重要的原因是，这两者之间常常会有重叠。许多害羞的人转向内向，是因为社交带来的焦虑，所以内向就成了他们为自己寻找到的庇护所。

有研究显示，创造力更强的人往往在社交活动中扮演内向者的角色，虽然具有人际交往的技能，却不具备热衷社交的性格。这并不是说内向者比外向者更富于创造力，而是说，在那些一生都创造力不竭的人当中，你会找到很多内向者。对于内向者的创造力优势，汉斯·艾森克（Hans Eysenck）有个解释是内向者会全神贯注于手头的任务，防止一切与工作无关的社交和两性问题的干扰。换句话说，如果你在后院的一棵苹果树下坐着，而其他人在院子里举杯畅饮，那你就更有可能成为被苹果砸中的人。

**相关阅读**

### 孤独的魔力

安德斯·埃里克森从15岁开始学习国际象棋，在午餐时间的象棋比赛中，他可以完胜所有同学，直到有一天，班里棋艺最差的一个男孩开始场场告捷。“为什么那个我曾经轻易击败的男孩，如今会如此轻松地战胜我？我知道他在学习，他会去国际象棋俱乐部，但是究竟发生了什么？”这个问题推动了埃里克森的职业生涯，他在国际象棋、网球、钢琴等多个领域进行研究，试图找到答案，“那些卓越的精英如何在他们的职业领域中变得如此伟大？”埃里克森找到的答案是：“在许多领域中，只有当你是一个人的时候，你才能真正投入所谓的刻意练习中，你才能直面让你觉得有挑战的部分。”

米哈里·奇克森特·米哈伊在1990年到1995年期间研究了91名艺术界、科学界、商界及政治领域表现出卓越创造力的人，发现他们当中有很多人在青春期阶段处于社会的边缘。“因为他们感兴趣的领域对同龄人来说都太不可思议了”，但也正是这样，他们得到了更多的独处时间来做感兴趣的事情。

有学者说：没有任何一种品格是可以高枕无忧的。一个人清高，就更要宽容，否则清高就成孤傲。一个人仁慈，就更要果断，否则仁慈就成软弱。强大，就更要敬畏，否则强大生出暴戾。富有，就更要节俭，富有易成奢靡。博学，说话就更要粗浅，博学易成刁钻。尊贵，就更要谦卑，尊贵易生傲慢。凡一物，必有阴阳。

你是什么样的性格？你性格中的优势是什么？又有什么要反省的？

## 二、读万卷书，行万里路

“世界那么大，我想去看看。”一句戏言传遍网络，道出了人们内心的渴求。人总要有勇气做让自己值得回味而又有意义的事情。世界那么大，也许我们不能踏寻天涯海角。但是，人生总要尝试“尽吾志也，而不能至者，可以无悔矣，其孰能讥之乎！”

“世界那么大，我想去看看”的内在动因就是听从自己的内心的呼唤“成为你自己”！知道“自己是谁，想要什么样的生活”，做自己想做的事。

世界那么大，总有我想去看看的理由。或许我们可以成为吃货，尝遍世界的美食；或许我们成为文艺青年，去聆听世界的声音；或许我们尝试不同工作去完成职业角色的转换；或许我们就是不成熟的学生，去感悟真实的人生。

“与其驻足，叹咫尺即天涯，不如上路，笑看天涯亦咫尺。”大禹是在随父治水中悟到了“宜疏不宜堵”的治洪原理；孔子通过周游列国治国安邦来印证所学；孟子闭门读书多年之后周游各国，成为当时有名的游士，“后车数十乘，从者数百人”；司马迁十年苦读之后，负起行囊遍游天下，竟依依不思归；李时珍、徐霞客、马可·波罗、达尔文、哥伦布都是靠“我要去看看”写出了宏伟巨著或取得重大发现。

“世界那么大，我想去看看”的外部动力就是大学学习方式和理念随着社会文化环境及网络信息爆炸、人工智能迅猛发展所带来的交往模式及后现代知识状态变化而发生显著变化。学校教学不再能满足学生学习和适应社会经济快速发展的需要。更多接触社会扮演不同的社会角色，发现自己真实的潜力和兴趣，能够实现自我成长。

我想去看看，让我的生命因为阅历丰富而生彩，让我经历寻求、寻找，完善自我而生辉。面对善变的社会环境，我看过了，体验过了，我不再简单地重复程序般的学习和来往于人群教室之间，我不再盲目冲动，不再空想，不再乱想，钻牛角尖。我想去看看，让我学会独立、学会思考、学会坚强。

走出“象牙塔”，我想去看看，所谓多见而识之；看看可以印证从书上得来的“知”；看看可以考察事物的变化及其变化原因，即孔子讲的“我之游，观其所变”；看看可以将自己的知识和学说施之于“行”。“看看”既可获得新知识，又可验证学来的间接知识，无怪乎古人要“读万卷书，行万里路”了。

大学本是一个充满才华、学问，同时又是一个充满希望、挑战的大舞台。我们站在这个舞台上扮演着不同的角色，那我们何不努力将自己的角色扮演得最好！“世界这么大，我想去看看”有利于形成自己的世界观、人生观、价值观，培养自己的意志和个性，尽可能地提高自己的综合素质和综合能力。

“世界那么大，我就该去看看”。人生就是一个成为自己的历程。

## 课堂活动　业余生活的探讨

大学阶段有着充足的课余时间，据统计：除去每天 8 小时的睡眠时间，以每周 40 节课，每节课 45 分钟计算，每周上课时间为 1800 分钟，而课余时间为 4920 分钟，几乎是上课时间的 3 倍。那么大学生怎样才能较好地安排自己的课余时间呢？

四人一组，回答下列问题：

1. 上了大学，你的业余生活有哪些内容？

2. 你对目前业余生活的状态满意吗？你觉得你和周围同学的业余生活有哪些不够理想之处？

3. 怎样改进这些不够理想之处呢？

课后作业：我有一封信

读完这一章，你是否想给自己写封信呢？在大学的出口处，你想对自己说些什么？你是怎样用你的双手描绘了大学生活，铺垫了精彩人生？

一位刚刚入学的新生接到毕业时写给自己的一封信，信里写道：

亲爱的安德烈：

没想到，我会在提笔忘字的时代给你写封信，居然不是短信，也不是微信，而是实实在在写在信纸上的信，像古时候鸿雁传的书，也同样的雁字回时，月满西楼。

假如我真的在大学的出口处给你写这封信，可能信里面都是眼泪。但心理学家说，懊悔是最伤自信的情绪，所以我决定在入口处从出口给你写信。

我这四年是有很多设想的……

爱你的：知名不具

某年某月的某一天

落款的日期一定要是四年后的日期，是临近毕业的那个夏天。记得穿越啊。

# 第二章 时间去哪了

> 使时间充盈就是幸福。
>
> ——爱默生

每个人与生俱来都有一笔巨大的财富，那就是时间。但是人们对待这笔财富的态度却大相径庭。有的人有条不紊，收获了成功；有的人忙忙碌碌，却一事无成。我们不禁要问：时间是怎么回事？有时会慵懒地发现时间过得很慢，忽而时间又转瞬即逝？很多时候该做的事情总是拖着没做？有时自己的思绪总会回到过去？

想了解心理时间的奥秘吗？想知道拖延行为的真相吗？时间管理的策略和理论都有哪些呢？

## 第一节 来 日 方 长

有这样一种现象，时常发生在自己身上，明明知道有很多迫切需要解决的事，例如堆满书桌的名家著作、哲学经典书籍，马上临近的英语水平考试，两天后要上交的学期论文，必须立刻回复的电子邮件，对自己说了无数次的健身计划，这些学习、工作及生活的事情，林林总总都等着我们去做，但是我们仍然任性地对自己说“等会儿……”于是，一会儿复一会儿，今日复明日，直到熬夜赶工成为常态，“对不起，晚点交给您”成为口头语，才忽然意识到，拖延发生在自己身上，不但阻碍自己的行动，还导致心情变得沮丧。久而久之，我们就加入了拖延朋友圈。

### 课堂练习　生命的等分

请准备一张长条纸，假设你个人的生命处于 0～100 岁之间，用笔将它划成 10 份，分别写上 10、20 等，最左边的空余部分写上“生”字，最右边的空余部分写上“死”字。

下面请大家回答几个问题，并按照要求去做：

第一个问题：请问你现在几岁？（把度过的相应年份从前面撕掉）

过去的生命是再也回不来了！请撕彻底、撕干净！

第二个问题：请问你想活到几岁？（如果不想活到 100 岁的话就从后面把那部分撕掉）

第三个问题：请问你想何时退休？（请把相应的退休以后的部分从后面撕下来，不用撕碎，放在桌子上）

就剩这么长了，这是你可以用来工作学习的时间。

第四个问题：请问一天 24 小时你会如何分配？

一般人通常是睡觉 8 小时（有人还不止）占了 1/3，所以请你从纸的下部撕掉 1/3；吃饭、休息、聊天、打游戏、看电视、运动等又占了 1/3（如果你实际上多于或少于 1/3，请根据你的实际情况进行处理），把这一部分也撕掉；其实真正可以工作学习约 8 小时，只剩 1/3，甚至更少。

第五个问题：比比看。

请用左手拿起剩下的纸条，用右手把退休那一段和刚才撕下的部分加在一起，两个部分比一比，再用你左手的纸条和周围的同学比一比。

第六个问题：想一想。

请思考一下你将如何利用左手剩下的时间赚到多少钱，才能供养自己的吃喝玩乐及退休后的生活？

第七个问题：请问你现在要为未来的生活做哪些准备？

这个游戏，你按要求做完了吗？你有什么感想？

注：在游戏的最后，还要把睡觉和吃饭的两条，加到有效时间内，或者将睡觉和吃饭的两条作为支柱，支起有效时间。因为没有睡觉和吃饭，生命将不存在，所以休息和补充也是有效时间的组成部分。从另一个角度讲，睡觉和吃饭是活在当下，是享受生活。

大学生拖延现状需要得到重视，2023 年，陈绪龙在对 907 名大学生的随机调查中发现，超过 85%的大学生有不同程度的拖延行为。上海热线的一项研究中显示，大学生之所以拖延，最主要的原因是偷懒不想干活，能拖就拖，因而把大量时间花在上网、聊天、玩游戏等非工作事务上；有 26%的人认为时间充裕，所以不着急做；有 25%的人因为同时有很多任务，精力被分散；有 23%的人是因为对工作能力不自信；还有 21%的人比较追求完美，希望做得更好。

## 课堂测试　你的拖延程度

下面的量表是根据上万名被试者情况编制的。快来看一下吧，在全世界的拖延排行榜上，你的非理性推迟水平严重到了什么程度？

1. 我将任务推迟到了不合理的程度。 □ □ □ □ □
2. 不管什么事情，只要我觉得需要做，就会立即去做。 □ □ □ □ □
3. 我经常为没有早些着手而后悔。 □ □ □ □ □
4. 我在生活中的某些方面经常拖延，尽管明知道不应该这么做。 □ □ □ □ □

5. 如果有我应该做的事情，我就会先做完它，再去做那些次要的。 □ □ □ □ □
6. 我拖得太久，这令我的健康和效率都受到了不必要的影响。 □ □ □ □ □
7. 总是到了最后，我才发现我其实可以把时间用在更好的地方。 □ □ □ □ □
8. 我很妥善地安排我的时间。 □ □ □ □ □
9. 在本该做某件事的时候，我却会去做别的事情。 □ □ □ □ □

计分方式："我不会或极少这样"计 1 分；"我很少这样"计 2 分；"我有时这样"计 3 分；"我时常这样"计 4 分；"我就是或总是这样"计 5 分。

第 2 题、第 5 题、第 8 题为反向计分，即由"我就是或总是这样"至"我不会或极少这样"的分数为 5～1 分。

将 9 道题的分数相加，即为拖延测试的总分数。

拖延测试结果分析见表 2-1。

表 2-1 拖延测试结果分析

| | | |
|---|---|---|
| 19 分及以下 | 最低的 10% | "要紧的事先做"是你的座右铭 |
| 20～23 分 | 最低的 10%～25% | 较少出现拖延 |
| 24～31 分 | 中间 50%位置 | 平均水平的拖延者 |
| 32～36 分 | 最高的 10%～25% | 超出大多数人的拖延行为 |
| 37 分及以上 | 最高的 10% | "明天吧"是你的口头禅 |

你得了多少分？你是出了名的总把事情推到最后一分钟的家伙，还是只是推迟体育锻炼，就像几乎所有人都会做的那样？

## 一、什么是拖延行为

1. 拖延行为的含义

拖延行为是指自我调节失败，在能够预料后果有害的情况下，仍然把计划要做的事情往后推迟的一种行为。我们生活在一个快节奏社会，生活、学习、工作，有很多事情需要在限定期限内完成。面对这些事情，人们有时会想，明后天再说，到了明后天又复如此……直到拖得不能再拖，才不得不着手去做。结果事情做得不好，挨了批评，自己烦恼。本来一项任务有充裕时间来完成，但在一拖再拖之下，最后匆忙应付，使得任务质量不佳，自己也觉得不满意，导致心情沮丧。

如果拖延测试的得分在 35 分以下，即拖延只是偶尔发生，对自己影响不大，或者经过克服能够改变，这种程度的拖延没有造成更多负面影响，还不打紧；如果测试分数超过 36 分，说明拖延行为超出平均水平，比较经常性出现在生活中各个方面，这种严重拖延短期看似乎影响不大，但从长远看危害就大了。长期拖延常常导致较差的自我评价，带来焦虑情绪，形成逃避困难的生活态度。

2. 拖延与慢性子的区别

在我们身边总会遇到慢性子的人，时间观念不强，做事磨蹭，经常迟到，这种慢性子虽然与拖延行为有些相似，但本质还是不同的。

慢性子是做事时慢条斯理，不慌不忙。在时间上把要做的事情排在前面。虽节奏慢，却一直在做，是持续在做。最后可能会比别人多用时间，也可能使用了完成任务的平均时间。拖延行为的表现则首先是把计划要做的事情不断地往后推迟。其次是在完成这件事的过程中，还穿插一些零散、无关紧要的事情，对要做的事情是断续完成的。最后做完一件事情要比正常完成花费更多的时间。

慢性子存在先天气质类型基础，心理学家将气质分为四种典型的类型，胆汁质言语动作急速、难于自制；多血质思维言语动作等各方面反应敏捷；黏液质思维言语、动作迟缓；抑郁质言语动作细小无力。由此可见，黏液质和抑郁质是天生的“慢性子”，他们做任何事都是不紧不慢的。拖延行为则是习得的一种行为，虽然某些先天的人格特点会增加一个人采取这种行为的可能性，但有心理学者更倾向于认为拖延是由情绪的问题引发的。

3. 拖延症与低效

约瑟夫·费拉里（Joseph R.Ferrari）提出慢性拖延症与低效的时间管理无关，它是一种自我毁灭的行为。

慢性拖延症有四个特征：① 延迟的行为特点；② 导致不良的后果；③ 此任务对于拖延者来说是重要的；④ 会导致情绪上的不适。此外，拖延症必须是长期的、稳定的行为。并且，也要考虑拖延时是不是感到焦虑，或许焦虑对人的心理折磨更严重。

拖延不是因为懒。很多人可能是：① 为了追求完美；② 低挫折忍受力（夸大任务失败的可能，害怕遭遇挫折）；③ 对于任务布置的不满。

幸好，拖延是可以改正的。

4. 拖延的分布

从理性的角度看，人们不能完成深思熟虑的规划是一种惰化，或者被认为“意志薄弱”，且不讨论理性能否将人与动物区分开来。单从统计学的角度考虑，勤快与拖延，或未雨绸缪与临渴掘井的分布是正态的吗？如果是的话，拖延的人或拖延行为也没有那么不堪。在平均数两侧的离散情况是对称的，自然也就是没有理由为拖延懊恼的。在拖延一侧的盟友，其对立的一侧盟友并不比拖延多很多。也许拖延仅仅是处理问题的模式不同，思考问题的方式不同，就像归拢文件有“叠放型”和“平摊型”一样。谁能否认在拖延的时段里，大脑没对所要处理的问题进行加工呢？

**延伸阅读**

## 提前症

如果说拖延症的痛苦是在截止日期前的最后一刻，突然感觉到了巨大的焦虑，那么提前症只是把这种痛苦提前了几个月而已。总是希望尽快清空自己的待办事项，总是幻想忙完眼前的事情就轻松了，总是觉得时间在流逝，自己的进度却太慢，总要承受毫无进展的感觉所带来的挫败感，这就是提前症。

沃顿商学院的格兰特（Adam Grant）在关于拖延症的TED演讲中，讲了这么一个故事。曾经有几个学生找到他，说要创业，要做的东西将会颠覆整个行业，想寻求他的投资。在听了一通慷慨陈词后，格兰特先生问："那你们应该整个夏天都在忙这件事情，对吧？"那几个孩子说："不，我们实习去了，万一创业没有成功呢。"格兰特先生只好说："好吧，那你们是不是打算一毕业就全职投入在这个项目中？"那几个孩子又说："并不是，我们都有好些候补工作呢！"格兰特先生当时就无言以对了，这是做大事的人吗？果不其然，半年之后，这个公司成立的前一天，他们的网站还不能正常运行。他们的项目是电商，网站就是公司的全部。所以理所当然，格兰特先生拒绝了投资。而后来的故事，则让我们大大出乎意料，和我们所有人预期的都不太一样。这几个拖延症年轻人成立的公司叫瓦比·帕克（Warby Parker），它是美国最牛的眼镜电商，仅仅用了不到四年的时间就估值上亿美金，被认为是最具创新力的企业之一。

我们早已认可了那些"先发者优势"的成功模式，认为早起的鸟儿有虫吃，提前做完工作才是成功的基础。但眼镜电商却告诉我们相反的道理，早早做完并不一定就是最好的。格兰特先生对自己的这次判断失误进行了非常仔细的分析。他认为自己之所以会错过WP，就在于光看到他们进展缓慢的结果，却没有看到他们在中间花了大把大把的时间在研究如何提高顾客在线购买眼镜的舒适度。他们最终正是借此打造了独一无二的用户体验，把所有的对手秒杀了。他发现WP的四个大学生们在做事的节奏上，介于"提前症"和"拖延症"之间：他们开始得很快，但结束得很迟。在这个旁人看不到的过程中，他们虽然没有立刻产生结果，却一直在尝试，并默默地等待创意的诞生。成功的重点是我们如何比别人做得更好，而这一切，恰恰是需要时间来酝酿的。

对"事情要截止"这种焦虑的处理方式：提前症选择了被控制，拖延症选择了去逃避。因此，结合二者的症状，一个成功者正确的打开方式应该是不要急于得到结果，也不是扔在一边等待截止日期的到来，一旦决定就立刻开始，给自己足够的耐心去慢慢行动，等待更多信息的到来，等待更多创意的迸发。

## 二、引起拖延的原因

### 1. 缺乏自信引发的拖延

引起拖延行为的原因之一，就是面对重要、困难或繁杂任务时，不知从何入手，认为任务挑战了自己的能力，对胜任工作缺乏自信，害怕任务失败带来的后果，所以出现了为避免出丑而推迟工作，在这个环节中，核心问题是缺乏自信。

所以做事情，首先要树立起"自身能够利用所拥有的技能去完成工作的自信"。有时候，身边会有一种人，他总是告诉你"你不行，你不可能做到，你的想法很愚蠢。"这种人将他人的彩色世界变得灰暗无助，抹杀了别人的梦想。很多人都很痛恨这种不能鼓励别人，一味浇冷水的人，但是，换个角度，你有没有觉得这个人很熟悉？我们是不是也经常跟自己说“我不行，我不能做到，我很愚蠢”，正是这种自己内心的怯懦声音，动摇了我们坚定的信念，使我们改变现状的想法拖延至今。

2. 缺乏对目标价值的认识

皮尔斯·斯蒂尔（Piers Steel）基于801项研究，总结了著名的拖延方程式：行动动机=（期望×价值感）÷（冲动×推迟）。也就是说，只要相信自己能完成，认为完成这个任务的好处很有价值，而且能克制自己分心，有时间紧迫感，就能使做事动机剧增，战胜拖延。

在执行计划，达成任务目标的过程中，如果认为完成这个任务的好处很有价值，个体也就越发充满动力，不容易产生拖延行为。心理学认为，目标是个体对作为指导行为的标准的期望结果或不期望结果的认知表征。反映在头脑中对目标的表征，可能存在两个问题：一对目标的价值或目标本身认识不清；二是目标达成之后，酬劳太过遥远。

3. 任务引发的负面情绪催生了拖延

对任务的厌恶（不喜欢从事这项任务）是拖延的重要原因。心理学研究发现，人们对碰触的感知需要400～500毫秒，对恐惧的感知只需要14毫秒。当一个任务引起人们某种痛苦或恐惧情绪的时候，人们常常会本能地逃避。从行为主义的思路出发，一旦刺激（任务）与反应（负面情绪）建立联结，对某个特定的人而言，某一类任务就会自动引发“任务—焦虑”的反射链接。任务引发的负性情绪往往带来心理的痛苦，这时候，躲还是不躲，就成了两难选择。如果这个时候选择逃避心理痛苦，拖延任务，做那些能带来快乐的事情，比如，看个电影、和朋友聊天、逛街购物，则焦虑、愤怒消失，开心、愉悦为主导，拖延行为获得了强化。在下次再面对痛苦的任务时，个体还会自动地先做其他事情，继续拖延。其实拖延逃避的不是某个任务，而是由这个任务引发的情绪感受。当我们推迟去执行这个任务后，拖延又让自己深陷在愧疚感的负面情绪中，加重了对任务的厌烦和恐惧。此外，任务的性质也影响了拖延程度，那些低自主权、重要的和有反馈评估的任务都可能增加个体选择拖延某项任务的可能性。

## 三、克服拖延的策略

1. 坚信自己的实力——永远不要失去自信

（1）镜子技巧。美国心理学家克劳德·布里斯托（Claude Bristol）在其著作《这辈子你能活得更好》一书中，介绍了这一方法，其使用简单、有效，可使训练者增加自信，强化激情，具体做法如下。

站在镜子前，看到身体的上半部分。身体笔直站立，脚后跟靠拢，收腹，挺胸，昂首，做三～四次深呼吸，感受新鲜空气经由鼻腔、口腔进入，充盈整个肺部，慢慢感受能量布满整个身体，能量从头到脚，布满每一块肌肉、每一个细胞，伴随着深呼吸，慢慢感受，直到对自己的能力和决心有了一种感受。

凝视眼睛深处，告诉自己会得到所要的东西，大声说出它的名字。每天至少早晚做两次，当你在镜子前站好，就反复对自己说，世界上没有任何东西能够阻止我的行动。

**练习小贴士**：一个人的身体姿势、面部表情往往表达诸多信息。一个不自信的人，在外表上精神萎靡、无精打采、神态畏缩，不敢与人进行目光交流。通过镜子训练，你会获得一种锐利的目光，把自己的信念强度真切地表露出来，在与他人对视时，让对方感受到你内心具有的强大力量。同时，镜子训练也可以改进姿势，将自己塑造成任何符合审美标准的姿态。面对镜子，深呼吸，冥想，使自己更接近潜意识状态，目前，心理学已经证实潜意识心理过程的存在，任何渗入潜意识的思想，都可能在生活中变成现实。

（2）日常行为操练：挑前面的位子坐与练习当众讲话。你是否注意到，不管是会议室还是教室，后面的座位总是先被坐满，大部分占据后排座位的人，都希望自己不会“太显眼”。但是，坐在前面能建立自信。当然，坐在前面比较显眼，但是你要记住，有关成功的一切都是显眼的。

当众讲话是建立自信最快的手段，在会议或社交场合要尽量发言。记住，只要敢讲，就比那些不敢讲的人收获大。不用担心别人会反对你的意见，有人反对是正常的，正像总会有人赞同你一样。放下顾虑，尽管大胆去说！

## 补充阅读　约拿情结

亚伯拉罕·马斯洛（Abraham H. Maslow）曾经用“约拿情结”解释“人们在机遇面前自我逃避、退后畏缩的心理”。由于这种心理及情绪状态的存在，我们不敢去做自己能做得很好的事，甚至逃避发掘自己的潜力。在日常生活中，“约拿情结”可能表现为缺少上进心、逃避出头、沉默寡言、谨小慎微，所以，想要变得自信，先摆脱“约拿情结”的控制，挑前排座位，并当众讲话，逐渐习惯被人注视的感觉。

2. 正确对待目标——了解完成任务的价值

（1）目标取向的列表练习。希金斯（Higgins）将目标取向划分为两种：一种是发展目标取向，另一种是维护目标取向。发展目标取向是指为追求发展、成就，达到理想自我，以获得成功为中心的目标；维护目标取向是指追求安全、稳定，达到应当自我，以避免损失和失败为中心的目标。

当一项任务摆在眼前时，需要明确任务完成的目标取向。对于不同个体而言，两种目标取向的动力作用因人而异。所以，当面对一项任务时，不妨按照下面的问题，进行一番深入分析，选择一种对自己而言，价值最大的目标取向，使自己认识到该任务目标的重要程度，最终减少拖延。

| ________任务的发展目标取向分析 | ________任务的维护目标取向分析 |
| --- | --- |
| ① 发展方面: | ① 安全方面: |
| ② 成就方面: | ② 稳定方面: |
| ③ 达到什么样的理想自我? | ③ 达到什么样的应当自我? |

（2）学习制订具体的可行计划。目标应该具有可观察、可分解等特点。可观察即以某些行为来界定目标是否完成。以一个生活目标为例，“从明天起做一个勤奋的人”，这个目标笼统、宽泛，没有具体行为，把它转换一下，变为“跑步，背单词，阅读”，转换后的目标以具体行为界定，对怎样做有明确介绍。可分解是把大目标分解为几个小步骤，这些小步骤非常容易达成，并且在完成后能带来成就感和满足感。

（3）切火腿技术——分解大任务，聚焦小目标。一根完整的火腿，让人看了就会畏难，但如果切成薄片，很快就能把火腿吃完。人们之所以对有些重要的任务拖着不①做，就是因为无从下手。这时我们就可以利用切火腿技术，把大任务分解成小目标。比如要背 20 篇英语课文，会觉得任务量太重，但如果每天背 2 段课文，则很容易完成一篇。

3. 直面自己的情绪——战胜拖延的借口

有很多重要的事，无论你愿意还是不愿意做，终究是逃不开、躲不过的。下面介绍几个小窍门，帮助你战胜对任务的恐惧或焦虑。

（1）观照拖延的借口——拖延只是想法，你可以控制它。当拖延的想法在头脑中盘旋时，仔细去分辨它，自己为什么会想要拖延？这个任务给我带来焦虑吗？恐惧吗？为什么会有这些负面情绪在我心里产生，因为我能力不够吗？还是我不够自信？我们在头脑中静静观望这一想法，而不是接受自己头脑的指示。佛家有个观点称为观照，即静观世界以智慧而照见事理，经日本学者吉本伊信吸取这一思想后，在心理学上创立为内观疗法，即“了解自己，凝神内心中的自我”之意。当我们内心滋生拖延想法时，只需要静静坐在那里，以第三人称的视角观察自己的内心世界，拖延的想法会慢慢消失，无须评判，无须妄动。在开始使用这一方法时，需要明确“念头只是念头，它不一定会转化为行为”，有偷窃想法的人，并不代表已经实施了偷窃。所以，当我们想要拖延时，告诉自己，这只是在头脑中的念头、想法，不会付诸行动。成功控制拖延想法多次后，就更能掌控自己的拖延冲动了。

（2）正向思维——找到任务的好处。对于不喜欢做的事，最有效的方式是尽量找出能为你带来好处的元素。比如，要帮老师处理 1000 份枯燥的调查数据，虽然你不喜欢这个任务，但是你可以找到这件事可能给你带来的益处，比如可以了解人们在某个问题上的观点和看法；积累经验，以便在做毕业论文时更能游刃有余；更重要的是，锻炼了自己、提升了能力、磨炼了心性，在几方面获得成长，实在是克服拖延之后的一大收获。

（3）改变信念——克服完美主义倾向。具有完美主义倾向的个体，容易脱离实际地严格要求自己，制定过高目标，在完成任务过程中苛求细节，因此常常导致在对任务没有百分之百把握前，不愿意动手去做，从而导致了拖延行为。

对此，我们要把关注点放在做事的过程中，减少对结果的关注，把经历当作学习与成长的过程。事前尽量准备充分，这是做好事情的前提。拿出充足的时间让自己多思考、多推敲，减少枝节上带来的延误。把自己能掌控的部分做好，不必太在意结果。做到“凡事不需完美，但求努力去做”。

## 延伸阅读 完成感

当完成一件工作时，每个人都有类似满足感、成就感，觉得非常开心，提升了信心。这种事情做完后，对自己所做事情感觉到开心、愉快的感觉与拖延有哪些关系呢？让我们先从一个心理学实验开始了解。

1999 年，里德（Read）、勒温施泰因（Loewenstein）、凯勒那雷曼（Kalyanaraman）三位研究人员进行了一个观看电影的实验。在研究中，让招募来的观众在 24 部电影中选出 3 部来观看。选出 3 部后，研究人员随即要求观众选出一部马上观看，再选出一部在 2 天后观看，最后一部电影留在 4 天后观看。24 部备选电影中有《西雅图不眠夜》《窈窕奶爸》这样大众口味的影片，也有《辛德勒的名单》《钢琴家》这样的经典电影。通过实验观察观众更喜欢具有娱乐性但没有深度的影片，还是喜欢更有内涵，但更复杂需要动脑的作品。

大部分人选择了一部非常知名、好评如潮的电影，即《辛德勒的名单》。虽然大家都说这是一部好电影，但选择立即观看的观众只有 44%。其他人在第一天兴致勃勃地观看了《变相怪杰》《生死时速》这样更轻松、通俗的影片。人们好像都倾向于把好影片放在后面，在第二部和第三部电影的观看选择上，分别有 63%和 71%的人选择观看高品格的片子。之后，三位专家又进行了另一项试验，参与者被要求选出 3 部片子一口气连续看完。这次，选择《辛德勒的名单》的人干脆只剩下之前实验的 1/14。

事实上，拖延行为的人也是这样，把简单的留给现在，把复杂的留给未来。我们常常听到要瘦身的人面对美食大餐时，边嚷着：“吃完这顿再减”，边把自己的减重计划抛之脑后。人们的这种行为倾向被称为“即时倾向”（Present Bias Predference，也被翻译成“现时偏向型偏好”）。详细点说，就是人们的大脑认为，现在能得到满足感更重要，所以我们通常把那些难的、复杂的任务留待日后，而先选择眼前容易完成的事情，以获得这种即时的满足感。

随着我们对拖延了解得越多，掌握更多有效应对拖延的方法，才能克服头脑中的即时偏差，先做那些重要紧急的事情，以完成这些事情来获得满足感、成就感。

## 第二节 去 日 无 多

目前，人们关于时间管理的理念已经经历了四代的发展。第一代时间管理的主要目的在于提醒人们切勿遗忘，着重利用便条和备忘录，在忙碌中自行调配时间和精力。第二代的时间管理注意到了规划及筹备的重要性，强调使用日历与日程表。第三代的时间管理除了包含规划外，进一步讲究对事务的分类处理，按轻重缓急对紧急事务进行优先解决。第四代的时间管理开始关注人的心灵领域，它强调个体要弄清楚哪些是自己心目中最重要的事，注重个体内心的平静及生活得井然有序，不再是只讲究效率，让自己忙得如同停不下的陀螺。实际上，这四代的时间管理理念分别给人们呈现了不同的时间管理技巧，同时也代表了时间管理的不同层次。透过这些不同层次的时间管理理念，我们可以看出它们的基本立足点——让时间有效增值。

有效地让时间增值的奥秘是在自己所追求的核心价值框架内，按轻重缓急处理事务。

## 一、时间管理的技巧

时间就是生命，掌握时间就是掌握生命！时间就是金钱，时间就是效益！一年之计在于春，一日之计在于晨……在做时间管理的过程中，这些给人以信心的、有激励作用的口号会起到一定的警示作用。你可以把这些有关时间的名言写在随时能看到的书本上，这种积极的心理暗示在一定程度上会提升你对时间的紧迫感。

做好时间管理可以从以下几个方面进行：

1. 制定时间表

必须要有一个明确的个人计划，也就是你必须要把每年、每学期、每月、每天、每小时所要做的每一件事情都列出来。从这个意义上讲，时间管理可分为以年为单位的时间管理、以学期为单位的时间管理、以月为单位的时间管理、以天为单位的时间管理和以小时为单位的时间管理，这些时间管理的制定是由粗到细的，在时间上是由长到短的。

以日计划为例。高中时期，虽然我们自己可能没有特殊的学习计划，但学校每天排得满满的课表在无形中成为我们时间管理的有效工具。由于大学期间我们仍然会有课表，因此我们在现有课表基础上制定时间管理规划是行之有效的。

如果不加管理，我们可能会在课外时间睡懒觉、闲聊等而把空闲的时间浪费掉。只有把空闲时间赋予目标事件，才能让我们变得充实。

这样的时间安排不符合现实，没有给生活事件和紧急事件留出时间，往往是无法实现的，会让人产生内疚感，影响到对计划的制定和实施。科学的时间表应该把学习、社团活动、娱乐、交友、运动等生活必需的项目都安排进去，在时间上就比较从容了，既做了必须做的事情，又有条不紊、丰富多彩。

当然，很多时候，“计划没有变化快”，在一些特定的情况下，你的计划是需要依据客观情况进行调整的。但是计划的调整是有原则的，计划修改的原则是刷新和升级，是不能降低原来的标准，不能改变原有的目标，时间只会变得更紧一些，目标只能变得更大一些。如果自己给自己一次又一次松动的机会，那是很可怕的事情。在你经过自己反复思考，经过与自己信任的朋友商定后，确认你原有的目标确实是不切合实际，是跟着别人凑热闹而盲目制定的，这时是可以知难而退的。知难而退是重新制定新计划，以新的、更切合实际的计划来代替原来的计划，而且这个新的计划是不可再反复的了；当你遇到你所达到的目标比预期计划的要好时，如果再做下去存在很大的困难，经过反复认证后确实如此，这时见好就收也不失为一种好的选择。

## 扩展阅读　时间管理的铁桶理论

铁桶最大的容量，象征着在一段时间内，一个人的最大工作量。曾有个形象的演示：在铁桶中放满石块后，还能放入碎石，然后还能放入沙子，还能倒入清水。石块象征着重要、但不紧急的事务，碎石象征着重要又紧急的事务，细沙象征着紧急、但不重要的事务，水象征着既不重要，也不紧急的事务。

如果你在时间安排上首先放入碎石、沙子及水的事务，那么你就再也没有时间处理石块的事务了。石块的事务恰恰是你实现自己的人生目标所必需的。反之，如果你只完成石块的事务，那么你还会有许多意想不到的时间来安排其他的事务。因此，要想做一名成功的大学生，必须要根据自己的人生目标和自己的意愿，分清石块、碎石、沙子和水，并且总把石块放在第一位。只有偏重石块事务的人，才是真正有效率的人。他善于审时度势，能够抓住问题的关键，急所当急，当机立断并防患于未然。尽管有时也会有燃眉之急，却能设法降到最低。这类人显得有远见，自制力强，生活平衡有规律，而且能成大事。

那么会不会因为偏重石块事务而耽误了碎石事务呢？因为碎石毕竟来得紧急呀！其实，碎石本身是由石块破碎而成的。偏重石块事务的人的碎石事务会很少。偏重碎石事务的人，他的碎石事务会源源不断。因此，我们必须把石块事务放在首位才能真正成为时间的主人。

2. 养成良好的习惯

采取行动来管理自己的时间，很多人都在道理上知道其重要性，但却没有约束好自己。养成良好习惯的最大好处就是我们不必花费更多的精力去思考，并启动一个行为。

习惯是指一个人在无意识的状态下根本不需要经过思考就开始的重复性行动。一个行为经过多次的重复就会变成潜意识。潜意识会使行为不需要经过认真的思考和逻辑的分析，不断地重复发生。美国的畅销书作家吉姆·罗尔（Jim Loehr）在《怎样全神贯注地生活》中提出一个重要观点“与其强化自律，不如建立固定的习惯。习惯，这才是人们真正所缺少的。”保持一个习惯并不需要很多的自我约束能力，就如同每天早晨起床洗脸刷牙已经成为习惯，所以你不需要刻意安排。如果我们养成固定时间做固定事务的习惯，时间便在我们的掌控之中。

## 相关阅读　习惯与舒适区

心理舒适区（Comfort zone）指的是人们习惯的心理模式，如果人们的行为超出了这些模式，就会感到不安全、焦虑，甚至恐惧。在舒适区内，人们常常感觉放松、舒服，比如放假在家，和熟悉的朋友聊天，有人关心自己，或外出游玩。相反，也有些让我们感觉不舒服和有压力的事情，比如上台演讲，或者去搭讪陌生人。

习惯与舒适区有着密切的联系。有这样一个案例：有一个农户家里养了一只羊，这只羊非常强壮，把农户家的羊圈拱坏了。后来这个农户垒了个更结实的羊圈，不久又被拱坏了。没办法，在其他村民的建议下，这个农户在羊圈的周围拉了个电网。那头羊拱到电网时，被电了一下，赶紧躲了回去。等了一会，它又拱又被电了回去。就这样被电了几次后，羊再也不敢碰那个电网了。从此，这只羊再也不敢乱拱，不敢再想往外跑了。后来，农户把电闸关掉，只剩下了铁丝，这只羊也不敢去碰了。

羊不跑是因为电网把它制约住了。电网的范围让它形成了习惯的思维，断电以后，它觉得那个铁丝也不能碰。养成了这个习惯后，羊圈的范围就成了羊的舒适区，它在里面很舒服，就再也不跑了，也不想跑了。

沉溺于“舒适区”的人，会不思进取、故步自封，其行为表现为懒惰、松懈、倦怠和保守。久而久之，会感到迷茫和无助。沉溺于“舒适区”的人，对现状有一定的满意度，既没有强烈的改变欲望，也不会主动付出太多的努力，所有的行为，无非是为了保持舒适的感觉而已。

人的天性都是追求舒适，逃避紧张和压力。很多人形成一定的习惯以后，习惯的行为也就成了他的舒适区。他的行为也就会被习惯制约住，不愿再脱离现有的舒适区。但如果你总待在舒适区里，你就不会有任何变化。一个人要改变习惯最大的难题就是，怎么样下定决心离开现有的舒适区，以养成更好的习惯。

改变来自舒适区的延展。举个例子来说，以前你从来没有上台演讲过，一旦想这样做你就感觉到巨大的紧张和恐惧，像有堵墙挡着你一样。但你通过自我激励，终于鼓起勇气迈出第一步，做了一次一分钟的演讲，那么，上台演讲就变成了你可以做到的事情，你的舒适区已经扩大了。

如何养成一个新的习惯呢？最好的做法是一旦确定了新习惯的内容之后，马上开始行动。刚开始可能并不容易，但是在经过21～30天的时间后，一个新的习惯就可以固定下来了。比如晨读英语，如果能够坚持21天，就基本形成了晨读英语的习惯，那么每天早晨的半个小时时间就成为你提高英语水平的保障。

除了把规定时间内学习变成一种规律外，良好的生活习惯对于高效的时间管理来说也是必不可少的。环境中各种资源的合理配置及有条理的习惯，能够使生活得心应手。

这些习惯包括保持桌面的整洁，物品放在固定的地方，把重要文件放在醒目的地方，建立电脑及文件的归档系统，重新归类未经处理的文件，定期整理箱、包、桌、柜及电脑文件。

## 补充阅读　成功人士的七个习惯

史蒂芬·柯维在《高效能人士的七个习惯》中提出几个值得重视的习惯：

1. 积极主动的态度，是实现个人愿景的原则

我们常说："我不会……，因为……""我迟到，因为……""我的计划没完成，因为……"我们总是在找借口或是抱怨，在不满中消耗自己的生命。人类与动物的区别正是人能主动积极地创造、实现梦想，来提升我们的生命品质。所以，有效能的人士为自己的行为及一生所做的选择负责，自主选择应对外界环境的态度和应对方法；他们致力于实现有能力控制的事情，而不是被动地忧虑那些无法控制或难以控制的事情；他们通过努力提升效能，从而扩展自身的关切范围和影响范围。

积极的心态能让你拥有"选择的自由"。我们虽然不能控制客观环境，但我们可以选择对客观现实做何种反应。积极的含义不仅仅是采取行动，还代表对自己负责的态度。个人行为取决于自身，而非外部环境，并且人有能力，也有责任创造有利的外在环境。

2. 忠诚于自己的人生计划

我们经常在人生的道路上迷失方向，因徘徊和迷途消耗了生命。高效能的人懂得设计自己的未来。他们认真地计划自己要成为什么人，想做些什么，要拥有什么，并且清晰明确地写出，以此作为决策指导。因此，"以终为始"是实现自我领导的原则。这将确保自己的行为与目标保持一致，并不受其他人或外界环境的影响。我们将这个书面计划称为"使命宣言"。

任何一个存在的社会组织都需要"使命宣言"，任何一个企业或个人也不例外。"使命宣言"需要阶段性地评估及持续修正和改良。

确立目标后全力以赴，就是我们所说的在正确的时间做正确的事，并把事情做对。为什么很多人成功了反而感到失落？许多人在埋头苦干时，尚未发掘人生的终极目标，只是为忙碌而忙碌着，未曾洞悉自己心灵深处的所欲所求，也不曾审视过自己的人生信条：你到底要做什么？什么是你生命中最重要的？你生活的重心是什么？只有确立了符合价值观的人生目标，才能凝聚意志力，全力以赴且持之以恒地付诸实现，才有可能获得内心最大的满足。

3. 选择不做什么更难

每个人的时间都是有限的，所以要做重要的事，即你觉得有价值并对你的生命价值、最高目标具有贡献的事情；要少做紧急的事，也就是你或别人认为需要立刻解决的事。消防队的最大贡献应是做好防火工作，而不只是忙于到处灭火。因此，"要事第一"是

自我管理的原则。

有效能的人只会有少量非常重要且需立即处理的紧急、危机事件，他们将工作焦点放在重要但不紧急的事情上，来保持效益与效率的平衡。

“有效管理”是把最重要的事放在第一位的重点管理。先由领导决定什么是重点后，自己掌握住重点，并时刻把它放在第一位，以免被感觉、情绪或冲动左右。要想集中精力于当前的要务，就必须先排除次要事情的牵绊，要勇于说“不”。

4. 远离角斗场的时代

懂得利人利己的人，把生活看作一个合作的舞台，而不是角斗场。一般人遇事多用二分法：非强即弱，非胜即败。其实，世界给了每个人足够的立足空间，他人之得并非自己之失。因此，“双赢思维”成为人们运用于人际领导的原则。

我们从小就参与各种比赛、考试，培养了一种你赢我输、你死我活的竞争心态。试想一下，谁又甘心在竞赛中认输呢？树立双赢思维就是要在人际交往中不断寻求互利，以达成双方都满意，并致力于合作的协议计划。

具有双赢思维的人，往往有三种个性品格：正直、成熟和富足心态。他们忠于自己的感受、价值观和承诺；有勇气表达自己的想法及感觉，能以豁达体谅的心态看待他人的想法及体验；相信世界有足够的发展资源和空间，人人都能共享。

利人利己观念的形成是以诚信、成熟、豁达的品格为基础的。豁达的胸襟源于个人崇高的价值观与自信的安全感，所以不怕与人共名声、共财势，从而肯尝试无限的可能性，充分发挥创造力和宽广的选择空间。

5. 换位思考的沟通

如果一位眼科医生为病人配眼镜，他先摘下自己的眼镜让病人试戴，其理由是“我已经戴了 10 多年，效果很好，就给你吧，反正我家里还有一副。”那么，谁都知道这是行不通的。如果医生还说“我戴得很好，你再试试，别心慌。”在病人看到的东西都扭曲了的同时，医生还反复说“只要有信心，你一定能看得到。”那就真叫人哭笑不得了。我们常说遇事要将心比心。因此，“知彼解己”是交流的原则。

这位医生尚未诊断就开处方，谁敢领教？但与人沟通时，我们常犯这种不分青红皂白、妄下断语的毛病。因此，“了解他人”与“表达自我”是人际沟通不可缺少的要素。首先要了解对方，然后争取让对方了解自己，才是进行有效人际交流的关键，要改变匆匆忙忙去建议或解决问题的倾向。

要培养设身处地的“换位”沟通习惯。欲求别人的理解，首先要理解对方。人人都希望被了解，也急于表达，但却常常疏于倾听。众所周知，有效的倾听不仅可以获取广泛的准确信息，还有助于双方情感的积累。

6. 1+1 可以大于 2

统合综效是对付阻碍成长与改变的最有力途径。助力通常是积极、合理、自觉、符合经济效益的力量；相反，阻力则消极、不合逻辑、情绪化和不自觉。不设法消除阻力的后果就等于向弹簧施加作用力，结果还是要反弹。如果将双赢思维、换位沟通与统合综效原则整合，不仅可以化解阻力，甚至可以化阻力为助力，"统合综效"就是创造性合作的原则。

集思广益的合作威力无比。许多自然现象显示，全体大于部分的总和。不同植物生长在一起，根部会相互缠绕，土质会因此改善，植物比单独生长更为茂盛；两块砖头所能承受的力量大于单独承受力的总和。只有当人人都敞开胸怀，以接纳的心态尊重差异时，才能众志成城。

7. 过着身心平衡的生活

有规律地锻炼身心将使我们能接受更大的挑战，静思内省将使人的直觉变得越来越敏感。当我们平衡地在这两方面改善时，则加强了所有习惯的效能。这样我们将成长、变化，并最终走向成功。

人生最值得投资的就是磨炼自己。生活与工作都要靠自己，因此自己是最值得珍爱的财富。工作本身并不能给人带来经济上的安全感，而具备良好的思考、学习、创造与适应能力，才能使自己立于不败之地；拥有财富，并不代表有永远的经济保障，拥有创造财富的能力才真正可靠。

以上这 7 个习惯是相辅相成的。前三个习惯在于我们本身，确立目标就要全力以赴，着重于如何进行个人修炼，由依赖转向独立，实现"个人成功"；第 4、5、6 个习惯，即建立共赢、换位沟通、集思广益，都将促进团队沟通与合作；而第 7 个习惯涵盖了前六个，督促我们从身心开始完善。通过培养这些习惯，我们可以循序渐进地获得实质性的变革，成为真正的高效能人士。当我们的修养到了能把握自己、保持心态平和、能抵御外界干扰和博采众家之言时，我们的生活和工作也就跃升了新的台阶。

3. 避免干扰

当自己成功克服想要做其他事情的冲动，下定决心，好不容易坐在电脑桌前，打开电脑要完成一周后上交的论文时，环境中存在的诸多干扰源，如手机、电视、互联网、杂志等，都可能让我们转移心神。一旦专注状态被打断，就很难重新集中。因此，我们需要在做一项工作前，选择合适的工作场所，比如，到图书馆看书，而不是留在寝室中。当环境有限，不能转变环境时，就应该切断一切干扰源，断开网络连接、把手机调到静音，如果视野范围内还有其他分散心神的物品，则可以用布罩上，一直保持专注状态，直到按计划完成任务。这种专注的状态很重要，可以事半功倍，接下来用节省的时间彻底娱乐、放松，这样既完成了任务，体验到完成任务的成就感，任务后的娱乐活动又给了自己及时犒赏，强化专注工作的行为。

**扩展阅读**

## 萝卜实验

罗伊·鲍迈斯特（Roy Baumeister）做过一个实验，让禁食一段时间的大学生坐在放着巧克力曲奇和生萝卜的桌子旁边。实验人员把学生随机分成两组，一组是曲奇组，可以吃曲奇；另一组是萝卜组，只准吃萝卜。

萝卜组的学生显然在与诱惑做斗争。很多学生热切地盯着曲奇许久之后才认命地吃起萝卜，而且表情很勉强。有些学生拿起曲奇闻了闻，享受着巧克力的香味。但是，没有人真的忍不住吃了曲奇。大家都抵制住了诱惑。

随后，实验人员把学生带到另外一个房间，让他们解几何题，说是看看他们有多聪明。题目实际上无解，测验的真正目的是看他们坚持多久才放弃。

实验结果显示，可以吃巧克力曲奇的学生，一般坚持了大约 20 分钟。受到诱惑的萝卜组，一般 8 分钟就放弃了。他们成功地抵制了巧克力曲奇的诱惑，但是付出了很大努力，没有剩下多少精力做几何题。

这说明，如果在同一段时间内既要抵制诱惑，又要做有意义的事几乎是不可能的，因此，在完成学习等重要任务的时间里，远离嘈杂，避免干扰，是明智的选择。

## 二、番茄工作法

诺特伯格（Staffan Noteberg）在《番茄工作法图解——简单易行的时间管理方法》一书中介绍了简单有效的时间管理方法——番茄工作法。番茄工作法，简单地说，就是列出当天要做的事，设置 25 分钟闹钟，然后开始做第一件事，当 25 分钟结束后，不管事情做完与否，马上停下休息 5 分钟，5 分钟结束后，再按开下一个 25 分钟的闹钟，收获 4 个“番茄”后，可以休息 15～30 分钟。在一连串 25 分钟时间里，重要的是体验到了专注，获得任务按计划进行的完成感。人们遇到复杂、短期内完成不了的工作常出现拖延。运用番茄钟，避免去考虑任务有多复杂，扭启番茄钟，重要的是开始、再开始，半小时内你会有所斩获，并获得休息作为奖赏。

你可以在网络上下载番茄钟日程管理应用，也可以购买一个厨房计时器。当扭启番茄钟开关后，其发出的滴答声，更能引起时间流逝的紧迫感，促使人们全力以赴利用好每一分钟。在使用番茄钟进行时间管理时，还有一些小环节需要注意：

1. 每天早晨做计划，为当天分派活动

在开启每个番茄钟工作前，重新评估活动的优先级，选择最重要且紧急的事情先做。在整个番茄钟流程中，确保自己一直在做最重要或最紧急的事情。

2. 定量预估

不仅每日计划当天需要完成几个任务，还要对一个任务所需要的番茄钟进行预估。如果某项活动需要 7 个以上的番茄钟，就需要拆分它。每项活动以不超过 4 个“番茄钟”为宜。

3. 做好当日总结，不断改进个人工作流程

为了提高工作效率，同时避免多次犯同样错误，当番茄工作法在一天结束前需总结记录。通过比较“预估番茄数”和“实际完成所用番茄数”，可以获得当天的工作反馈。

还需额外注意“中断数”，一件事越做越复杂，活动不时被头脑中其他想法打断，有时也会被节外生枝的次要任务所打断，面对一天中记录下的中断数，总结应对打扰的方法，在“定量预估”中对中断做出充分预估。

4. 避免追求完美

当安排番茄钟工作任务时，不纠结完美，不把时间浪费在因达不到完美而不断拖延。25 分钟内，专注任务完成，修改和完善可以留待任务结束后。

**补充阅读**　**充分利用零散时间**

生活中的零散时间很多，等车的时间、乘坐公交车的时间、排队的时间、睡前时间，利用这些时间，做些能够轻松完成的事情，比如，利用睡前时间，对第二天的事务作出计划，或者排队时，打电话给父母、朋友等，把一些琐碎事情利用零散时间做完了，才能空闲出大块时间专心做事。

下面是成功人士在等待时间最常做的事：阅读报纸、杂志或书刊；构思当天的工作程序；总结过去的工作情况；学习外语或普通话；玩提升脑力的游戏；回复电邮；写作；致电客户或同事；闭目养神；听音乐。

## 第三节　飘 忽 不 相 待

李白诗云：黄河走东溟，白日落西海。逝川与流光，飘忽不相待。一个人如何看待时间、对待时间可以决定一生的命运，一天 24 小时，一年 365 天，人人都有相同的时间，在相同的时间里，对过去、现在与未来的态度不同，也造就了不同的人生际遇。

### 一、时间知觉与时间观

时间知觉是人脑对时间的整体观察、感受、整合、加工和解释。人们的时间知觉，可以分成“现在时间”知觉、“过去时间”知觉及“未来时间”知觉。时间知觉还可以分成时序、时距和时间点知觉三种。

逝者如斯夫，不舍昼夜。人们对时间抱持的态度、认定价值不同而带来规划和利用时间的行为也不同。对时间的不同认知、体验和行动常造成了人们时间观念间的差别。儿童善于展望、憧憬未来，青少年被引导珍惜当下，老年人常缅怀过去，这是不同年龄群体在时间洞察上的差异。

李嘉诚是一个典型的未来时间观者，其行为与态度均指向未来。2007 年 12 月，李嘉诚接受《商业周刊》访谈时，记者问他的成功秘诀是什么，李嘉诚说：“用 90%的时间考虑失败”。每天早上，秘书都会把一份全球新闻列表放到李嘉诚的办公桌上，李嘉诚会选择感兴趣的文章，让专业的翻译人员翻译。通过这些新闻，他能够设想公司在未来可能遭遇的困境，进而找到解决的方法。当逆境真的到来时，他已经做好了准备，逆境反而变成了机遇。

## 二、时间观的不同表现

菲利普·津巴多（Philip George Zimbardo）在30余年的研究中，整理了15个国家，数千人的问卷调查，在众多的个人经验中提炼出来六种时间观，这六种时间观包括：

1. 过去积极

在主观上，当个体回忆过去经历时，能更多聚焦于“曾经美好的日子”，他们记住了那些美好和奇妙的事物，幸福的场景、珍贵的友谊、令人感动的人与事。这些难忘的、值得怀念的过去，使人们更珍惜眼前的生活，保存相册、记住纪念日并且希望庆祝传统的节日。

2. 过去消极

拥有此种时间观的个体，头脑中总会萦绕过去生活的种种不快，创伤、出错、遗憾、失败、欺骗、疾病等种种过往生活的不如意成为生活主旋律，仿佛做什么事情都能受到这些消极生活经历的影响。过去的失败痛苦就仿佛是不断重播的心理影像，让自己深陷其中，不能自拔。

3. 现在享乐

将自己的专注聚焦在当下享乐的个体，很少受到过去和未来的影响，他们在生活中追求新奇、快乐，逃避痛苦。津巴多指出，适度的现在享乐——有选择性地现在享乐——是件好事情。但是过度的享乐会让我们感觉生命困在了一辆失去控制的过山车上。这种不考虑未来，不顾行为后果的现在享乐也可能将个体推入危险处境，如酒后驾车、意外怀孕等。

4. 现在宿命论

持有现在宿命论的个体相信命运在出生时已经注定，任何个体的计划、努力、选择都是徒劳的。个体无法掌控自己的命运，命运由宗教、宇宙或超能力决定。因此在每个人生两难困境面前，现在宿命论个体常认为“世事不可强求”而消极被动等待宿命在生活中发挥导向作用。

5. 未来导向

未来导向的个体常根据预期出现的行为后果来发动、调节、中止自己的行动。行动的预期收益高于成本，则行为发动并持续下去；预期收益低于成本，则行动不会开始并继续下去。未来导向的个体善于对自己的各个方面一步步地去做计划，并倾向于为达到目标而解决问题。虽然他们也有可能过分受限在未来导向中，变得为实现计划而疯狂，抱怨没有足够的时间陪伴家人等，但通常来说，未来导向的人待人和善、积极向上、精力充沛、关注健康、有克制力且自尊心强。

6. 超越未来导向

超越未来导向的个体常将视野放到更大的时间体系中，他们愿意相信在凡间肉体死亡后，自己一生的所作所为会为自己赢得不一样的神圣奖励，永恒的生命、投胎到更美好的生活等。这种类型的时间观常产生于宗教或精神信仰，对某些宗教信徒来讲，超越此生的愿景激发了行动的积极性。

## 三、平衡的时间观

津巴多在大量研究基础上，发现患有创伤后应激障碍、焦虑症和抑郁症的人有一种相似的时间观特征，这些人过去消极的时间观强、过去积极的时间观弱、现在享乐的时间观强或弱、现在宿命的时间观强、未来的时间观弱。

焦虑、抑郁情绪是困扰现代人的常见负面情绪，从个体的时间观特征去理解，过去的消极事件就像泥潭一样困住了当事人，脑中不断闪现过去的伤心场景就像反复重播的心理电影。随着重播次数增加，无助、悲伤、恐惧、紧张一次又一次被自己体验，一次又一次让个体感到无望。内心中觉得冥冥中自有命运安排了一切，自己看不到未来，看不到希望。实验研究证实，这种带着创伤和负面情绪生活的情形，通过平衡时间观则可以带来新的变化。

有些人能够平衡自己的时间观，让过去消极的时间观弱，过去积极的时间观强，现在宿命的时间观弱，有选择的现在享乐的时间观强，未来的时间观强，超越未来的时间观适中。具有这种时间观组合的个体更能拥有内心幸福感。

从上述的几个方面，一起了解怎样平衡自己的时间观吧！

1. 增多过去积极的体验

当头脑中不由自主回忆过去消极事件时，应马上告诉自己要回忆一件积极快乐的事件，过去生活温情、安慰、快乐的瞬间或事件，渐渐地在头脑中增多对快乐过去的回忆。

2. 记录当前生活中的美好事物，有选择地增加现在享受体验

制定规律的锻炼计划，在大自然中散步休闲，用心体验此时此地的情绪、想法、感受等，能有意识地关注当下，选择有益活动体察当下经验。不断增加对现在生活的关注和把握，摆脱大多数时间被过去负面回忆占据的情况。

### 延伸阅读　结构化拖延法

结构化拖延法是约翰·佩里（John Perry）撰写的短文，并因此获得 2011 年搞笑诺贝尔文学奖。

“结构化拖延”（struc-tured procrastination）的意思是：由于没有做某些事，从而做成了不少别的事。

具体的做法是将所要做的事情列出“优先级清单”，把看起来最紧急、最重要的事排在最前头，但也要有些其他值得 -做的事位列其后。于是，完成后边这些任务，就变成避免去做清单最上方的任务的一种手段。自然，最紧急、最重要的事就成了被拖延的事情。

这一方法追本溯源到1930年，罗伯特·本奇利（Robert Benchley）为《芝加哥论坛》（Chicago Tribune）撰写的《成事要诀》中："只要某件工作不是某人当时本该做的事，不管工作量多大，他都能够完成。"同时拉来许多高效人士的事例作为佐证。

其实，结构化拖延法是让人们看到自己做成的那些事，从而肯定自己，不再纠结于无法兑现诺言时的内疚和煎熬。或许，内疚和煎熬比没有按期兑现诺言更具危害。

约翰·佩里在《拖拉一点也无妨》中，还提供了几套自助方案。① 对于追求完美或幻想完美的拖延，提出"任务验伤选择（Task Triage）"，看看不那么完美的代价是多大。② 将大任务拆成小块列出"当日待办事项清单"，完成一项后，大笔一挥将它划去，随之会产生流畅的成就感，以此激励自己。

3. 学习能让自己看到变化的新技能，弱化现在宿命的时间观

学习一种乐器、书法、舞蹈，或者开始跑步。在开始一项新技能学习的过程中，持续付出努力，逐渐形成"如果我努力，我会做得更好"的想法，弱化"命运不由自己掌控"的宿命感。

4. 通过展望并规划积极的未来

提高对未来的关注，使过去、现在、未来的主观时间更平衡。对未来可先从短期计划着手，下一天的计划、下一周的计划、下一个月的计划，然后再制订长期规划。在计划中包括现在着手的新技能学习，也包括可以享受当下的积极活动，比如，去公园赏花、钓鱼、读书或看电影等。在计划中，也应该考虑加入与亲朋好友一起的活动计划。

## 课堂练习

你可以在等待的时间做些什么？

# 第三章 一觉睡到小时候

> 暖床斜卧日曛腰，一觉闲眠百病销。
>
> ——白居易

人的一生中，将近三分之一的时间是用于睡觉的。英国的湖畔诗人塞缪尔·泰勒·柯尔律治（Samuel Taylor Coleridge）说：从北极到南极，睡眠无人不爱。但是有的人对于睡个好觉却是梦寐以求。若要梦中求，首先要做到安然入睡。

## 第一节 睡眠的原因

人们在注重饮食营养和运动养生的同时，忽视了对睡眠的呵护，甚至有人随心所欲地削减睡眠的时长。

### 一、人为什么要睡觉

曾有人提出睡眠仅仅是人们打发黑夜无事可做的本能行为。但最新研究结果显示，即使每夜缺少 2 小时睡眠都会对人脑记忆功能造成无法挽回的损失。

**延伸阅读　炳烛夜读与焚膏继晷**

炳烛夜读见于《说苑·建本》。晋平公问于师旷曰："吾年七十欲学，恐已暮矣。"师旷曰："何不炳烛乎？"平公曰："安有为人臣而戏其君乎？"师旷曰："盲臣安敢戏其君乎！臣闻之：少而好学，如日出之阳；壮而好学，如日中之光；老而好学，如炳烛之明。炳烛之明，孰与昧行乎？"平公曰："善哉！"。

焚膏继晷。语出唐·韩愈《进学解》："焚膏油以继晷；恒兀兀以穷年。"膏：指油灯用的油脂；晷：古代用来观测日影以及定时刻的仪器。本意是指日影，比喻时光。焚膏继晷指点上油灯，接续日光。形容勤奋地工作或学习。大家应注意的是两个成语都是形容专心和勤奋。

炳烛便是焚膏继晷，夜读到什么时候？从物质的角度讲，平民百姓家中是无力支付焚膏继晷的开销的。从光亮的角度讲，油灯和蜡烛的亮度都不足以支持读书。退一步讲，即使天刚暗时焚膏继晷，在很多家庭也就是一盏灯油的时间，不太可能真的夜以继日。所以，古人就算是真的废寝，大约从酉时点一盏灯的油，到了亥时（晚9点左右），也该进入梦乡了，更不会通宵达旦地夜以继日。

但是这两个成语给后来人造成了误会，以为睡眠是可以忽略甚至省略的。其实，古人从没有人真的要求学生白天去囊萤，冬天去映雪，到隔壁去偷光，而是告诫人们尊重日出而作，日落而息的客观规律，去遵循人体的生物节律安排学习和休息。

焚膏继晷实质是损耗自己的精力和健康去延续白天的工作。

1. 疲劳说

睡觉是为了消除体力的疲劳，弥补一天劳累的耗损。厄内斯特 • 哈特曼（Ernest Hartmann）认为，睡觉有两个功能：第一是消除体力疲劳，第二是消除精神疲劳。消除体力疲劳是显而易见的，人们经过白天的体力透支，香甜地睡上一觉，第二天体力明显恢复。消除精神疲劳的功能则是近年来的研究结果。哈特曼曾将每晚只睡 4 小时的短睡眠者与每晚要睡 8～9 小时的长睡眠者进行比较。结论是短睡眠者和长睡眠者在身高、体重，甚至智力等生理方面没有什么差异，但他们的心理状态却有很大区别：长睡眠者总是忧心忡忡，而短睡眠者却极为乐观。哈特曼认为，消除体力疲劳主要发生在睡眠初期的所谓慢波睡眠中，即从瞌睡、浅睡到深睡这段时间内，以及深睡以后的慢波睡眠中。短睡眠者和长睡眠者几乎以同等的比例经历了慢波睡眠。恢复精神疲劳主要发生在深睡以后的快动眼睡眠期。或者倒过来说，由于长睡眠者有过多的忧虑，所以他们恢复精神疲劳的时间比短睡眠者长；而短睡眠者则恰恰相反。每天睡眠少于 6 小时的人，反而精力旺盛。哈特曼的研究基本是外部观察的结论，后面的研究逐渐指向内部的生理机制。

## 相关阅读　神经元的工作方式

1872 年，在意大利帕维亚大学的卡米洛·高尔基（Camillo Golgi）在硝酸银浸泡的大脑中发现了脑组织最基本的成分——特殊类型的细胞，这种细胞称为神经元。在所有的神经元中，都有一个直径约 50 微米粗短的团状部分，称为胞体（soma），胞体中含有与所有其他细胞相似的整套内部装置，确保细胞存活，并制造出适当的化学物质。同其他细胞相比，神经元还有树突（dendrites），根据神经元树突的差异，脑中的神经元至少有50种基本形状；还有轴突，在极端的情况下轴突可长达1米。路易吉·伽伐尼（Luigi Galvani）提出肌肉是电的容器，神经是电的导体。神经元细胞膜的构成是两层中间夹有脂肪。由于离子（ions）不能透过神经元膜中间与之不相容的脂肪层，所有离子都停留在某个位置上。钾离子分布于神经元内，钠、钙、氯离子分布于神经元外。由大分子蛋白质组成的各种特殊结构跨越膜的两层，它们充当了离子通道（ion channels）。带正电的钠离子进入细胞，暂时使细胞内部的电位比外部更正（去极化），促使带正电的钾离子离开细胞，暂时使膜电位比正常时还负（超极化），电压相差 70 毫伏。这种状态称为静息电位（resting potential）。

当神经受到刺激时，带正电荷的钠离子被泵入细胞膜内部，使膜内正电荷迅速上升，并高于膜外电位，这个变化过程叫动作电位（active potential）。动作电位是神经受刺激时的电位变化，它代表着神经兴奋的状态。脑中绝大部分神经元以动作电位的方式传递信号。西班牙的拉蒙·卡赫（Ramon y Cajal）提出神经元间有一间隙，即突触。1929 年，奥地利人奥托·勒维（Otto Loewi）明确证明，化学物质以某种方式参与神经元通信。当动作电位到达轴突末梢时，突触囊泡（synaptic vesicles）释放神经递质（neuro transmitters），电信号被转换为化学信号。当神经递质经过突触间隙后，迅速激发突触后神经元内的分子受体（receptors），并引起突触后神经元的电位变化，实现神经兴奋的传递。脑内神经元间信号是以化学物质为媒介的突触传递。

大脑的疲劳可以理解为神经元恢复细胞膜的静息电位，或补充突触囊泡放空了的神经递质。有人以海豚睡眠的方式来论证，人类睡眠的主要功能是恢复大脑的疲劳。海豚可以在一小时内轮流使一半脑子睡眠，另一半脑子保持清醒状态。睡觉的一半大脑是以深睡眠为主的睡眠。由此看来，海豚的睡眠主要是恢复大脑的疲劳，而与体力恢复无关。因为海豚在睡眠时，身体依然在水里游弋。也有人认为海豚的休息状态还不是真正的睡眠。

2. 光照说

有人认为，生物钟的确切位置在下丘脑前端，由视交叉上核（简称 SCN）控制，该核通过视网膜感受外界的明暗，使之和体内的时钟保持一致。人类大脑中 SCN 所在的那片区域处在口腔上腭上方。1938 年，内森·克莱特曼（Nathaniel Kleitman）和布鲁斯·理查森（Bruce Richardson）在美国的肯塔基州猛犸洞穴，进行了长达 32 天的亲历实验。克莱特曼想弄清楚，人类是否可以适应一天 28 小时。洞穴位于 120 英尺深的地下，没有光照，温度保持不变。实验者的节律仍然顽强保持在大约一昼夜的周期之内。研究增加了人们对生理节律的了解，但设计的实验缺乏说服力。因为即使生物体是出生后形成的日照节律，那么几十年的生理运行固定的节律也不会被几天的实验改变。人体不会像植物那样即时对日光做出反应。更何况人体的节律是几万年的进化的结果。

3. 激素说

有人提出，睡眠和觉醒的生理机制是由于人体内神经递质，主要是褪黑素分泌的周期性波动。人的松果体（pineal body）是附着于第三脑室后壁的、豆粒状大小的组织。松果体分泌“5—羟色胺”。5—羟色胺又名血清素，广泛存在于哺乳动物组织中，特别在大脑皮质层及神经突触内含量很高，是一种抑制性神经递质。5—羟色胺经羟基吲哚—O—甲基传递酶（简写 HIOMT）来催化成褪黑激素 N—乙酰基—5—甲氧基色胺。这种催化酶在黑暗中（黄昏后）分泌得多，而在光照下（黎明时）分泌得少。

褪黑激素在深夜 11 时至次日凌晨分泌最为旺盛。褪黑激素的分泌，可以抑制人体交感神经，使得血压下降，心跳速率减慢，使机体免疫功能得到加强，机体得到恢复。天亮之后，当光线投射到视网膜并将其部分信息传递到视交叉上核后，视交叉上核通过交感低级中枢，再经脊髓传至颈上神经节，抑制松果体的活动。所以睡眠时，尽量将室内的光线调暗，使大脑中的松果体分泌足够的褪黑激素，以保证睡眠的质量。白天睡觉时，如果放下窗帘或戴上眼罩，让眼球处于弱光下，则有助于睡眠。褪黑激素的分泌将机体导入睡眠，从而保证人体的免疫能力。以二百多名成年人为样本的研究表明，凌晨三点到七点，坐在灯光下不睡觉，就会导致机体免疫力的显著下降。

在健康的生理状态下，人体组织中的各项生命活动都表现出高度精密和稳定的昼夜变化规律。睡眠与觉醒的循环周期也对某些激素的分泌标准产生影响，如可的松和睾酮分泌量在凌晨时分处于高峰阶段；胰岛素、胃泌素和肾素水平下午和傍晚最高；淋巴细胞计数上午最低，夜间达到高峰；如果分泌的规律失调，就将导致机体组织免疫系统的破坏。

## 二、睡眠的神经机制

睡眠是经过长期进化的动物后天获得的一种生理功能。在对睡眠机制的研究中，神经细胞的电生理实验结果，初步推断在眼后侧脑的前部存在睡眠中枢。除睡眠中枢学说外，还有血液中毒学说、网状系统上传阻断学说和自主神经系统学说。

1. 网状结构

目前仍将脑干上部的网状上行激活系统看成是维持觉醒的重要脑结构。1865 年，戴特（Deitor）首先提出网状结构。在脑干各段的广大区域，有一种由白质与灰质交织混杂的结构，称为网状结构（reticular system）。1937 年，布雷默（Bremer）在上丘和下丘之间横断猫脑，称作孤立脑（isolated brain），则猫陷入永久睡眠状态；在脊髓和延脑之间横断猫脑，称作孤立头（isolated head contents），则猫保持正常的睡眠与觉醒周期。以此证明在延脑至中脑的脑干中，存在着调节睡眠与觉醒的脑中枢。1949 年，莫鲁齐（Moruzzi）和马古恩（Magoun）发现，电刺激脑干网状结构引起动物的觉醒反应。

网状结构按功能可分成上行激活系统和下行激活系统两部分。上行激活系统控制着机体的觉醒状态，与保持大脑皮层的兴奋性有密切的关系。如果上行网状结构受到破坏，动物将陷入持续的昏迷状态。下行激活系统对肌肉紧张有易化（facilitation）和抑制两种作用，即加强或减弱肌肉的活动状态。

2. 蓝斑核和中缝核

脑干蓝斑核和中缝核是产生和维持睡眠的特异中枢。蓝斑核头部向上发出纤维至大脑皮层，与网状结构上行激活系统一起维持醒觉；中缝核头部向上发出的纤维与“无快眼运动”（NREM）睡眠的产生和维持有关。去甲肾上腺素与 5—羟色胺是维持睡眠和醒觉状态的神经递质。当脑内去甲肾上腺素含量不变或增高时，降低 5—羟色胺的含量可引起失眠；当脑内 5—羟色胺含量正常或增高时，降低去甲肾上腺素含量则引起嗜睡。

3. 睡眠回路

美国哈佛医学院和布法罗大学医学与生物医学科学学院的研究人员发现，位于原始脑干深处尾核的睡眠回路决定进入深层睡眠。大脑活动似乎是产生深度睡眠的充分必要条件。

“睡眠中心与对于生命至关重要的其他区域密切相关强调了大脑里睡眠的进化重要性。”研究人员发现侧颜区里一种特殊的神经元类型，后者传递神经递质 γ 氨基丁酸（GABA）导致了深度睡眠。他们用一系列创新工具精确地控制这些神经元，“这些新的分子学途径实现了从细胞水平控制大脑功能。”

采用电刺激来激活实验区域，经常会触碰到周围的区域。为了获得这些实验所需要的精确性，研究人员在侧颜区里引入了一种病毒，它只会在 GABA 神经元上表达一个“设计师”受体，但并不会改变大脑功能。哈佛大学助理教授帕特里克解释道：“当我们开启侧颜区的 GABA 神经元，在无需使用镇静剂时，动物很快就会陷入深度睡眠。”

## 三、人体节律的生物机制

自然界的日月星辰都有自己的运转规律，生灵万物在进化的过程中也都形成了自身独特的运转节律。某些单细胞生物体内也存在精确的昼夜循环（circadian cycle）。18 世纪，天文学家让・德马兰（Jean de Mairan）研究了含羞草，提出植物似乎有自己的生物钟。南美洲危地马拉的第纳鸟，每过 30 分钟就会鸣叫，误差只有 15 秒，当地的居民用它们的叫声来推算时间，称为“鸟钟”。

每个人从他诞生之日直至生命终结，体内都存在着多种自然节律，最常见的节律如体温、荷尔蒙分泌等都呈现 24 小时的变化。正常情况下，人体在白天与夜间的生理节律有明显的不同。白天主要以交感神经活动和物质代谢的分解过程为主，而夜间则以副交感神经活动和物质代谢的合成过程为主。生物化学的观察结果也证明，不同酶的活性和内分泌激素的代谢在昼夜间也有很大的差别。人体内还存在一种决定人们睡眠和醒觉的生物钟，生物钟根据大脑的指令，调整全身各种器官以 24 小时为周期发挥作用。

1. 人体生物节律

生物体呈现出种种节律现象。脉搏有较短的周期和较快的节律；体温、血压、代谢、激素的分泌等以一个昼夜为周期。美国人哈尔伯格（Halberg）创用“节律”（circadian rhythm）的概念。瑞士的弗朗索瓦・让克（Francois Jenke）主持的研究发现，“ACT-078573”可以阻止大脑激素神经肽的活动。神经肽在嗜睡症患者的体内含量较低，所以他们白天总是昏昏欲睡，有时甚至在工作时或驾车时入睡，而在晚间又无法入睡。动物实验和临床试用都表明，服用“ACT-078573”可缩短入睡时间，并且没有副作用。最近研究表明，引起睡眠的内源性化学物质有 22 种，其中 ASP5-a-DSIP 具有调节“24 小时节律”的编程效应。美国人皮尔兹（A.Piltz）和范贝弗（R.Van Bever）撰写的《生物钟》，系统地介绍了人体生物节律的理论。

德国的内科医生威尔赫姆·弗里斯（Wilhelm Frith）和奥地利的心理学家赫尔曼·斯沃伯达（Herman Swabda）经过长期观察提出，人体内存在一个23天为周期的“体力盛衰期”和28天为周期的“情绪波动期”。1904年，斯沃伯达出版了《从心理学和生物学意义上谈人类生命的周期》，并明确提出有些人体不良状态或危及生命的征兆都表现出发生在生物节律临界日的倾向。20年后，奥地利的阿尔弗雷特·泰尔其尔（Alfred Teltscher）提出以33天为一个周期的“智力强弱期”。

人体生物三节律中每个周期的高潮期向低潮期过渡的两三天，称为临界日。人从出生开始智力、情绪、体力都按照高潮期—临界日—低潮期的顺序，按正弦曲线的规律持续不断地变化，一直到生命结束为止。人体三个生物节律存在着明显的盛衰起伏，曲线处于中线以上的日子，称为生物节律的“高潮期”。人体三节律运行在高潮时，则表现出精力充沛，情绪乐观，思维敏捷，记忆力强，更具有逻辑性和解决复杂问题的能力。处于中线以下的日子，称为生物节奏的“低潮期”。人体三节律运行在低潮时，则表现出容易疲劳，做事拖拉，情绪低落，反应迟钝，健忘走神。从高潮期向低潮期过渡的两三天称作临界日，人的智力、情绪、体力都不稳定，机体各方面的协调性能较差，极易出现差错，也难在考试中取得好的成绩。临界日时人体的免疫功能也比较脆弱，许多疾病发作或死亡的时间恰在智力、体力、情绪三节律的双重临界日和三重临界日。虽然三种节律临界日只占总时间的20%，却涵盖了60%的交通事故，70%的工伤和航空飞行事故。

人是大自然的产物，人体的生物节律与自然的规律有着内在联系。了解自己三节律的临界日和低潮期，可以在精神上早作准备，合理地安排工作和学习的内容，安然度过临界日。我国现存最早的中医理论典籍，成书于战国时期的《黄帝内经》，记载了对自然界生命现象的精细观察和天才设想。

## 延伸阅读　不要熬夜

生物钟调节着关键的喂养行为、激素水平、睡眠模式、体温和新陈代谢等功能。

2017年诺贝尔生理学或医学奖成果，颁发给了杰弗里·霍尔（Jeffrey C.Hall），迈克尔·罗斯巴什（Michael Rosbash）和迈克尔·杨（Michael W.Young）。

科学家以果蝇作为示范生物，分离出一个能够控制生物节律的基因，它可以编码一种在夜间积聚、在白天分解的蛋白质，这种蛋白质在细胞中的数量变化就引起了细胞生物节律的昼夜变化。三位科学家研究的“控制昼夜节律的分子机制”，解释了动植物和人类是以相同的机制适应昼夜变换的。

赛摩尔·本泽尔（Seymour Benzer）团队证明了基因中的突变能扰乱苍蝇的昼夜节律时钟，并将之命名为“周期基因”。当“周期基因”活跃时，PER蛋白聚集在细胞核中，其基因活性被阻断。

1984 年，杰弗里·霍尔、迈克尔·罗斯巴什和迈克尔·杨成功地分离出了“周期基因”。接着发现了晚上被编码的 PER 蛋白质在白天会被降解。1994 年，迈克尔·杨发现了第二个“周期基因”，它编码正常昼夜节律所需的 TIM 蛋白。当 TIM 结合 PER 时，两种蛋白质进入细胞核，在那里阻断“周期基因”的活动以封闭抑制反馈环。接着迈克尔·杨又确认了另一个基因，可以双倍编码 DBT 蛋白，延缓了 PER 蛋白的积累。随后，研究者又确定了激活“周期基因”所需的其他蛋白质，以及光可以与生物钟同步的机制。

人体的大部分基因都受到生物钟的调节。精心校准的昼夜节律将个体的生理调整到一天的不同阶段。如果个体打破生物钟，会降低自身的免疫力，罹患各种疾病，熬夜会打破人体内精妙的时钟，疾病匍匐而来。由于熬夜缺乏睡眠，神经突触部分被星形胶质细胞大量吞噬。调节节律的关键基因失效后，会促使肿瘤发生。

2. 周期基因

法国斯特拉斯堡大学细胞分子研究所的科学家揭开了特殊基因和蛋白控制生物钟的机制。神经调质（neuromodulator）BMAL1 的数量在一天中随着时间不断变化。从零开始达到一定数量后，自动消退。每天如此。这一发现可能有助于寻找新的手段，以帮助人们缓解紧张、失眠以及其他症状。

克利福德·达索（Clifford Dacso）与西奥斯·安托拉斯（Athanasios Antoulas）研发了矩阵束法（Matrix Pencil Method），采用电子数字信号的方法来分析生物现象，在收集的人体生物数据中寻找波的类型。发现了基因的表达随着时间的推移遵循一个 12 小时的周期。这些周期是独立的，且已经被实验证实；敲除 24 小时周期后的基因不会影响 12 小时基因的表达模式。

生物的基因随时间变化的功能，如炎症、应激反应、蛋白质质量控制和能量供应都遵循一定周期的活动。12 小时生物钟的提出支持基因控制的人类健康的人体节律生物学。

## 延伸阅读　大脑在我们睡觉的时候清除垃圾

2012 年，罗切斯特大学的迈肯·内德加德（Maiken Nedergaard）的发现，由于大脑没有躯体的淋巴系统来清除毒性神经递质，将由流经组织间隙的脑脊液（CSF）冲刷带走。经血液过滤的脑脊液从脑室的脉络丛涌入大脑，并渗入大脑组织间隙中，再携带废弃神经递质回收到大脑外周的脑脊膜血管内。脑脊液在中枢神经系统起着供应营养，运走废弃代谢物，调节中枢神经系统的酸碱平衡。脑脊液清运大脑废物的机制被称为“Glymphatic 系统”。

小鼠在清醒时大脑中组织间隙仅占大脑总体积的 14%，在自然睡眠占大脑 23%的体积，增加的超 60%的部分，被形象地称作“隐藏的洞穴”。

小鼠清醒的状态下，脑脊液循环只局限于大脑表面，在自然睡眠的情况下，能深入脑组织中。脑脊液流入组织间隙的量在清醒时仅是睡眠时的 5%，排出的毒素中包括在阿尔茨海默症患者大脑中发现的 beta 淀粉体。

如果不能获得足够的睡眠，那么脑内的废物和毒素就会堆积，也就必然导致神经系统的疾病，以及心智功能的退化。

## 第二节 人从觉中来

关于睡眠的研究都是从成人的阶段着手的，也就是研究者截断了人类进化和个体发育的经脉。一个简单事实是周期性的睡眠是从动物开始的，以昼夜为周期的睡眠是哺乳类动物的特征。

### 一、觉醒是进化的产物

从物种进化的角度讲，睡眠是逐渐出现的。动物根据各自生活习性形成各自的睡眠或休息的方式。鱼类开始出现静止的休息状态，鸭嘴兽等只有间断的慢波，没有快波。典型的睡眠出现于恒温动物。有袋类出现了快波睡眠。鸟类有了两种类型的睡眠。

动物学家曾观察研究 170 种不同动物的睡眠时间，结果发现，不仅陆地上动物都有睡眠的行为，生活在海里的动物也都或多或少需要睡眠，才得以生存。动物每天的睡眠时间分别为：二趾树懒 20 小时；蝙蝠 19 小时；狐猴 16 小时；松鼠和河狸 14 小时；猫、猪和小家鼠 13 小时；食蚁兽 12 小时；美洲虎 11 小时；刺猬、黑猩猩和兔 10 小时；牛和豚鼠 7 小时；山羊 6 小时；长颈鹿 4 小时。从动物的睡眠时长中似乎有个不明显的规律，食草动物的睡眠时间较少。

人类的睡眠发展变化沿袭了动物睡眠的进化过程，新生儿睡得最多。人类胎儿在妊娠 24～36 周出现明显的觉醒和睡眠的交替状态。胎儿在妊娠 24～30 周出现快波睡眠，在 32～36 周出现慢波睡眠。

### 二、人到底要睡多久

不管睡眠时间长短如何，睡觉是人类必不可少的活动，不可破坏的生物节律。

1. 各年龄段的睡眠

新生儿的睡眠可以分为两种类型：一种睡眠和眼动，体动相联系，呼吸不规律，并出现自发的吮吸动作，称为活动相睡眠，相当于快波睡眠。另外一种睡眠没有眼动和体动特征，呼吸规律，称为安静相睡眠，相当于慢波睡眠。新生儿每昼夜觉醒—睡眠周期为 5～6 次，分布很不规律，这与新生儿的发展成熟度有关。新生儿平均一天睡眠的总量达到 17 小时。

学龄前儿童全天的总睡眠量在 12 小时左右。同时白天的午睡有助于孩子发育和成长。实验证实，让儿童早睡能够显著改善儿童白天瞌睡、磨人及焦躁的现象。上学后，一天的总睡眠量会减少为 9～11 小时。进入青春期的青少年和成年人一样，最理想的是 7～8 小时。

随着年龄增长，人们的睡眠模式（sleep pattern）发生改变。青春期的睡眠模式倾向于晚睡晚起。老年人的睡眠模式是少觉多睡。表面上老年人醒得早，夜晚睡眠时间缩短，但白天要睡很多次，微睡眠增加。全天的睡眠时间仍然在 8 小时左右，且做梦的时间仍占 20%左右。

## 延伸阅读 会睡觉的人

英国人塞缪尔·希尔顿（Samuel Hilton）身体结实健壮，并不肥胖。1694 年 5 月 13 日希尔顿一觉睡了 10 个星期，周围的人无论用什么方法都不能唤醒他。1695 年 4 月 9 日，希尔顿又睡着了。人们请来医生给他放血，用火熏烫，施以各种刺激。可是全然无用。希尔顿这一次睡了 17 个星期，到 8 月 7 日才醒来。

与此相反的是，有些人的睡眠时间却少得出奇。美国人列奥波德·波林，每天只睡 2 小时。白天要连续工作 10 小时，从不感觉疲劳或头昏眼花。据波林自己回忆，在他五六岁时，每晚只睡 6 小时。

2. 睡眠的中间点

研究人员发现，人类的睡眠在 20 岁时会发生变化。提尔·隆纳柏格说："我们第一次找到了青春期结束的时间分水岭。"

隆纳柏格的团队调查了 25 000 名 8 岁与 90 岁之间的作息时间，然后计算出他们睡眠的"平均中间点"，即他们入睡后与睡醒前的中间时间。将"中间点"与每个人的年龄对比后发现，在 20 岁前，儿童的睡眠时间会逐渐延长。20 岁后，起床时间开始提前。现在还无法确定变化究竟是由于行为原因还是环境因素，或许作息习惯的突然改变与人的生理有关。女性一般在 19.5 岁时青春期就已结束，男性则要到 20.9 岁时才结束。

明尼苏达大学凯拉·瓦尔斯特隆（Kyla Wahlstrom）的研究有更详细的介绍。人在 1 至 5 岁期间褪黑激素分泌最为旺盛，幼童倾向于早睡早起。13 岁时，褪黑激素分泌显著减少，导致青少年晚睡晚起。在 15～16 岁明显增强，在 17～19 岁时达到高峰。

但是，这项研究还需要解答褪黑激素随年龄增长而减少分泌是原有的生物规律，还是因为后天生活环境和节奏的物理和文化因素造成的。如果是工业文明带来的晚间的电器照明，特别是电脑显示器和手机荧屏的强光照射造成的褪黑激素分泌的减少和延迟，那就是对生物规律的破坏，就需要缩短晚间照明的时长和减弱光照强度，来保证或恢复生物体固有的节律。

3. 睡眠的个体差异

不同的个体睡眠的时长和节奏有所不同。对大部分成年人来说，每晚 6～8 小时是最佳的睡眠时间，可以简单表述为7±1 小时。有些人可能每晚只需 5 小时，有一些人则可能每晚多达 10 小时。自然在节奏上就有早睡早起的“云雀”型，晚睡晚起的“夜莺”型，早睡晚起的“觉主”和晚睡早起的“睡神”。

在找到适合自己的睡眠时间和睡眠节奏后，就可以在白天拥有好体力，晚上拥有好睡眠。睡眠的充足和质量的好坏以早晨起床时的神清气爽为标准。

由此，我们不能和每夜睡得少的人攀比，更不能要求睡眠的时间少于我们自己需要的时间。人脑每夜必须有足够时间补充日间消耗的神经递质，清理神经元突触间的杂物，清运信息传导产生的代谢物。睡眠的欠缺会削弱我们的判断力、反应能力及其他心理机能。

## 三、不睡可以挺多久

睡眠是大脑暂时性休息过程。从某种意义上说，睡眠的质量决定着生活的质量。

1. 睡眠剥夺

1965 年，17 岁的嘉德纳在志愿的睡眠研究中，曾经连续 264 小时，或 11 天保持不睡。还有很多受试在严密的监控下，也维持了 8～10 天清醒不眠的纪录。实验之后，短期内参与者都表现出注意力、认知和动机等心智活动低下的状况。长期睡眠不足会扰乱记忆，并使人无法学习。

人的睡眠是千万年来动物生存的一种习性，不是可以自我控制的。人体的免疫系统在睡眠过程中得到某种程度的休整和加强。每个人的身体状况和耐力不同，坚持不睡觉的时间长短也有所不同，但是长时间地不睡觉或睡眠不足可以使人头昏脑涨、精神涣散、心跳加快，办事效率下降，脾气暴躁，甚至出现幻视、幻听、免疫力下降。

张二荃团队对小鼠进行长期睡眠剥夺实验。结果显示：在长时间有效地抑制所有睡眠的情况下，四天内有 80%的小鼠过早死亡。病理检测发现，长期睡眠剥夺会导致小鼠出现多器官功能障碍综合征（MODS），同时或相继并发 2 个及以上系统/器官的急性功能障碍或衰竭。多器官功能障碍综合征由细胞因子风暴综合征（CSS，一组代表多种炎症反应的紊乱性疾病，可导致器官损伤、发病和死亡）引起，不睡觉致死的真正原因是免疫系统的过度激活。否认了睡眠剥夺的死亡是免疫系统能力下降导致外界的感染造成个体死亡。具体通道为，睡眠剥夺增强 PGD2（前列腺素的一种，存在于脑部和肥大细胞中）的累积并穿过血脑屏障引发全身炎症。

2. 微睡眠

人的身体每天都利用睡眠的时间来修补受损的细胞和神经系统。正常的受试者在长期剥夺睡眠之后，会出现几秒钟的浅睡，通常称为“微型睡眠”。与昏沉的不眠期交替出现，同时还会伴随认知及运动功能的丧失。

有些特殊的病例出现了慢性失眠症，可以连续几个月，甚至几十年不睡。这种情况不是说明他们不睡觉，他们是在不断地打盹。不但睡眠时间很短，而且很少有深度睡眠。

## 四、熬夜的成本

一夜好觉是生命里最大的恩赐。睡眠不好，身体机能就会发生紊乱。

1. 睡眠缺乏

如果你在白天感到昏昏欲睡，就说明没有得到足够的睡眠。如果觉醒时出现短暂的昏睡，或者很短的睡眠现象，通常仅持续 1～10 秒钟，是严重的缺乏睡眠。在许多情况下，人们不知道自己经历过短暂的昏睡现象。

缺乏睡眠是危险的。手眼协调的模拟实验证明，缺乏睡眠的人比醉酒的人表现更差。缺乏睡眠还会增加酒精对身体的伤害作用，所以，一个疲劳的人喝酒的话会比休息好的人喝酒更有害。

睡眠和健康关系密切，因为控制睡眠的神经传递素发生变化，以及其他脏器的变化会引起或诱发许多疾病的发作。比如，中风和哮喘经常发生在夜晚或凌晨。

几乎所有精神失调的人都有睡眠方面的问题。健康的人如果极度缺乏睡眠，可能会导致进入精神疾病的偏执狂和幻觉阶段。长期睡眠不足、失眠可以造成思考能力减退、警觉力与判断力下降、免疫功能低下、内分泌紊乱等。

2. 熬夜损伤身体

微信、朋友圈成为时尚，晚睡已成普遍现象。调查显示，有 1 万多人说自己天生就是熬夜族，早了睡不着。有 3 万多人表示自己经常因为复习和加班熬夜。很多人已经将入睡时间推迟到晚上 11 时以后。超五成网友表示经常在零点后入睡，18.2%的人超过凌晨 1 时才睡。

有人归纳了熬夜对人体的伤害：熬夜会让内分泌激素水平紊乱，使得细胞代谢异常，影响人体细胞正常分裂，导致细胞突变，提高患癌风险。熬夜时人处于紧张状态，得不到放松，造成血管收缩异常，血压比正常人高，容易诱发高血压或者加重病情。熬夜的人，剥夺了胃肠道休息的机会，导致消化性胃溃疡、十二指肠溃疡、功能性消化不良、腹胀、腹痛等。不规律的睡眠及压力，会影响内分泌代谢，造成皮肤水分流失，容易导致皱纹、皮肤暗淡、长暗疮、黑眼圈加重等，尤其是上完妆后情况会更糟。熬夜等于是超负荷用眼，对眼睛的伤害不仅仅是变成“熊猫黑眼圈”，更重要的是，长期熬夜、超负荷用眼，导致视力功能性减退。熬夜伤身也伤神，许多年轻人晚上不睡，白天发困，出现神经衰弱等问题，严重的甚至会导致抑郁症的发生。

### 心理测试

回答下面问题，按 1～5 分评定等级。

（1）我比自己想要的睡得晚。

（2）如果我要早起，我就会早睡。

（3）通常到了要睡觉的时间我还在做其他的事情。

（4）如果到了晚上该关灯的时间，我会马上关灯。

（5）当我想要睡觉的时候，我很容易被其他的事情吸引。

（6）我有一个规律的睡觉时间。

（7）我没有按时睡觉。

（8）到了该睡觉的时间，我可以轻易结束其他活动。

（9）我想要睡觉但是我就是没睡。

算分方法：2、4、6、8题是反向计分，将所有的得分相加，再除以9，是每道题的平均分。

从数据统计的结果来看，一个人的平均得分每增加1分，睡眠的时间会减少半小时左右。

3. 熬夜损伤脑机能

每夜睡眠不足6小时，人脑在工作记忆、视觉学习、信息处理速度、情绪管理、警觉五个认知领域存在功能受损，包括难以制定决策、注意力及记忆力下降、工作差错增多。在空间工作记忆广度、简易视觉空间记忆测验、言语流畅性、情绪管理及持续性注意的表现均显著变差。

在实验中剥夺了实验鼠5小时的睡眠。实验鼠大脑中PDE4的酶含量和活性都出现增长，而这种酶会对帮助保持记忆的分子造成负面影响。金伯利·芬恩（Kimberly Fenn）教授的睡眠实验表明，被剥夺睡眠的学生很容易承认不属于自己的过错，在认知反应测试中获得的分数也显著更低。

当人们不睡觉时，他们的神经元会持续工作，可能导致产生更多的β-淀粉样蛋白。同时，睡眠不足也会导致包括β-淀粉样蛋白造成的病斑难以被清除干净（β-淀粉样蛋白是阿尔茨海默病的标志蛋白）。

很多数据表明，睡眠时间越少，其猝死的风险性就越高。长期每夜睡眠时间不足5小时的人，猝死率是睡眠满足8小时的人的两倍以上！

4. 如何应对熬夜

无论是有意的熬夜，还是无意拖延的睡眠，以及不经意遭遇的失眠，都会直接引发混乱、挫折、沮丧等情绪。

睡眠拖延（bedtime procrastination）是指人们自己拖延就寝的时间。Kroese等人在亚马逊土耳其机器人平台（Amazon Mechanical Turk）上搜集了203个参与者的睡眠自我报告量表数据，这些参与者有着不同人种、教育程度和婚姻、职业状态。

每天早上被闹钟吵醒的绝望自不用说，晚睡还可能伴有其他疾病，比如焦虑、抑郁、心血管疾病和糖尿病等。睡眠不足会干扰基因的正常活动，如果连续一星期每天睡眠不足6小时，会有超过700种基因的活动出现异常，包括与免疫力和压力有关的基因。睡眠时间–死亡危险率的函数图显示，睡眠时间在 6.5～7.5 小时之间，死亡率最低，睡眠时间超过 9.5 小时或少于 4.5 小时，死亡危险率翻倍。少于 6.5 小时或者高于 7.5 小时之后，死亡危险率都在逐渐增高。

5. 告别手机床铺

手机控和晚睡强迫症们，到远离智能手机和城市灯光的地方居住几天，就能调整到早睡早起的状态。全球还有约 10%的人属于睡眠时相延迟综合征（DSPD）。艾琳娜·鲍特凯（Alina Patke）称，这些人体内的基因 CRY1 发生变异，才会比其他人晚睡 2～2.5 小时。“CRY1 基因突变的人，昼夜节律周期要比其他人更长，可以说他们终其一生都要追赶别人的生活节奏。”当然，并非所有患有睡眠时相延迟综合征的人，都是由基因变异造成的，这里还存在诸多其他因素，诸如外在事件的阻碍、女性、非学生、更年轻，以及自控力。

罗格斯大学对 1537 名学生的研究表明，关灯后还玩手机 30 分钟以上的学生第二天上课时会更疲劳，成绩也更差。明德尔（Mindell）表示，电子设备发出的光线会影响褪黑素的分泌。因此晚上 9 点以后，或睡觉前 1 小时内，要禁止玩手机或电子设备。

在没有不可抗力阻止按时睡觉的 177 人中，30%的人睡眠时间低于 6 小时，33.9%的人每天平均睡 6～7 小时。只有 36.6%左右的人睡够了健康的 7～8 小时。84%的参与者报告说他们每周至少有一天“感觉睡得太少，白天无精打采”，超过 40%的人每周有 3～7 天在疲惫感中度过。在对这 177 份数据的多层线性回归分析中发现，睡眠拖延是最能预测人们睡眠时间不足和日常疲惫感的因素。

睡觉期间对身体和心理进行修复。可以比喻成晚上睡觉是充电，白天工作是在放电，如果白天释放 100%的电，晚上只充了 50%，另外的 50%从哪儿来？就得从五脏借。所有医生都建议人们晚上 11 点之前上床睡觉，次日 1～3 点进入深睡眠状态，好好地养足肝血。无法睡觉的动物会生病甚至死亡；缺少睡眠伤口无法愈合、体重会下降、皮肤会变差，而且免疫系统也会随之崩溃。睡眠时人的大脑时常出现活动，说明大脑在整理重组白天接收到的信息，以及处理清醒的时候无法完成的其他工作。

## 课堂练习　　睡眠质量自测

您的睡眠情况如何呢？下面的 10 个问题，有 4 种情况，分别是 A 经常、B 有时、C 很少、D 从未。请你选择符合你的情况。

1. 睡眠时间没有规律，不能按时上床睡觉。
2. 工作或娱乐至深夜。
3. 躺在床上脑子乱糟糟的静不下来。
4. 入睡后稍有动静就能知道。
5. 整夜做梦，醒来时觉得很疲惫。

6. 很早就醒来，或夜间容易惊醒。

7. 有点不顺心的事就彻夜难眠。

8. 换个环境就难以入睡。

9. 上夜班就睡眠不好。

10. 借助安眠药才能安然入睡。

选中A记5分，B记2分，C记1分，D记0分。总分在5～20分说明您的睡眠质量比较差。

如果您的总分在20分以上说明您有严重睡眠障碍。5分以下（没有A项）说明您的睡眠质量良好。

如果你的总分在5分以上，特别是有A项得分，说明您需要高度重视您的睡眠状况，设法改善睡眠质量。

## 第三节 睡 个 好 觉

养生家讲："睡觉为养生之首，一夜不睡，百日难追"。生理实验证实，人的细胞以100天为更新周期。所以一夜不睡，损及整个周期。

### 一、睡眠与时令

中国的文化中，保健养生讲求节气和时令，相对应是春生、夏长、秋收和冬藏。中医理论也提倡冬天早睡，并适当多睡，以藏为主。冬季昼短夜长，褪黑激素分泌的也相对较多，从而出现困顿缱绻。《灵枢·邪客》中讲"此人与天地相应者也"。

1. 最佳入睡的时间

最佳睡觉时间应该是亥时（21～23点）。亥时三焦经旺，三焦通百脉，此时入睡，百脉得以休养生息。

正常睡眠由深睡眠和浅睡眠交替出现，循环往复。深睡眠在每昼夜的总睡眠时间里，占15%左右。一般在入睡60分钟后出现深睡眠，此时必须属于子时（23～次日1点）。子时人在睡眠中蓄养胆气，不睡觉就会消耗胆气，第二天人就易困乏，专注力不够。明代谢肇淛的《五杂俎》"事部"中还曾说过："夜读书不可过子时"，"盖人当是时，诸血归心，一不得睡，则血耗而生病矣"。中医理论还认为："胆为中正之官，五脏六腑取决于胆"。胆虚上不明目，血虚下不养筋。胆气不足还可造成贫血。《黄帝内经》云："气以壮胆。"子时，胆经最旺。又云："十一脏腑取决于胆"。胆又为少阳，"少阳不升，天下不明"。

寅时（凌晨3～5点）是一天中人体内阳气上升的开端，是万物从静到动的开始，是养肺的最佳时间。养肺就是养气，如果经常在寅时醒来，多半是肺气不足的表现。

午时（中午11～13点）也是睡眠的节点。正午时分，阳气最盛，亦为阴生之时，属心。此时如不能睡，可静坐一刻钟，闭目养神，则心气强。若能安排半个小时睡眠，还可解午后困顿。夜半子时和正中午时，中医称作“子午觉”。子午觉就是睡眠养生法之一。子午之时，阴阳交接。体内气血阴阳极不平衡，此时静卧，可避免气血受损。古人将睡眠的时间规律总结为“春夏宜早起，秋冬任晏眠，晏忌日出后，早忌鸡鸣前。”

现代医学的研究发现，工作中的小憩能快速降低腺苷（adenosine）的浓度。大脑的腺苷浓度在清醒时增加，在睡眠缺乏时累积增多产生睡眠压力，进入睡眠状态腺苷会快速减少。茶和咖啡中含有的咖啡因（caffeine）能阻断腺苷受体，进而提高觉醒度。

2. 起床时间要应天顺时

闻鸡起舞是寅时（3～5 点）末，也就是早晨 5 点左右起床。旭日东升，大地复苏，人与自然相应。经过 8 小时 6 个周期的睡眠，五脏六腑得到休整，内分泌系统也进入白昼模式，自然应该“应运而起”。

晚上不睡是耗伤阳气，早上不起是封杀阳气。睡起皆不应时，是谓“双杀”阳气。

### 扩展阅读　　睡觉姿势与不同个性

孔子在《论语·乡党》中曾说“寝不尸，居不客”古人睡觉时提倡“睡不厌屈，觉不厌伸”。中医提出“睡如弓”的主张。清代李庆远《长生不老诀》提出“卧当如犬”，说：“犬之为物，其卧地也，恒侧其身，伸前足而蜷其后足，直起颈，如此则内脏舒伸，而百脉调匀，气血周行，可以无阻。气能周行则清，气清神安，神安则心定，如此入睡，魔不能扰，此其旨也。”

英国“睡眠评估与咨询服务”的调查显示，蜷缩睡姿最为常见，约 51%的女性睡眠时都呈这种姿势，表明睡眠者性格敏感，很容易害羞；双臂置于身体两侧平躺着睡觉的人，拘谨，比较安静；侧身睡眠的人，喜欢交际，性格随和；整个身子趴在床上，双手放在头两侧，像自由落体动作，有约 6.5%的人喜欢这样睡，他们通常性格比较冲动，爱热闹。

人在清醒时，都很清楚自己的肢体语言表达着什么意思。睡眠姿势所对应的人格，让我们留意到，人在睡眠时的下意识肢体动作也同样表述了诸多含义。

## 二、入睡困难

《景岳全书·不寐》中写道：“盖寐本乎阴，神其主也。神安则寐，神不安则不寐。”

世界范围内的调查，约有 42%的人存在不同程度的睡眠障碍，多数表现为入睡困难和醒后疲倦。其中女性是男性的 1.5 倍；四分之三是 40～60 岁的中老年人。时长少则数月，多则数年。失眠人群还存在药物依赖、滥用保健品和助眠器械等问题。

1. 睡饱的感觉

除自觉或明显出现睡眠障碍的人外，还有很多人自以为改造了睡眠节律，他们误以为自己已经修炼得不用睡得那么长时间了。2003 年，宾夕法尼亚大学的学者做了一个实验，受试者两周内天天只睡 4 小时，后来他们觉得习惯了，白天也没有那么困了。但实际上，这只是你的大脑忘了睡饱是什么感觉，其实你身体缺觉很厉害，你的心理机能下降了很大的幅度。

## 延伸阅读　睡眠日

睡眠是人体的一种主动过程。人们处于睡眠状态时，大脑和身体会得到充分的休息，可以恢复精神和解除疲劳。随着经济的发展及城市化建设的推进，现代人的生活节奏不断加快，生活方式发生明显变化，精神的负担和人际的摩擦等，使越来越多人的睡眠受到影响。

为了提高人们对睡眠的认识和保健意识，敦促存在睡眠障碍的人们尽早接受专业帮助。国际精神卫生和神经科学基金会于 2001 年发起一项全球睡眠和健康计划，并将每年 3 月 21 日定为“世界睡眠日”。2003 年，中国睡眠研究会将“世界睡眠日”正式引入中国。

睡眠指导专家归纳出六条健康睡眠的指标：① 入睡快，在 10 分钟左右入睡；② 睡眠深而不易惊醒；③ 无起夜或很少起夜；④ 无惊梦现象，醒后很快忘记梦境；⑤ 起床快，早晨起床后精神状态好；⑥ 白天头脑清楚，工作效率高，不困。

2. 失眠的标准

据世界卫生组织的标准，符合以下一项时，就可判定为失眠：

（1）连续一个月每周至少有 3 天出现上床 30 分钟无法入睡。

（2）每天睡眠时间不足 6.5 小时（以前是 8 小时）。

（3）在睡眠过程中夜间醒来次数超过 3 次，醒后难以入睡。

（4）多梦、噩梦的情节如同电视连续剧一样。

（5）次日起床后伴有嗜睡、疲劳、精神状态不佳、认知功能下降等。

睡眠障碍指的是近期内睡眠发生了变化。如果某人从小就是某种睡眠状况，比如每天只睡 6 小时，就属于正常现象。早醒是指夜间的睡眠比原来的觉醒时间提前了 1 小时，严重的提前了 2～3 小时，并且不再入睡。持续熟睡困难是指缺乏深度睡眠，或没有外界干扰的中断睡眠。老年人的睡眠节奏就是失去了持续熟睡的能力。人们会误以为老年人年龄大了觉少，事实是他们需求睡眠的总量并未减少，只是睡眠的时段零散地分布在全天，不能持续睡眠。老年人在晚睡早起后，表现为频繁地打盹。白天的瞌睡补足了夜间睡眠的不足。

偶有睡眠的变化，诸如入睡困难，最好的办法是不纠结，不过度关注。如果过度关注，“今晚能睡着吗”的担忧和失眠焦虑就会伴随着你。到睡觉的时候就不是睡着睡不着的问题，而是觉得自己应该睡不着，或者肯定睡不着，或者不应该睡着。所以我们建议轻松备睡，坦然安睡。

如果睡眠变化的强度或时长比较严重，则须及时就医或做心理咨询。因为睡眠是心理困扰的表现，也会加重身心症状。

## 扩展阅读　要想学好，首先睡好

2015 年，哥伦比亚大学 10 年的跟踪调查发现：1991 年，15 岁青少年每晚至少能睡 7 小时的占 72%。2012 年，15 岁青少年每晚能睡够 7 小时的占 63%。

2014 年，布朗大学对 56 个 14～19 岁青少年的研究发现，睡眠少的孩子经常生病。连续 7 天睡眠时间不足 6 小时的人更容易感冒。

2016 年，挪威公共健康研究院调查了 7798 名 16～19 岁青少年的睡眠和成绩数据。结果发现，晚上 10～11 点间睡觉的孩子成绩最好，睡得最晚的孩子成绩是最糟的。

宋代的蔡确在《夏日登车盖亭》中写道：纸屏石枕竹方床，手倦抛书午梦长。描述的也是夜间睡足了，白天才有精力读书，否则会困顿的现象。

## 三、睡脑先睡心

睡眠的关键是在正确的时段上保证时长。古诗云：志士嗟日短，愁人苦长，都是没有科学合理地安排工作内容和睡眠时段。

睡个好觉的条件很简单：到时想睡，无所牵挂。有的人到了晚上睡觉的时间，还想炳烛夜读，从白天中索取更多的效率。殊不知，人的生命是个连续体。寅吃卯粮的后果是卯时无粮可吃。明代学者胡居仁撰写的对联：苟有恒，何必三更眠五更起；最无益，莫过一日曝十日寒。单从睡眠的角度讲，遵循人体规律，按时入睡，才能保证下个周期的学习和工作效率。

### 1. 结清白天的事务

有的人每天给自己设定了太多的工作内容，有时超出了白天能完成的时限范围，到了晚间该睡觉时，还有工作没有处理完，造成了睡眠时间的推迟。延迟睡眠后，不但当天的工作效率降低，还会影响第二天的工作节奏。

好的建议是：① 每天安排适当的工作内容；② 提高白天的专注力和工作效率；③ 尽早完成白天的工作，晚九点后进入预备睡眠时段；④ 接近十一点时，工作还没完成，就截止未完成的工作，向大脑输入工作完成的信号，进入休息模式。带着完成感入睡，力保心无牵挂，睡得深沉踏实。

### 2. 消解睡前焦虑

调查发现，睡眠障碍中有一半以上的人有不同程度的焦虑症状。有的人学习或工作的目标过于宏大，急于在并不清晰的时限内完成并不明确的学习或工作任务。许多人一旦出现失眠经历，就开始担惊受怕，甚至早晨起床就开始担心晚上可能睡不好，到下午焦虑紧张就愈加严重。深陷焦虑情绪的人是无法安然入眠的。

3. 正向内部语言

人们的思考和结论都在向自己传递正面或负面的信息。如果对自己说：我今晚可别再失眠，传递的就是负面信息。所以，如果偶尔，特别是第一次发生失眠，就要在睡觉前对自己说："我今晚能睡个好觉""我今晚能睡得跟以前一样好"。实验证明，正向的言语表达暗示个体在应对日常变故时更为镇静，坦然自若，表现得更有自信、更强的自尊和更加灵活的应变能力。

**延伸阅读**

## 星星，醒醒与水饺

曾有人建议，在睡意不浓的时候，数星星。但是马上发现，星星同醒醒同音，会令大脑在辨识语音含义时，趋向更加清醒。随后有人建议数羊，但是误会出现了。数羊是英语国家的专利。用英语：sheep。谐音汉语是睡吧。不明就里的采信用汉语去数羊，不免稀里糊涂、莫名其妙。汉语里有更加丰富的谐音资源。坊间早已广为流传的做法是，碎碎念水饺。谐音是睡觉。

4. 呼吸助眠法

深呼吸可以放松身体。W.安德鲁（Andrew Weil）借助古印度的呼吸调节方法，发明了"4-7-8 呼吸法"的助眠方法。原理是透过深深的吸气吐气让更多的氧气进入肺部并在里面流动，使交感神经放松，有助于减轻压力，让人真正地平静下来，并放松身体好入眠。

具体做法是利用鼻子吸气 4 秒，憋气 7 秒，最后再呼气 8 秒，做 3 次循环后你就能感受到睡意。一开始做可能不熟练没睡意，但只要坚持一天做 2 次，持续 6～8 周习惯之后，就能迅速在 60 秒内安稳入睡啦！此法不需要药物或设备，简便易学。

5. 行为助眠法

有人提出过简便易行的"失眠行为学疗法"。

（1）白天进行适度的体育锻炼，有助于加深睡眠。睡觉前简单地压腿，然后在床上自然盘坐，两手重叠放于腿上，自然呼吸。感觉全身毛孔随呼吸一张一合，到了睡意渐浓时倒下便睡。

（2）不在床上进行妨碍睡眠的活动，如看电视、工作、思考、阅读等，清心寡念。

（3）选取习惯的卧姿，自然呼吸。感觉呼吸像春风，先融化大脚趾，然后是其他脚趾，接着脚、小腿、大腿逐渐融化。如还未睡着，再从头做。

（4）假若 20 分钟后还未入睡，心情依旧淡定从容。可以离开卧室，找一个舒服的地方安静地坐着或靠立。待有睡意时再回到床上。如果睡意不够浓，可以多次培育睡意，逐渐加深。

（5）每天清晨都定时起床，即使是在周末和节假日，也应坚持固定的起床时间。借此维持正常的睡眠——觉醒节律。

（6）情绪不要有什么波动，说话也不要太多。

6. 生理助眠法

要让身体快点睡着的话，需要降低身体的温度，把手和小臂放被子外面是简洁的方法。

晚上睡觉前晚餐不宜过饱，并尽量吃粥或面食等易消化的食物。晚餐过饱必然会造成胃肠负担加重，还有可能诱发多种急性疾病。

睡前不要摄入烟、茶、咖啡等刺激性饮料。另外，床头放杯水，免得夜里口渴去找水而减少睡意。

## 扩展阅读 酒精引发睡眠紊乱

克里斯蒂安·尼古拉斯（Christian L. Nicholas）说："人们可能倾向于关注那些常见的对酒精镇静作用的报道，而不关注它在入睡之后引起的睡眠紊乱。"

尼古拉斯研究小组招募了24名被试者（男女各12名），都是18～21岁，偶尔饮酒的健康人。每名被试都经历了两种实验状态：睡前饮酒和睡前服用安慰剂。研究者记录了被试完整的脑电图，并绘制标准多导睡眠图。结果显示，酒精增加了非快速眼动期慢波睡眠的δ波强度，同时也增强了前额α波的强度。结论是酒精表面上能让人更快地入睡，但饮酒之后的睡眠质量受到显著改变和干扰。"如果睡眠规律性地遭受睡前饮酒的干扰，尤其是长期干扰，那么日间健康和诸如学习、记忆等神经认知功能将受到显著伤害。"

7. 按穴位助眠法

（1）安眠穴位于耳后凹陷处和枕骨之间；神门穴在手掌和手腕连接处内侧。

（2）然谷穴在足内侧缘，足舟骨粗隆下方，赤白肉际；涌泉穴位于当足趾屈时，足底前凹陷处。

（3）合谷穴在拇指和食指合拢时肌肉的最高处，也称虎口。合谷穴善熄风镇痉，醒脑开窍，常用于治疗失眠诸疾。

每晚入睡前用食指或拇指轻轻按压穴位有助眠的作用。

8. 物理助眠法

环境要适合入睡，睡觉的房间不宜太大。如果客观条件差就应尽量改善或克服，如居室周围的安静程度等。传统养生认为，人睡着了身体表面会形成阳气保护层。如果室内气流过大，则会破坏保护层。

尽量不要穿厚睡衣入睡，被子不宜太厚。窗帘应能够遮挡室外光线。

睡前的早些时候，洗热水澡是让身体放松，并降低身体的温度。民间有睡前温水泡脚的习俗。

## 课堂练习　睡眠质量自测

### 匹茨堡睡眠质量指数量表（PXQI）

姓名________　性别____　年龄____

指导语：以下的问题与你过去一个月的睡眠习惯有关。你应该对过去一个月中多数白天和晚上的睡眠情况作精确的回答，要回答所有的问题。

1. 过去一个月，你通常上床睡觉的时间____点____分（请按 24 小时制填写）。

2. 过去一个月，你每晚通常要多长时间才能入睡？

① 小于 15 分钟　② 16～30 分钟　③ 31～60 分钟　④ 大于 60 分钟

3. 过去一个月，每天早上通常起床时间____点____分（请按 24 小时制填写）。

4. 过去一个月，你每晚实际睡眠的时间____小时____分钟。

5. 过去一个月，因下列情况影响睡眠而烦恼：

（1）入睡困难（30 分钟内不能入睡）：

① 没有　② 1 次/周　③ 1～2 次/周　④ ≥3 次/周

（2）在晚上睡眠中醒来或早醒：

① 没有　② 1 次/周　③ 1～2 次/周　④ ≥3 次/周

（3）夜间去洗手间：

① 没有　② 1 次/周　③ 1～2 次/周　④ ≥3 次/周

（4）呼吸不畅：

① 没有　② 1 次/周　③ 1～2 次/周　④ ≥3 次/周

（5）大声咳嗽或打鼾：

① 没有　② 1 次/周　③ 1～2 次/周　④ ≥3 次/周

（6）感到冷：

① 没有　② 1 次/周　③ 1～2 次/周　④ ≥3 次/周

（7）感到热：

① 没有　② 1 次/周　③ 1～2 次/周　④ ≥3 次/周

（8）做不好的梦：

① 没有　② 1 次/周　③ 1～2 次/周　④ ≥3 次/周

（9）出现疼痛：

① 没有　② 1 次/周　③ 1～2 次/周　④ ≥3 次/周

（10）其他影响睡眠的事情：

① 没有　② 1 次/周　③ 1～2 次/周　④ ≥3 次/周

如有，请描述

6. 近一个月，总的来说，您认为自己的睡眠质量：

① 很好　② 尚好　③ 不好　④ 很差

7. 近一个月，你用药物助眠的情况：

① 没有　② 1 次/周　③ 1～2 次/周　④ ≥3 次/周

8. 近一个月，你常感到困倦？

① 没有　② 1 次/周　③ 1～2 次/周　④ ≥3 次/周

9. 近一个月，你做事情的精力不足吗？

① 没有　② 1 次/周　③ 1～2 次/周　④ ≥3 次/周

计分方法：上述各项，分别记 0、1、2、3 分，合计总分。

结果解释：总分范围在 0～54 分。分数越高，睡眠质量越差。

# 第四章

# 我在梦里梦见

> 醉里挑灯看剑，梦回吹角连营。
>
> ——辛弃疾

梦是人的正常心理活动。梦境的离奇和梦中内容在日常生活中的应验令人们迷惑。现代的科学研究表明，做梦不单可以让我们更好地休息，储备应对明日繁忙工作和学习的能量。虽然梦的机制也还有待去揭示，但是医学期望对梦的解析有助于对疾病做出早期诊断。心理咨询中，对梦境寓意的理解和领悟，可以加强我们对目前生存状态的认识，增强自我接纳和开放，促进个人成长。

## 第一节 有 梦 睡 眠

人的整个睡眠过程有两种不同的状态：其一是脑电波呈现同步化慢波的时相，称为慢波睡眠；其二是脑电波呈现去同步化快波的时相，称为快波睡眠。慢波睡眠时眼球没有或只有少量缓慢地运动，故又称非快速眼动睡眠（non-rapid eye movement，NREM）；快波睡眠时眼球有快速运动（50～60 次/分），故又称快速眼动睡眠（rapid eye movements，REM）。

### 一、快速眼动睡眠

清朝医家石寿堂在《医原》中写道："闭极则神明昏乱，呓语不休，目睛频转。"

1929 年，德国精神科医生汉斯·柏格（Hans Berger）把电极放到头部不同部位，从头皮引导出来的脑电波的描述，称为脑电图（electroencephalogram）。柏格将最显著的节律命名为"α 波"，即每秒钟 8～13 次的节律。其他的波是"β 波"，每秒钟 14～30 次；"θ 波"每秒钟 4～7 次；"δ 波"每秒钟 1～3 次。脑电图的发现，使人类可以非常客观地描述睡眠的过程，测量睡眠的深度。

1952 年，阿瑟林斯基（Eugene Aserinsky）发现在睡眠中有一种快速的眼球运动（60～70 次/分）的情况，一夜要出现 5～6 阵。在出现快速眼动时将入睡者唤醒，入睡者回答说："在做梦。"

快波睡眠（REM）是睡眠过程中周期性出现的一种激动状态，通过仪器可以观测到睡者的眼球有快速跳动现象，呼吸和心跳变得不规则，肌肉完全松弛，并且很难唤醒，因此，该阶段也称为快速眼动期。在这一阶段，大脑产生相对快速、大幅的脑电波，与第一阶段相似。此阶段有一定程度的觉醒，称为异相睡眠。REM 结束后，再循环到 θ 波的轻睡期。每晚要经过 4～6 次这样的循环。

两种睡眠状态都可以直接进入觉醒状态，但从觉醒状态进入快波睡眠必须先进入慢波睡眠。一夜整个睡眠期间这种反复交替 3～5 次，越接近睡眠后期，快波睡眠的持续时间越长。

人的一生中，快波睡眠的时间在整个睡眠时间中所占的比例随年龄增加而减少。新生儿的快波睡眠占整个睡眠时间的 50%，2 岁以内婴儿的快波睡眠占睡眠时间的 30%～40%，青少年和成年人的快波睡眠占睡眠时间的 20%～25%，而老年人的快波睡眠占睡眠时间不到 5%。

动物也会做梦。因为哺乳动物存在相同的、对睡觉和做梦至关重要的神经结构。

### 延伸阅读　安眠之殇

人们为了帮助睡眠会采用饮酒，甚至吃药的方式，如安非他明、巴比妥酸盐等。但是，不为人知的是，酒精和药物在增加沉睡时段的同时，它们会抑制 REM 睡眠并使人在夜晚的大部分时间里保持在深度慢波睡眠（NREM）阶段。由于夜间没有 REM 睡眠，第二天夜间，过于强烈的 REM 反弹效应让当事人觉察整宿都在做梦，而误以为睡眠不佳。避免遭受梦境困扰的办法就是再次吃药进入 NREM 睡眠来避免做梦。很多人无法戒除服用安眠药或者酒精制品的习惯，有生理依赖的因素，也有对于“REM 反弹”效应不了解而误判的因素。

长期饮酒或服用药物的人，可以持续很多年没有 REM 睡眠。一旦他们停止饮酒，REM 反弹效应会极其强烈，以致他们在清醒时也会出现做梦的现象。这也是酒精中毒而引起震颤性谵妄现象的原因，甚至常常会引起可怕的幻觉。

## 二、睡眠的四个阶段

人们在刚刚入睡后的睡眠大都属于慢波睡眠，根据脑电波的变化特征，慢波睡眠时相可以分为一、二、三、四阶段，标示睡眠由浅入深的过程。

第一阶段为浅睡期，个体感到疲倦，意识进入朦胧状态。在这一阶段，呼吸和心跳变慢，呼吸变得不规律，肌肉也变得放松，体温下降。脑电图上呈现低幅、几种波形的混合。此阶段 0.5～7 分钟（青壮年约占一夜的 5%）。此阶段大脑会发出大量的 α 波，频率较慢但振幅较大。人们常常感到似乎还醒着。

第二阶段为轻睡期，持续 10～25 分钟，这时体温进一步下降，睡眠加深。出现频率更慢，为 4～7cps 的 θ 波。偶尔会插入 12～16cps 的睡眠锭，在连续的脑电波中像一个纺锤。

纺锤波可以使大脑不受外界的干扰。此阶段人可有短暂的、片段的思维活动。睡眠锭的出现是睡眠从第一阶段进入第二阶段的标志。

第三阶段是深睡期。有新的脑电波出现——δ 波。睡眠会进一步加深，意识进一步丧失。深睡 δ 波超过 20%，但不超过 50%。主要出现在前半夜（如果经常熬到前半夜，其对人的伤害可想而知）。

第四阶段是沉睡期，以 δ 波为主，它的频率慢到 4cps 以下，而振幅很大，人们通常要用半个小时达到这一阶段。大约 1 小时后，即深层睡眠阶段，大脑一片空白。δ 波超过 50%。青壮年的正常睡眠，做梦的时段往往出现在快速眼动睡眠阶段。它和出现在二、三、四阶段的非快速眼动睡眠阶段可以消除大脑疲劳。在快速眼动睡眠期间，大脑中蛋白质的合成比非快速眼动睡眠期间更甚，也有人认为，这些化学变化意味着人们将新信息整合进大脑记忆结构的过程，甚至可能成为人格变化的生物基础。

## 三、无梦不成眠

如果问你认为做一个梦用多长时间？大概没人说得清楚。如果问你多长时间做一回梦？可能有人会回答：从来不做梦。

### 1. 六个梦

睡眠是两种睡眠状态的反复交替过程。快速眼动睡眠为有梦睡眠，与之相对的是非快速眼动睡眠或无梦睡眠。一般规律是入睡先进入无梦的慢波睡眠（似睡非睡），然后经历浅睡期、深睡期、沉睡期，再转为有梦的快速眼动睡眠（有梦的快速眼动睡眠时，人可有短暂的、片段的思维活动），整个周期大约为 90 分钟，一般夜间会反复交替 3～6 次。如果每晚睡足 8 小时，则约为 6 个周期，也就是做 6 个梦（第五和第六个周期的时长会低于 90 分钟）。

有梦的快速眼动快波睡眠，开始持续时间短，也许只有 5～10 分钟。后来延长，在后半夜将近觉醒的最后一次有梦睡眠，可长达 30～50 分钟。一个晚上做梦的时间加起来 90～120 分钟。占整个睡眠的 20%～25%。有人报告说，一宿都在做梦，则是每到有梦睡眠时都出现了醒转，也就是此人睡眠很差，属于睡眠障碍。

后继的实验发现，REM 睡眠与 NREM 睡眠期都做梦，且常常难以区分。一般情况下，REM 睡眠期做梦的占 74%，NREM 睡眠期做梦的占 17%。

如果我们每天做 6 个梦，每个梦的平均时长 20 分钟，每天则是做 2 小时的梦。一年是 2190 个梦、720 小时。倘若我们活到 77 岁，按 56 年计算（12 岁以前，68 岁以后的睡眠和做梦情况不详），我们的一生大约要做 122 640 个梦，时长约 620 000 小时。

### 2. 夜梦无痕

每日清晨，如果个体自然觉醒时，多是从慢波无梦睡眠中醒来，则往往对夜间的梦境一无所忆。所以有的人说“从不做梦”。如从快波有梦睡眠中醒来，则对梦境有所觉察并讲述。对于梦境过于关注的地区和人群，由于流传讲述昨夜梦境的习俗或风气，回溯梦境的机会更多一些，讲述的内容也而相对完整。对于大多数来讲，醒来后 10 分钟，梦中大约 90%的事会被忘得一干二净。

在第 1、2 阵快速眼动快波睡眠时的梦境，以重复白天的经历为主；第 3、4 阵快速眼动快波睡眠做梦时，梦中多半将儿时和往年的体验和情景搬出来；第 5、6 阵快速眼动快波睡眠的梦，持续时间最长，往往近事夹杂着往事。人们一般早晨起床后回顾的梦境多数是最后一个梦，所以梦境比较离奇和混杂。

心理学家厄内斯特・哈特曼认为，那些很容易和他人建立联系、容易被环境影响的人，能记得更多的梦和噩梦，那些觉得自己和环境分离，更具有独立自主性的人，则相反。

3. 梦境回顾

梦境回顾受多种因素影响，文化和习俗对人们对梦的关注和回顾起决定作用。

（1）城市生活紧张忙碌，对梦的谈论较少；农村生活宁怡，对梦的谈论较多。

（2）平淡无奇的梦不容易回忆，荒诞怪异的梦容易回忆。

（3）内向型人格的人对内在的感受过分留意；焦虑气质的人常能回忆出梦的内容。

（4）相对封闭的地区相信梦是神人交会，能预兆吉凶、启示祸福，自然过度关注梦的象征含义。有的民族遇上要事难以决断时，甚至祈梦定夺。

## 扩展阅读　　梦境剥夺

从阿瑟瑞斯基发现有梦睡眠，并且每个人入睡之后都会做梦，整个夜晚，REM 睡眠和 NREM 睡眠交替出现 5～6 次，那么梦是否成为人的生命所必不可少且至关重要的一部分。威廉姆・戴蒙特（William Dement）就思考“如果梦被完全地或部分地剥夺，人是否还能继续正常的活动？”戴蒙特采用唤醒方法，即每当被试者在夜里进入 REM 睡眠以后，就把他叫醒，观察被试者缺少有梦睡眠的表现。

戴蒙特招聘 8 名年龄为 23～32 岁的男性被试者。被试者在自己通常入睡的时间到睡眠实验室睡觉，主试者把小电极连接到被试者的头皮和眼部周围，记录被试者的脑电波图形和眼球运动情况。在实验开始的头几个晚上，允许被试者正常睡眠。在被试者适应新的睡眠环境后，记录每个被试者做梦数量的基线和总体上的睡眠模式。接下来，开始剥夺被试者的 REM 睡眠，时段从 3～7 夜不等。每当电极传出的信息表明被试者开始做梦时，主试者就唤醒被试者。确认被试者已经完全清醒，并持续几分钟后，才允许他们再次入睡。同时要求被试者在研究以外的任何时间都不能睡觉，以避免被试者在打盹时做梦。随后，实验进入“恢复阶段”。在恢复阶段（1～6 夜不等），允许被试者整夜安然入睡而不被打扰。

实验结果：

（1）在建立基线的夜晚，当被试者不被打扰地睡觉时，他们每晚的平均睡眠时间为 6

小时 50 分钟。被试者用于做梦的平均时间为 80 分钟，或者占整个睡眠时间的 19.5%。在恢复阶段第一夜，所有被试者的做梦时间平均为 112 分钟，占整个睡眠时间的 26.6%。

（2）在做梦剥夺的第一夜，主试者为了阻止被试者进入 REM 睡眠，唤醒被试的次数在 7～22 之间。最后一夜唤醒被试者的次数达到 13～30 次。整个过程，被试者试图做梦的次数，或唤醒被试者的次数增加了两倍。

（3）被试者在 REM 睡眠剥夺阶段出现了轻微的焦虑、烦躁、注意力不集中和食欲与体重增加的症状。

在做梦剥夺后，被试者做梦的数量有所增加，做梦的时间也显著延长，这种增长会持续几个夜晚，以便在数量上尽量补偿被剥夺的梦。这个现象被称为“REM 反弹”效应。

所有人都做梦，如果某个晚上因为某种原因而无法做梦的话，则会在下一个晚上做更多的梦。

4. 梦中时间真的会变慢

梦境是“闪回式”的，大脑可以在瞬间将许多情景映现在梦境之中，许多毫无联系的场景和事件可以“剪接”在一起，时间可以跳跃，地点可以切换。因此人们常常感觉自己做了很长时间的梦。实际上，不是时间变慢了，而是接收信息的速度变快了。

人脑在睡眠时运转变慢，特别是意识层面处于休眠状态，因此梦中的事件很难组织起连贯的、精确的逻辑线索，是缺少细节的，是跳跃式的。比如梦中从一条街走到另一条街，可能只需一秒钟就完成了，因为你的脑子根本没有这么多资源把完成这个动作的细节和线索组织起来，在梦中其实是“跳”过去的。而在醒过来之后，我们会用清醒时完成同样动作的标准去感知梦里的情节，从“跳”变成了“走”，因此就把梦境时间放大了。所以梦境时间流逝变慢，是一种错觉而已，是因我们以清醒时的时间标准去感知梦中情节而产生的错觉。

## 第二节 夜 间 思 维

在弗洛伊德提出潜意识的百余年后，心理学教科书仍然将睡眠和梦归入到意识的特殊状态，或者是“不同的意识状态”，与催眠、白日梦、酒精和药物改变的意识状态并列在一起。新的解读应该是睡眠和梦是正常状态，是意识不可缺少的组成部分。一个基本的理由是无人不梦，无梦不眠。

### 一、梦的发生机制

我国古代普遍认为梦是睡眠中的一种心理活动。东汉许慎《说文》曰：“梦，寐而有觉者也。”南宋朱熹则认为：“梦者，寐中之心动也。”亚里士多德认为“梦被定义为睡眠者在睡着时候的心理活动。”

1. 梦的生理机理

神经生理学家认为有梦睡眠是纯粹生理现象。在每夜的睡眠中，大脑会有规律地，按预定时间间隔进入 REM 睡眠，并持续一段时间。所以神经生物学的观点是梦不可能是对清醒时事件或潜意识的反应。

1977 年，艾伦·霍布森（John Allan Hobson）和罗伯特·麦卡利（Robert Mc Carley），提出了 REM 睡眠使人做梦，而不是梦引发了 REM 睡眠。

关于梦是由生理结构和机能决定的，霍布森和麦卡利归纳了五条证据。

（1）脑干控制身体运动，并接收感觉信息。在有梦睡眠阶段脑干像清醒时一样，依旧是活跃的。但是，当个体入睡以后，感觉输入（周围环境的信息）和运动输出（身体的自主运动）的脑区运作受到阻止。

（2）控制眼睛运动的肌肉和神经没有受到抑制，所以有梦睡眠时出现眼动。

（3）在每夜的睡眠中，大脑都会有规律地、按照预定的时间间隔进入 REM 睡眠，并把这种状态保持一段固定的时间。

做梦不可能是对清醒时事件或潜意识愿望的反应，因为倘若真是这样，那么梦境将可能在睡眠过程中的任何时刻由于人的突发奇想和内心需求而发生。

（4）所有哺乳动物的睡眠都要经历 REM 和 NREM 睡眠的循环。这种睡眠循环根据动物身体的大小而变化。例如，1 只老鼠每 6 分钟就进行一次 REM 到 NREM 睡眠的循环，而大象的一次循环却需要两个半小时。

（5）对猫的脑桥的神经活动（神经细胞放电频率）进行测量发现，对应于 REM 睡眠阶段的细胞活动出现明显的高峰。如果人为地抑制动物脑桥，动物就会在几周内都没有 REM 睡眠。此外，减少脑桥的活动就会使两个有梦睡眠阶段的时间间隔延长。相反地，刺激脑干则会引起 REM 睡眠提前出现，并使 REM 阶段延长。

2. 意识和潜意识

弗洛伊格认为，人类的心理活动分为无意识和意识两大层次，二者之间有前意识为中介和缓冲。

无意识（unconsciousness）是人的心理活动的深层结构，包括原始冲动和本能，是个体不曾觉察到的心理活动和过程。无意识包括大量的观念、愿望、想法因为同社会道德准则相悖，因而无法直接得到满足，只好被压抑在无意识中。

弗洛伊德做过一个比喻："潜意识的系统可比作一个大前房，在这个前房内，各种精神兴奋都像许多个体，拥挤在一起，和前房相毗连的，有一较小的房间，像一个接待室，意识就留于此。但是这两个房间之间的门口，有一个人站着，负守门之责，对于各种神经兴奋加以考察，检验。对于那些他不赞同的兴奋，就不许他们进入接待室……但是，就是被允许入门的那些兴奋也不一定成为意识的，只是在能够引起意识的注意时，才能成为意识。因此，这第二个房间可称为前意识系统（the preconscious system）"。前意识是介于无意识和意识之间的一部分，其功能是在意识和无意识之间从事警戒任务，阻止无意识的本能冲动到达意识中去。

在人格的结构的理论中，弗洛伊德将人格分为“本我”“自我”和“超我”三个部分。“本我”代表追求生物本能欲望的人格结构部分，是人格的基本结构。“本我”遵循的是“快乐原则”，要求毫无掩盖与约束地寻找直接的肉体快感，以满足基本的生物需要。如果受阻抑或迟误，就会出现烦扰和焦虑。代表良心或道德力量的人格结构部分是“超我”，遵循“道德原则”。“自我”感知外界刺激，储存从外界获得的经验，遵循“现实原则”，从而具备了调节功能。“自我”是适应环境、个体保存的本能，它对“本我”发挥指导和管理功能。“自我”的一部分，通过与外界环境的接触和后天的学习获得特殊的发展。人的一切心理活动可以从“本我”“自我”和“超我”三者之间的人格动力关系中得以阐明。

同时，无意识里的内容并不是被动的、僵死的，而是积极活动着，时刻寻求满足。梦是无意识自主寻求体验的一条途径。

3. 激活——整合理论

神经生理学家认为，做梦的原动力是来自生理。因为梦的出现时间和持续时间是相当固定的，可以假定其受到了神经系统遗传因素的预先控制。

他们强调，我们不应再把梦视为具有纯粹心理意义的现象，即所谓的梦境只是前脑把从脑干产生的杂乱无章的信号整合为只有一点条理的梦境。进入梦中的随机信号的阐述可看成建构、整合的过程而不是一种润饰意识中不可接受的愿望的过程。

做梦的原动力不是来自心理而是来自生理。因为梦的出现时间和持续时间都是相当固定的，可以假定这是由大脑预制，并由神经系统决定的。虽然他们承认梦可能有其心理学意义，但这种意义比精神分析理论所想象的更为基本。他们进一步强调，我们不应再把梦视为具有纯粹心理学意义的现象。

在做梦的过程中，脑干不会对感觉输入做出反应，也不会产生对周围环境的运动输出；相反，它是自我的内部激活。因为这种激活起源于大脑一个相对原始的部分，它不包含任何思想、情感、情节、恐惧或愿望。它只是简单的电能。当这种激活到达了脑的更高级的认知结构时，人就试图从中寻找意义。“换句话说，前脑可能在很努力地做一件极不好的工作，即把由脑干产生的较为杂乱的信号整合为即使只有一点条理的梦境”。

大脑唤醒记忆中的表象来与由脑干激活所产生的信息资料相匹配。正是由于神经冲动的随机性及赋予这些信息以意义的困难性，梦常常是荒诞不经、支离破碎且看似神秘的。

对于梦的遗忘，弗洛伊德的解释是压抑。他认为，由于某种原因，梦的内容太让人心神不宁，这时人们就会遗忘它。能回忆起的梦是相当少的（至少有 95%的梦都无法回忆）。霍布斯和麦卡利对此提出了一种纯生理学的解释，这种解释和他们激活整合假说的其他内容相当一致。他们声称，当人们清醒时，大脑会产生快速的化学变化。在 REM 睡眠阶段，大脑中某种把短时记忆转换为长时记忆所必需的化学物质受到抑制。所以，除非一个梦是特别生动的（意思是说梦是由大量的激活产生的），并且你在做梦的过程中醒来，或做完梦后立即醒来，否则你是不会记住梦的内容的。

人类的睡眠—觉醒机制可能还受到激素的影响，除褪黑素外，还有多巴胺、皮质醇等。实验发现基底外侧杏仁核的多巴胺水平在 NREM 睡眠向 REM 睡眠过渡前会呈现出瞬时的增加。

扩展阅读　**噩梦**

弗洛伊德认为某种噩梦，特别是创伤性噩梦，表达了某种强制性重复冲动，一种重复所经历事件的基本精神倾向。噩梦或许是为当时的结局寻找新的出口。做梦者由于各种原因，主要是童年时所经历的危险或无助的状态，无奈之下接受的不满意和不情愿的结果，而这个结果又是做梦者不肯接受或难以接受的。虽然在别人看来时过境迁，但之于做梦者却挥之不去，顽固地存留于潜意识之中。唯一能够补救和顺畅表达的就是做梦。相对于经历的事件，更为重要的是情绪。噩梦中最常见的是“愤怒”和“害怕”等情绪。很多噩梦应该是当年身处窘境的情绪无法消除，如焦虑和恐惧、委屈与无助，以及愤怒等引发了情绪产生的初始情境，令做梦者再次或多次在梦中身临其境。如果能够处理当时的情绪，或者在清醒状态下从认知上解释清楚做噩梦的缘由，噩梦或许会缓解和消除。从精神分析的角度讲，噩梦是一个信号，是做梦者存在需要处理的不良情绪，或者未表达或未完成的愿望，自己在梦中进行无效且痛苦的处理了。

精神病学家认为，噩梦尤其是肢体破碎或死亡的梦，有可能是精神失调的先兆。噩梦与精神疾病可能存在某种联系，绝大多数人的梦都与童年期基本的恐惧有关。当个体处于压抑尤其是无助状态时，噩梦就会增多。据说睡前吃奶酪不会做噩梦。奶酪中的色氨酸可减轻压力，促进睡眠。但是奶酪中的色氨酸是否也妨碍了正常的梦境。

## 二、梦的特点与功能

由于人在梦中以右侧大脑半球活动占优势，而觉醒后则左侧大脑半球占优势。在机体 24 小时昼夜活动过程中，觉醒与睡眠交替出现，可以达到神经调节和精神活动的动态平衡。因此，梦是协调人体心理世界平衡的一种方式，特别是对人的注意力、情绪和认识活动有较明显的调节作用。

### 1. 梦的特点

做梦主要是在快波睡眠期间，当然，也有少数是在慢波睡眠期间。但两种睡眠状态所做的梦，在内容上是不同的。慢波睡眠期间所做的梦，概念性较强，内容常涉及最近生活中所发生的事；快波睡眠期间所做的梦，知觉性（特别是视知觉）较强，内容生动、古怪。由于快波睡眠状态大部分发生在下半夜，因此整个睡眠时所做的梦，一般是从较多概念化的上半夜向较多知觉化的下半夜过渡。

梦具有离奇性和逼真性的特点。离奇性指梦中出现的事物常常是现实中不存在的，如有时梦见人会飞起来。这主要是由于做梦时，高级中枢处于抑制状态，缺乏意识的严密调节和控制，使激活的表象形成了离奇的结合。逼真性是指人们在梦中常有一种身临其境之感，如有人梦见自己坠入悬崖，其情景犹如真的一般。

2. 梦的功能

弗洛伊德提出为了体验被无意识的愿望代替的现实，梦是我们在晚上自编自演的诗歌。没有白天生活的压抑，梦让我们去我们不能去的地方，说我们不能说的话。

所以，梦有两种主要机能。一是保护睡眠；二是提供实现愿望的方式。它排除各种日间生活产生的心理紧张，使人们的各种无意识愿望在这无意识境界中得到实现。

梦是表达那些被内在“监督员”精心伪装起来的无意识欲望的象征。在梦里回忆、报告的内容只是表面性的，其真实的意义是其潜在（隐含）的内容——无意识冲动和欲望，它们得不到外在的满足，从而在梦里以伪装的形式出现。在睡眠中，通常保持警惕的意识“监督员”处于放松状态，于是通过各种心理活动，不可接受的无意识冲动被披上可接受的外衣浮现出来。在弗洛伊德看来，梦的内容就是各种形式的象征。

如果人的本能同自我的冲突，或本我、自我和超我三者之间失去平衡，就会在梦中变相宣泄。当然，若不能宣泄，就可能形成神经症焦虑。

生理学家也认为，一定数量的梦是必要的，做梦是对大脑和身体有益的正常生理活动，有利于大脑和身体功能的恢复，因为一定程度的神经兴奋可以使人的高级神经活动得到松弛，从而对神经起到缓冲、调剂与镇静的作用。可能每个人都会有这种体会，当你从甜美的梦乡中被唤醒时，你会精神萎靡、暴躁易怒，这是因为睡眠必须是连续而完整的，梦的完成对心理和身体的恢复和平衡大有益处，而如果这种梦境被打断，就会使这种恢复和平衡的过程受到破坏。所以有意识地养成积极的思维习惯，有意识地创造一些积极的梦，可以促进我们的自信，并产生积极体验从而形成自我意识的良性循环，有利于我们身心的健康发展。

## 三、梦的种类

很多人说，自己能看见自己在做梦，有的人说自己很长时间内在做着系列梦，有的人说自己做的梦同白天经历的事情一模一样，凡此种种。

1. 清明梦

清明梦（Lucid Dreams）又称清醒梦，梦者在梦中有着清醒的意识，虽然仍在体验着梦境中的种种，却清楚觉察到自己正在做梦。处于“清醒梦”时，你可以控制梦境，比如自由飞行等。人们试图通过“清醒梦”操控自己特定的梦。同时，人们寻求清醒梦的目的是解决问题，或者结束某种特别噩梦。

A. 霍布森对清醒梦提出了神经生理机制的假说，他认为清醒梦的第一步是梦者意识到自己在做梦，这一认知过程可能和背外侧前额叶皮质有关——该区域负责产生工作记忆，也与理性思维、逻辑推理有关，在 REM 期中通常保持休眠状态。一旦这一区域在梦中被激活，梦者就能识别出自己正身处梦境，此时梦者需要小心地保持睡梦状态的持续的同时又要足够清醒，让自己记住是在做梦。在保持这一平衡的过程中，杏仁核与海马旁回可能被较弱地激活，而脑桥与顶枕叶交汇处则保持活跃以维持梦中幻觉的强度。

**延伸阅读**

**“清醒梦（Lucid Dream）”可以解锁新的沟通维度和人类的潜力**

清醒梦是在快速眼动睡眠（REM sleep）期间出现的梦境状态，做梦者在梦中能够意识到自己在做梦。据《Interesting Engineering》报道，REMspace 研究人员成功实现了在梦境中进行意识交流，重塑了我们对梦境世界中的交流和互动的思考方式。

2024 年 9 月 24 日，研究人员利用专门设计的多导远程追踪设备监测睡眠数据，诱导两名参与者在各自家中入睡并成功交换了一条简单信息。当第一个参与者进入清醒梦时，会生成一个随机的 Remmyo 单词并通过耳机发送给他。参与者在梦中重复这个单词，他的回答被捕获并存储在服务器上。8 分钟后，第二个参与者进入清醒梦，并收到了第一个参与者存储的消息。她在醒来后确认了这一信息，标志着有史以来人类第一次在梦中进行“聊天”。

2. 梦中梦

梦中梦的通俗说法是“假醒”（False Awakening），又称双（多）重梦。梦者梦见自己从梦中醒来，并且信以为真，而实际上仍在做梦。假醒之后，梦者常常会梦见自己起了床并且在做一些清晨日常事务，如洗漱、准备早饭、吃早餐。对于这样的梦，科学家有如下的解释：

（1）梦中梦式假醒（lucidity）：这种梦中梦可能出现在寻常的梦，也可能出现在清明梦之后。清明梦与假醒有着特别的关系，简而言之，如果梦者紧接着清明梦经历了一次假醒，那么就有可能进入“潜清明梦”（pre-lucid dream）。这种情况下梦者会怀疑自己究竟是在梦中还是已经醒来，而且并不总是能得出正确结论。

（2）与现实事件连贯的假醒（continuum）：梦者在现实中睡着，但睡着后由于梦境制造的感觉使得梦者感觉自己仍然醒着。看过电影《盗梦空间》的人应该比较熟悉吧。

3. 梦魇

医学术语是睡眠瘫痪（sleep paralysis），俗称“鬼压床”。人从睡眠中醒来却发现动弹不得，这就是睡眠瘫痪。人睡醒过来，意识清楚了，但是全身僵硬动弹不得，想要喊出口却发现不能出声，过了很长一段时间才恢复过来，往往会使人再一次想起来时，还心有余悸。对于这样的现象，神经生理机制给出这样的解释：在 REM（快速眼动阶段，也就是做梦阶段）期，脑桥的运动神经元处于活跃的发放状态，通过某种尚不明确的突触后抑制作用（也许是阻止单胺类递质的释放）阻止身体运动。这一机制被称为快速眼动期弛缓，它可以保证人的身体在梦中不会胡乱运动以致受伤，科学家相信，梦游等睡眠障碍与 REM 期弛缓缺失有关。如果 REM 弛缓在人入睡之前就开始，或是人在 REM 周期结束之前就醒来，那么受 REM 弛缓的影响人就动弹不得，睡眠瘫痪也就出现了。因此并不是我们所认为邪门的事。

**扩展阅读**

### 梦游

梦游（somnambulism）其实与做梦无关。梦游者入睡后自行下床，张开眼睛在居所内走动，可以回答一些简单问题或命令，让人误以为是清醒的。有些患者会做出一些危险的举动。多数患者的梦游时间从几分钟到几小时不等，然后回到床上继续睡眠。患者自己对梦游期间发生的事情一无所知。

梦游多发生在 5～12 岁的童年期。很少有成年人出现梦游现象。也有人认为与抑郁症、焦虑症和强迫症等精神疾病有关。梦游症也可能与 HLADQB1*05 的基因有关。一般来讲，梦游可能同大脑皮质未完成发育有关，属于成长类问题。

对梦游者不要惊扰，不要同梦游者交谈，最好的办法是任其自行缓解和回归。如果梦游者离开居所或做出危险的举动则需要做好看护，引导他回到房间，放弃可能造成伤害的行为。

## 第三节　梦的象征和解析

梦的预兆和象征，一直被认为对人的精神，乃至命运的揭示。全球各个民族都对困惑并着迷的梦境，发展出自己的一套独特解释。但实质上，梦是以自身去呈现自身，而不是以我们的想法或假设去呈现它。

### 一、梦的象征

弗洛伊德认为梦是人们在潜意识中表达的那些在清醒状态下无法实现的愿望。神经生理学则反对潜意识内驱力的作用，而是强调意识清醒状态下生活中的理性过程。

1．潜意识与梦

弗洛伊德认为梦是完全有意义的精神现象，是欲望的满足，它可以算作是一种清醒状态精神活动的延续。梦是对人某方面的一种揭示，是人们对世界内心体验的产物。心理分析学派的荣格认为，无意识有两个层次：个人无意识和集体无意识。个人无意识包含那些可以在个体的过去或经验中找到来源的个体生活中所获得的素材，由那些曾经被意识到但又因遗忘或压抑而从意识中消失的内容构成。集体无意识是从祖先而来，世代相传保存在人脑中的有关行为方式和知识经验的遗传痕迹，是属于全人类的特性，其内容从未出现在意识之中。梦是人类集体无意识的反应，是“原始人的来信”；梦是潜意识智慧的启示，它超越了个人。

### 相关阅读　　梦的个性意义

我国古代思想家认为，人的性格对梦的内容有很大的影响。所谓“好仁者，多梦松柏桃李，好义者多梦刀兵金铁，好礼者多梦簋簠笾豆，好智者多梦江湖川泽，好信者多梦山岳原野”。这段话除了说明梦境必须依赖经验外，也可说明梦对人性格的依存性。王廷相认为，具有“骄吝之心”的人，在梦中就会争强斗胜；而具有“忮求之心”的人，在梦中也会追货逐利。总之，不同的性格对梦境中的内容有不同影响。

阿德勒也认为，梦是一个人生活风格的产物，是一个人真实的自我写照。所谓一个人的生活风格，即是指一个人独特的个性品质。正由于每个人的成长历程和环境条件各不相同，也就形成了自己独特适应社会环境的生活风格。一个人的想象力绝对不会编造出超出他生活风格的梦境，他所编造的梦正是他独有的生活风格的产物。反过来讲，一个人的任何心理行为，也无不带有其独特生活风格的烙印。一个自卑感强的人，由于时刻担心自己会失败，就会经常梦到自己从高处向下摔。这表明梦有时候也反映着人的个性特点。

近代众多学者通过比较研究不同文化和民族人们的梦，发现这些梦既有普遍性，又有特异性。1969 年，施耐德（Schneider）用内容分析的方法对一些少数部落的人们的梦分析发现，不同文化背景下的梦具有普遍性也有差异性，如比起现代化社会中的人，这些原始部落的人们也是梦到熟悉的人比梦到陌生的人多，躯体性攻击比言语性攻击多等，但是这些部落的人在梦中更多是被攻击的对象。美国科学家认为，由于人类共同意识的存在使得我们的梦具有普遍性，但是由于梦境和人的生活环境、经历等密切相关，因此，不同的人有不同的生活环境和经历，所以梦境又具有独特性。

2. 梦的隐意

隐喻往往是用具体的概念去理解抽象的概念，是我们理解抽象概念和进行抽象推理的主要机制，其根植于我们对自身及日常生活的经验知识，产生的基础是两种事物在我们的经验中存在某种联系或相似之处。

梦是一种受抑制的愿望经过改装的达成。弗洛伊德认为梦是人们在潜意识中表达的那些在清醒状态下无法实现的愿望。因此，通过梦我们可以洞悉那些人在清醒时无法表现的潜意识内容。精神分析理论认为有些愿望在意识状态下是不可接受的，且倘若它们在梦里被直白地表达出来，可能会干扰睡眠，并引发焦虑。因而，为了保证人的正常生活，梦中包含的真实渴望常常被假想存在的检察官在梦境中加以掩饰。

弗洛伊德认为绝大多数梦的真正含义隐藏在梦的外在表现之下。弗洛伊德把这种梦的含义称为“显意”，把更深层梦的真正含义称为“隐意”。为了揭示梦境中蕴意深刻的内容，必须对显意进行解释、分析及洞悉。

弗洛姆认为梦都有一个共同点，即都是以共同的语言——象征语言——“写成”的。弗洛姆（E.Fromm）提出象征可以分为习惯象征、偶发象征和普遍象征。习惯象征是人类赋予的意义。

几乎每个人都做过不同寻常的梦，并暗自思量“我想知道它到底意味着什么”！我们相信，隐藏在人们潜意识中的冲突总能在梦中表达其深义。

存在主义心理学家可能不很看重梦境和梦中物品的文化象征，并由此建立象征学，他们更关注或者他们只关注梦境和梦中物品暗指的现实生活。梦与清醒状态的结合穿透潜意识中的幽暗，蕴藏着个人发展的无限可能。

## 延伸阅读　　解梦与释梦

梦是各种文化和各个时期困扰人类的神秘领域。尼尼微城的亚述巴尼拔图书馆的泥板上记述了公元前 3000 年巴比伦的吉尔伽美什国王吉尔伽美什做的噩梦。

中国的解梦文化是周公解梦。周公名旦，是周文王第四子，曾两次辅佐武王伐纣。后又平定三叔之乱，灭五十国，归而制礼作乐。《周礼·春官》中明确提出六大梦：正梦、噩梦、思梦、寝梦、喜梦、惧梦。《周公解梦》即流传在民间的解梦之书。《周公解梦》更类似于解梦词典，如果人们梦见某个东西，又不能确定其寓意，就到书中去查询。所以，周公解梦主要讲解梦所预兆的生活中要发生的变故和吉凶。

1897 年，西格蒙得·弗洛伊德出版了《梦的解析》，他认为人在清醒的意识下面，还有一个潜在的心理活动在进行着，这种观点就是著名的潜意识理论。弗洛伊德认为，梦不是偶然形成的联想，而是压抑的欲望的伪装。它可能表现对治疗有重要意义的情绪的来源，包含导致某种心理的原因。所以，梦是通往潜意识的桥梁。阿德勒认为，梦是在潜意识中进行的自我调整和激励，以及对未来目标的设定。弗洛姆认为，梦的功能是探讨做梦者的人际关系，并帮其找到解决这些问题的答案。《梦的解析》是弗洛伊德对心理学最重要的贡献之一，也是精神分析理论体系形成的一个重要标志。释梦也成为精神分析学派进行心理咨询的重要手段和主要技术。在心理咨询中，解析梦可以帮助人们寻找到那些潜意识里的心理内容。一旦来访者肯接触自己的梦境，也就开始意识到并准备接纳自己的问题了。

解梦与释梦有所不同：解梦是预示未来；释梦是着眼过去，挖掘和发现来访者童年的创伤经历。解梦是占卜吉凶祸福；释梦是解释来访者症状的来源和性质；解梦的内容缺少实验和数字的证据；释梦的结论则提供了很多文学和个案的支撑。解梦是解说所有梦中出现的单一的物品和景象；释梦只解释反复出现的梦境。因为梦是大脑潜意识里生长的东西，经常做同一个梦，可以解释为正在试图解决你最近未解决的心理问题。

3. 焦虑的梦

虽然梦因人而异，纷繁复杂，但却可以大致分为两类：正常的梦和焦虑类的梦。正常的梦如过眼烟云，从内容到形式与不正常的人做的梦有许多共性。但是它的最大的不同是这些梦境不会给人造成困扰、精神上的伤害，不至于影响正常人的工作、学习和休息。

焦虑来自对自己的不满，对自己现状的不满，有更高的目标，又是短时期内无法实现的，也就多少有点超现实的目标，基本上是理想主义者加完美主义者。

焦虑类的梦有三个特点：① 经常反复地出现；② 困扰梦者使其不能自拔；③ 已经影响到梦者正常的工作和学习。应该指出，"焦虑类的梦"的称谓并未见之于精神分析的理论著作中，"焦虑"却是在心理分析中经常使用的概念，它是一种不愉快的情绪状态，表现为一种很特殊的恐惧和忧虑。有时一种说不清的压力或各种危险、恐惧或忧虑袭上心头，使你无法关注于一件事情，休息不好，没有安全感、失眠、心神不定、精力无法集中，白白浪费很多时间和精力却收效甚微，但是本人却搞不清造成这种现象的真正原因是什么。所谓"焦虑型的梦"是一个没有完整界定的概念。它应该是有焦虑心理症状的人在睡眠中通过梦境表现出来的一种焦虑。一般说来正常人也焦虑，但是通过理性，他完全可以控制，甚至明了焦虑的原因，并不影响学习、工作和生活。但是，有些焦虑并非人们都知其所以然的。从精神分析理论角度看，这种焦虑起源于连我们自己都不容易知晓的和无法控制的心理潜意识的部分。在白天，意识控制着人们的心理，将那些不能被社会、群体所接受的愿望和恐惧压抑在内心。到了晚上睡觉时，意识处于休息、松懈的状态中，潜意识通过化妆、修饰，就跑了出来，得以发泄，这就是梦。所以说弗洛伊德认为梦是到达潜意识的无上之路。判断是否为"焦虑类的梦"必须从上述三个特点全面考察，每个特点不可能单独构成焦虑类的梦。例如，反复出现的梦不一定都有焦虑的特征。有的青年一遇到使之愉悦的事便做飞翔的梦。也有的青年在青春发育期，旺盛的性欲常常是"天官通灵，百无禁忌"等，都不可视为焦虑类的梦。但是，当有些青年伴有遗精时，他的梦境就可能成为一种困扰和影响工作学习的焦虑症。又例如，有的青年偶尔做了一个凶杀的梦，很害怕，醒后仍然心有余悸，这也不能视为焦虑类的梦。但是如果他经常做噩梦，就要考虑他是否有焦虑症了。通过分析焦虑类的梦，可以发现青年人心灵深处的秘密，帮助他人及时克服潜在的（有时并不明显的）心理障碍，摆脱困扰，提高心理素质，有意识地锻炼自己健康的心理，投入到正常的工作和学习中去。

4. 性梦

性梦（sexual dream），中国称作春梦，是指在梦中出现的同异性亲近的场面。健康的成年人都会有性冲动，在清醒状态下性冲动受到理智的抑制，进入睡眠后性冲动得到释放和表达，出现在你的梦中。

科学家认为性梦具有缓解焦虑情绪和保健的作用：① 人体对各种器官和系统功能在进行自我检查和维护；② 睡梦中的性高潮能使人摆脱白天造成的精神压力；③ 性梦是

对现实生活中没有得到性满足的一种补偿。英国科学家调查显示，45 岁前 75%的女性和 100%的男性，经常在梦里出现性爱场面。所以性梦是人类的自然现象。

一般来讲，有性经验的人要比没有性经验的人做“清晰的性梦”的概率要大，没有性经验的人的性梦往往性对象模糊；性压抑程度低的人容易做“赤裸裸的性梦”，性压抑程度高的人的性梦则晦涩隐蔽。

性梦的发生与体内性激素水平、性心理有密切关系。女性性梦多发生在 20～45 岁，男性的性梦高峰在 15～30 岁之间。女性每年性梦的次数不过 3～4 次，而男性则较多，是女性的 *N* 倍。

美国《悦己》杂志 2012 年 8 月刊出了 8 种最常见的性梦，并请多位心理专家和性学家对此进行了解读。

（1）梦见与上级、同事有亲密行为。帕姆·斯帕尔博士表示，梦见上级领导、同事，大多说明你钦佩此人的能力，希望他（她）给你指引和帮助。

（2）梦见与同性亲热。斯帕尔博士表示，梦见跟同性缠绵，并不意味着你的性取向有所改变，只是说明你期望得到更多关心与体贴，同时也说明你在生活中期望得到同性的理解。

（3）梦见在儿时家中性爱。霍洛维博士表示，梦见儿时的家，说明目前的性观念受家庭影响较大，也表明希望回到童年更简单的生活中。

（4）梦见与厌恶的人做爱，说明现实中可能遇到了一些不得不面对的困难，需要与周围人交流。

（5）梦见偷情。斯帕尔博士表示，这种梦并不意味着你想出轨。可能只是你的生活太过平淡。反复做这样的梦，说明你对婚姻中的某部分（不见得一定是性生活）感到厌倦，这时应采取措施，重新燃起夫妻激情。

（6）梦见旧爱复燃。库明斯博士表示，如果我们与某人有强烈的情感联系，那么就可能在性梦中梦见此人。梦见昔日的旧爱很常见，可能是象征你与他（她）有关联的某样东西，斯蒂芬妮梦见导师，说明她很怀念那个阶段所拥有的青春、自由和对知识的渴望。

（7）梦到性爱被迫中断。一方面，这可能表明性需求没有得到满足；另一方面，可能表明对生活现状感到不满。如果总是梦见性爱被打断或无法达到高潮，可能表明对爱人缺乏信任或者对亲密性爱存在恐惧感。

5. 大学生的梦

弗洛伊德之后，梦的研究工作日益被重视起来，梦的研究方法也倾向于多元化，出现了诸如自由联想、隐喻分析、主题分析和内容分析等有效的方法。安献丽于 2005 年对 3 所大学 198 个被试者的梦进行编码分析，对比了中国大学生与美国大学生常模的差异，从中发现了文化差异对梦内容的影响。结论显示“中国大学生梦内容中的熟悉人物出现比率比较高，而攻击行为和性行为出现的则比较少”。另外又比较了中国大学生不同性别、年级、专业、学历之间的差异。结论显示男大学生会梦到比较少的熟悉人物、亲人、死亡或想象的人物，友好行为也较少，但在梦中男生会获得比较多的成功及梦到较多的性行为。年级、专业和学历对大学生的梦内容影响不大。梦内容与心理健康、人格关系的研究发现，梦的内容中出现不幸的大学生比没有出现的大学生的心理健康状况差。梦内容与人格之间也存在一定的关系，研究发现梦内容中的自我否定、消极情绪及不幸等与个体的人格存在显著的相关。

**补充阅读** **追车少年**

有位大学教授经常梦见自己追赶一辆大卡车。离得远时，车上好像敞着货厢；追得近时，车厢好像又蒙上了帆布；又好像电影里的军车，看不清里面的情况。路上永远没有人。一辆车，一位追车少年。车开走了，开得很快，追车少年准备放弃时，车又离得不远，几步就可以追上。挣扎去追时，车又开得很快，离得很远……

经过多次的咨询，教授沿着自己的生活历程厘清梦中的线索。从一般意义上看，卡车开走象征教授失去很珍贵或珍视的物品或朋友或亲人。回想事件发生的时间，教授最开始回忆时很模糊，后来经过讨论设定追车的人是 10 岁左右的少年。那么在教授小学时发生了什么事情？教授排查了所有能够回忆起来的生活事件都不能与追车情境相契合。

咨询进行了接近半年时的某一天，教授忽然说：我想起来了。教授小学 5 年级的时候，班上有位女同学转学了。那天，教授正好翘课，以后也多日翘课。没有同女同学告别，甚至过了好多天后才知道。那位女同学又是教授最朦胧好感的女生。没有拥抱，没有牵手，没有言语，没有眼神，教授深深地懊悔和自责。或许从那天开始，教授再没有翘过课，开始用功学习功课。

教授小的时候（20 世纪 70 年代初），国家经济不够发达，汽车的型号很少，运货都是解放牌卡车。这种卡车基本都是敞篷的，很少蒙着帆布篷。那时候搬家都是向单位借辆解放牌卡车，所有的家当都装在一辆车上，家具的空闲处坐着所有的家庭成员。教授在梦中追逐离去的卡车，象征着要和转学的漂亮女同学来一场隆重的告别。

当卡车、女同学、转学和告别连接起来后，咨询师请教授回到当年的追车少年。

大街上没有人，只有要离去的姑娘，想说点什么？

教授哭了。

## 二、梦的解析

亚里士多德指出，“无论如何，有学识的医师说，我们应密切注意梦……最擅长解释梦的人是能够看出相似性的人……就像水中的图像，梦也可能受到同样的歪曲。”

梅达德 • 鲍斯（Medard Boss）在一个报告里阐述了梦在临床应用的内容。

一位 40 岁的工程师，他因抑郁和阳痿寻求治疗。这个工程师回忆的第一个梦，是在他开始治疗前的两天做的。他梦见自己被关在地牢里，那只有一个小窗子，上面安着铁造的栅栏，形状是一些数字符号。接下来的六个半月，他持续梦到涡轮机、回旋加速器、汽车、飞机，还有其他技术上的机器和设备。早期的梦里没有人，甚至根本没有生物，这段时间，病人开始深深地意识到现实生活中，自己是如何被他的熟练的机器能力所禁锢，他视自己为本质上有用但无足轻重的齿轮。

治疗的第七个月，这个工程师梦中终于出现有生命的事物。一开始，是一株盆栽植物；然后，绿色的松树和红色的玫瑰，尽管玫瑰的根部有很多虫子，花蕾病恹恹的，叶子也在凋零。中断四个月后，这期间他记不住梦，这个男人开始报告梦见昆虫。第二年，昆虫的梦混合着持续梦到植物和机器。接下来的六个月随之而来的是灰色的癞蛤蟆，青蛙，蛇，最后，有一天晚上"一条鲜红色的特别粗特别长的蛇"吓了他一大跳。最终，第一个哺乳动物出现了。是一只耗子正飞奔着冲进它的洞里。值得注意的是，这只耗子没有引诱猫注意它，也没有地方玩，没有阳光可以晒，也没有得到奶酪的得意。这个人的存在依然是被禁锢的，他对于恒温生物存在的开放形式只限于像老鼠一样地撤退，限于奔向隐蔽处。

尽管这些梦很贫乏，但正是在梦见植物，特别是有生命的动物期间，这个男人在现实生活中开始恢复被存在主义者视为完整的人的潜能的能力，去经历他自己的可能性，这些可能性包括生物和相应这些生物的本性。比如，当梦见耗子之后，随之而来的是一系列关于猪的梦，当猪的梦又给狮子和马的梦让路时，这个男生终于可以在现实生活中实现性交功能。

这个病人第一次梦见人，是在治疗进行两年以后，是一个有传奇色彩失去意识的女人，穿着血红色的长裙，浸在一个上面有一层如玻璃般冰层的大水池里。许多的母性形象随之而来，包括一个巨人似的仙女，金色的头发，可以流出如瀑布般奶水的巨大乳房。这期间，这个病人贪婪地渴望关怀，他的治疗师看起来也比以前更女性化。换句话说，无论在睡觉的状态还是清醒的状态下，这个男人完整存在的特点是孩子般地在意母亲的关心。治疗了两年半后的一个晚上，他梦见另一个穿着血色衣服的女人，和他在节日里一起跳舞。新的梦里，这个女人是完全醒着的而且有激情，这个男人"深深地爱上了她。"

这个做梦的人终于在日常的清醒生活中开放自己，对人对事都建立了成人的、完全自主的关系，贯彻了完整的人类意义上的个体存在。

# 第五章

# 说出你的故事

> 用心灵的眼睛去注意自身。
>
> ——笛卡尔

对于个体而言，人生由一个又一个故事构成。童年时最快乐的一次生日、最难忘的一次旅行、印象最深刻的一次成功，关于自己的过去，每个人都能叙说出很多故事，这些故事有成功、有幸福、有欢乐、有难忘，也有一些故事是尴尬、是愧疚、是挫折、是悲伤、是失望，有时甚至是绝望。

在不同主题的故事叙说中，人们逐渐寻找到这段生命的意义。从快乐、幸福的过去汲取力量，从悲伤、难过、失败的故事中发现独特的结果，给自己以重新解读问题的机会和力量。

## 第一节 领略叙事的魅力

在叙说故事的过程中，发现生命故事带给自己的影响是什么？它对我们目前的生活与各个层面的关系影响是积极的还是消极的？过往生命故事对当前行为、情绪、身体、态度等各方面的影响是什么？我们尝试在娓娓道来的故事中转变视角，在那些给我们带来消极后果的故事中，发现自己对问题的掌控，重新解读过去生命中发生的“问题故事”。

### 相关阅读 于朵留守童年的故事

于朵（化名），女，19 岁，大学一年级。

当人们谈论起童年的时候，总会怀着美好的心情，觉得童年有特别多的回忆值得珍惜，和父母一起去动物园、游乐场，和小朋友一起跳蹦床、滑滑梯、钻淘气堡。每次讲起童年，脸上都浮现着笑容。可我自己的童年，是被爸爸、妈妈送回老家的童年，那个时候特别想念自己的爸爸、妈妈，想回家，想在爸妈身边，特别不适应老家的生活。可爸妈不在身边，自己心里话不知道跟谁说，遇到解决不了的事情也不敢跟爷爷、奶奶说。有一次和小伙伴打赌爬房顶，爬上去却下不来了，爷爷、奶奶在睡午觉，自己怕挨骂不敢喊，在房顶上待了好久下不来。小伙伴们先是不相信，以为我在装着下不来，后来见我真的下不来又笑话我，再后来七嘴八舌地给我支招。我心里又急又气，不知道怎么办好，但又好面子，装胆子大，一点一点从房顶边踩着木头架子往下溜。后来还是脚底一滑，摔了下去，后腰蹭破一大块。当时坐在地上放声大哭，觉得心里真是难过委屈，要是爸爸妈妈在身边多好啊，妈妈一定会抱住我，安慰我的。每次一想起童年，更多的就是离开爸爸、妈妈的那种心酸，心里总会有一种感觉，爸爸、妈妈好像不是那么爱我，不然怎么舍得把我送回老家呢。长大后，我心中总会觉得自己非常可怜，没有自信，心里会埋怨父母。

## 一、透过故事找寻意义

人们对自身经历的事件按照时间顺序，建立自己和周遭环境前后一致的记录。这份记录反映了过去、现在和未来。这些事件经验连成线性顺序，可以称为故事或自我叙事。个体自己的生命故事或自我叙事，可以说是过去岁月带来的“活过的经验”的一部分。人们对生活的认识总是透过这些“活过的经验”得知的。这些经验经过语言叙说，在成为故事的过程中，自己创造了这些“活过的经验”的意义。

后现代主义哲学相信，事实真相会随着使用的观察历程不同而改变。当人们叙说自己的故事时，根据观察历程不同而赋予过去经历以不同意义。同时，当人们描述生命故事的时候，是在“活过的经验”中选择和述说能够维持故事主题的信息。在叙说的过程中往往会遗漏一些片段，如果我们在重构故事的过程中，找到那些同样在“活过的经验”中遗漏的片段、支线故事，则更能寻找到过去经历给自己带来的积极意义。

重构于朵的故事可以看到不同的信息和意义。于朵在回顾自己的童年成长故事时，故事的主题是缺少爸爸妈妈陪伴的童年。在故事中，我们看到没有父母陪伴、留守老家的于朵受到童年经历的影响，内心中觉得父母不够爱自己，童年时期的自我形象是无力的（想回家回不去）；没有人安慰（摔了后没有父母关心），内心受到童年经历的影响。长大后不自信，内心缺乏力量。在这个故事中，在留存于心中的“活过的经验”里面，于朵选择和述说了留守经历带给自己的伤害，遗漏了自己对留守经历的影响和控制。于朵通过结交亲密的小伙伴来适应留守生活，这是她发挥自己的影响力对留守经历的控制，是个人力量的体现，也是被遗漏的片段和支线故事。从她如何与小伙伴相处、是否在与小伙伴玩耍的过程中成为孩子王；她如何在与小伙伴玩耍的过程中减少对父母的思念。挖掘这些支线故事，可以在重构故事的过程中，体现于朵的个人力量和智慧。

## 二、透过故事外化问题

我们的生活一直都和叙事交织在一起，我们自己对自己说的、听到别人说的、梦见的、想象的或想说的故事交织在一起。我们对自己叙述的故事是插话式的，有时候只是半自觉的，实际上是不受干扰的独白。我们的生活沉浸在叙事中，一再评估自己过去行为的意义，期待计划的结果，把自己安置在几个未完成的故事的交叉点之上。

叙事常呈现不同的特点，有些人的故事是成功，有些人的故事是温暖，有些人的故事是珍惜，这些主题不同的故事反映出一个共同特点，即个体藉由积极主题故事不断体验到过去积极的快乐体验，这种不断累加的积极体验可以使现在的个体拥有更多的积极情绪。而有些人的故事则是负面记忆，有冲突、矛盾、争吵、难过，还有难以解决的问题。这些在叙事过程中所反映出来的问题，长时间发挥影响，使人们的生活和关系被有问题的故事固定下来，导致有些人觉得自己是不好的、有问题的。

当个体认为自己是有问题的，就已经把问题看作是自己的一部分，就好像是身上的器官一样。譬如，一个说自己“爱发脾气”的妈妈，一个总有“无力感”的少女，一个内心“害怕”的儿童，一个常常“嫉妒”的丈夫。当人们这样叙说的时候，就相当于认同自己内部存在“爱发脾气”“无力感”“害怕”“嫉妒”等问题。问题不仅长期存在，而且给人们带来强大的负面影响，似乎是带着问题的自己不断体验到的困惑、挣扎、伤心。这些负性的体验对于解决问题无济于事，于是人们持续受困于无法摆脱的问题当中，并对缺乏应对策略的自己感到愤怒、无力和没有希望。

社会建构论或后结构主义论则认为，问题影响着个体的行动和感觉。叙事心理咨询指出，问题是给个体带来影响的外界存在，而不是一个人的内在个性或人格特质。问题是对个体的攻击、束缚，对其生活的入侵、叨叨不休的影响，或伤害个体的企图。在这里人是人，人不等于问题。在叙说故事的过程中，我们发现问题是如何走进自己的生活，又给自己带来了哪些影响？问题带给自己的影响力又是如何支持问题持续存在的？透过故事来外化问题。

## 相关阅读　叙事咨询的主要观点

1. 叙事疗法的含义

叙事心理咨询是咨询师运用适当的方法，帮助当事人找出成长经历中的遗漏片段，以唤起当事人改变内在力量的过程。叙事心理咨询对“人类行为的故事特性”，即人类如何通过建构故事和倾听他人的故事来处理经验感兴趣。

叙事疗法认为人类活动和经历更多的是充满了故事和“意义”，而不是逻辑论点和法律条文，它是交流意义的工具。人类学家布鲁纳指出：“故事一开始就已经包括开始和结束，因而给了我们框架，使我们得以诠释现在”。当事人在选择和述说其生命故事的时候，会维持故事主要的信息，符合故事的主题，往往会遗漏一些片段。为了找出这些遗漏的片段，咨询师会帮助当事人发展出双重故事。

2. 叙事疗法的观点

(1)“人不等于问题”。叙事咨询是后现代心理咨询中越来越受欢迎的一种咨询方法。后现代学派跟古典学派不同，古典学派重视诊断人的问题，分析人的问题，解决人的问题。叙事咨询是倾听人的故事，重构人的故事。在旧的故事中寻找遗失的片段，挖掘新的意义。

（2）“每个人都是面对自己问题的主人”。叙事咨询相信，每个人都是面对自己问题的主人。我们每个人，不管遇到怎样的困难，有的人生活在单亲家庭，有的人遭受家庭暴力，有的人身体不好，有的人从小自卑……人真的很不容易，要面对那么多的问题。但我们能够走到今天，一定是有办法在支撑，所以我们都是面对自己问题的专家。每个人都是面对自己问题的主人，不是否定咨询师的作用，不是咨询师可有可无，不是咨询师无所作为，而是强调咨询师无条件地关注来访者自身的力量和可以利用的资源，积极关注来访者内心积极的方面，唤醒来访者力图改变自己的动机强度，让来访者经过自身的蜕变解决自己的问题。

（3）“放下主流文化的量尺”。麦克·怀特（Michael White）说：“个人问题的形成，有很大因素与主流文化的压制有关。”文化里面定义说一个人应该怎样才是成功的？功课要好，赚钱要多，才是成功。我们的很多问题都与主流文化用什么样的量尺来度量我们有关。

（4）“较期待的自我认同”。当人们觉得自己有很多问题的时候，他就会觉得自己是不好的，这叫“问题的自我认同”。带着问题的故事，我们称它为主线故事。而有些生命中故事没有被看到，那是可以让人有力量的故事，是支线故事，这样的故事可以带来“较期待的自我认同”。

（5）“寻找生命的力量”。主流文化影响我们，这是叙事流派的主轴。我们认为自己就是问题，认为自己是没有力量的。叙事咨询就是帮我们把问题和人剥离开，将问题“外化”，解构主流文化对我们的影响。叙事疗法认为每个人都是面对自己问题的专家，都是生命的主人。虽然很多问题还没有找到答案，但是慢慢地去走，去看，我们一定会找到属于生命的力量。

## 三、叙事疗法的基本假设

（1）叙说是人类的天性，人都活在生活中，人也都有故事。

（2）故事是有生命的东西，每个人用其故事来展现其人生。

（3）自己是故事的作者。生命中发生的事很多，但个体会选取其中的情节来成为自己的故事，人会过滤生活事件中何者会进入自己的主要故事（Dominant story）。

（4）人经历事件，也不断诠释其意义。

（5）总有特定的事特别突显，不断地储存记忆，成为围绕着某个主轴、曲调的我的主要故事；不符合这个主轴、曲调的，不被注意的事件，称为替代故事（Alternative story）。

（6）咨询师应相信生命中有其他部分，虽未被描述，但仍存在许多可能性，咨询师的职责即在于与当事人共同寻求新的事件，创造新的故事叙说，并赋予新的生命意义，一个替代故事可以纳入当事人的生命故事曲调之一时，即使有问题的故事（主要故事）依然继续存在，但当事人可以有更新的不同可能。

## 第二节 故 事 的 叙 说

人们通常会因为无法解决问题而感到无助，特别是问题持续出现，困扰很久，无法解决问题会导致挫败感，产生自己被问题控制的感觉。

### 一、说出你的故事来

尝试从以下几个角度叙说自己的故事，当时自己是多大年龄，发生了什么事情，对这件事的感觉？自己在这件事情中怎样发挥了自己的影响力？

（1）说出让你感到最成功的一件事情。

（2）说出让你感到最幸福的一件事情。

（3）说出让你感到最自豪的一件事情。

（4）说出让你感到最难忘的一件事情。

（5）说出让你感到最困扰的一件事情。

### 二、为问题命名

在你的生活和学习中，是否存在困扰你的问题。把那些持续影响自己的生活和关系的问题找出来，特别是问题的背后有特定的观念、想法和做法维系着问题的存在。

对问题的命名过程促使个体重新取得对生活的控制感，也是澄清问题的过程。

问题影响我吗？

步骤一：问题命名。

想一想，在命名的时候，避免采取主流文化对问题的界定。要让问题的命名更贴近自己的体验，例如，“焦虑症”就可能不是恰当的问题命名，更贴近个体感受与体验的命名是“恐惧袭来”“颤抖”“摇晃”等。

问题的命名：____________________________________________。

步骤二：理清问题的影响。

接下来，开始进行故事述说练习，叙说这个问题对于自己的行为、情绪、身体状况、人际互动、态度等的影响程度。

问题对行为的影响：________________________________________。

问题对情绪的影响：________________________________________。

问题对身体状况的影响：____________________________________。

问题对人际互动的影响：____________________________________。

问题对态度的影响：________________________________________。

步骤三：理清人对问题的影响。

接下来，回顾自己和关系对问题的影响，找出问题没有出现的例外时刻。请循着以下思路进行思考：有没有问题出现后，对自己没有起作用的例外时刻？在那个例外时刻，自己是如何有效对抗问题的？这样做会在自己与关系上面反映出什么？自己是依靠个人和关系上的什么特性达到这种成就？这种成就有没有使自己想到未来要采取什么步骤，恢复没有问题的生活？

## 三、外化练习

传统的心理咨询观点认为一个人出现问题了，才导致他体验到不良情绪，出现不适行为。受这种观点的影响，人们对类似“一定是我有问题才会落到如此境地”的想法深信不疑，常将个人的认知失败或内在心理机制视为自己没有能力创造满意生活的证据，即把人等同于问题。外化练习的目的在于，提供个体与问题分离的机会，降低问题带来的失败感，让个体有机会能够自由地察觉环绕整个问题而生的诸多事件。在怀特的一篇著名文章里，他将外化视为“鼓励人们将问题和受到压迫的经验客观化、拟人化的一种咨询方法。”从而达到问题与人分离的目的。

人与问题分离是后现代疗法的重要理念和技术。人出现不适，不是人有了毛病，而是人有了问题，问题让人感到不适。人要努力去解决问题，而不是因为不适否定自己。有的时候，人是带有问题的人。如果解决了人自身的问题，人就是更健康的人。

## 课堂活动

根据外化方式的举例，试对自己的问题进行外化。

（1）依照表5-1的举例，填充句子，练习改变对问题的思维方式。

表5-1　　课堂活动练习表一

| 传统问题观点 | 叙事咨询观点 |
| --- | --- |
| 我的绝望…… | 绝望是如何影响着自己…… |
| 我是一个抑郁的人…… | 抑郁影响着我的行动和感觉…… |
| | |
| | |
| | |

（2）以直接拟人化的方式外化，拉开人与问题的距离，见表5-2。

表5-2　　课堂活动练习表二

| 叙事咨询观点 | 传统问题观点 |
| --- | --- |
| 噩梦是什么时候开始的？ | 你是什么时候开始做噩梦的？ |
| 孤单好像已经跟了你大半辈子了。 | 你大部分时候都是个孤单的人。 |
| 所以你总是通过安抚的仪式带给自己信心？ | 所以你有强迫症。 |
| 酒精常常成功地控制了你的生活。 | 你是个酒鬼。 |
| 你和琼发现嫉妒影响了你们的关系。 | 你和琼互相嫉妒。 |

麦克·怀特认为，个人问题的形成与主流叙事的压制有关。借用福柯的分析，人之所以与主流叙事之间不断产生龃龉，原因在于人对自己所认同的“意义”常常由主流叙事代表的“真理”所决定，这些真理的论述透过权力运作，使人接受其“指定的人格与关系的规范”。于是，人必须接受自身的生活是不断处于外界对个体的权力操作中，从而才能找到反抗的机制，进而脱开主流叙事设下的单一真理，找到实践个人意义的可能。

麦克·怀特认为，对于自己或他人经验故事的叙述，不足以代表他们的生活经验，个人重要的生活部分与主流叙事相矛盾，因而无法实现自己的故事是关键。从这样的角度来看，可能帮助人的叙事心理咨询也就在于如何让人“产生或辨识了不同的故事，让他实现新的意义，带给他想要的可能性”。叙事心理咨询的重点，就是要帮助当事人重新检视自身的生活，重新定义生活的意义，进而回到正常的生活。

叙事疗法与过去心理咨询最大的不同就是，叙事疗法相信当事人才是自己的专家，咨询师只是陪伴的角色，当事人应该对自己充满自信，相信自己有能力，并且更清楚解决自己困难的方法。

## 第三节　重构你的故事

人生的大道并不平坦，总会有太多的不如意，能认识到自己的过失是一大进步，直面之后应是吸取教训以便走得更好，而非在悔恨遗憾中裹足不前。如某件事没有做好，考试没有考好……假如你总是无休止地埋怨自己，惩罚自己，你将陷入一种自卑和自暴自弃的恶性循环之中。曾有一位学习尖子生，偶然一次考试失败，便开始给自己挖精神陷阱。她问班主任：“老师，我原来是全年级前五名，这回我在班级内才考到 30 名，回家后怎么向父母交代？左右邻居怎么看我？我的竞争对手不知会怎么嘲笑我呢，同学们一定会指手画脚地议论……”她就这样傻乎乎地挖精神陷阱，就是不肯停下来，不肯原谅自己。不要把一次偶然的失败看得太重，把失败当成了给自己心理施加压力的包袱。有效的方法就是把用于挖精神陷阱的时间和精力，用于放松身心。没有失败可能是最大的失败。历史上最伟大的羽毛球手也有回球出界的时候。但是任何失误都不能减少他们对于打球的兴趣，都不能减少他们对于球技的精心琢磨。

现代主义要求并追逐的是事物的“真相”，即客观存在。后现代主义强调的是人们如何解析自己的世界。你是否感觉到这样看待错误，有时候的确可以帮你解套？换句话说，当你犯错的时候——就算是最蠢的过错——这种带点哲理的见解能帮助你保持冷静的观察力和幽默感，让你不至于垂头丧气。与其说：“我这个笨蛋！”不如说：“这不过证明我是个人罢了！”

### 一、支线故事

在叙事心理咨询中，个体通过对带来困扰的问题的叙说，构成了自己生命的主流故事，寻求心理帮助的个体，常常依靠个人力量不能解决现实心理问题。在这些个体生命中充斥着负面、消极、困惑的主流故事。想要达到解决问题，重新拥有幸福人生，必须通过改写故事。

在探索和描述问题阶段，应该对主题矛盾、不一致之处保持警觉，这意味着故事有各种不同的发展方向。这些线索提供了支线故事的入口，一旦得到展开，将对个体具有重大意义，并且会带来帮助。实际上，发掘与问题故事相矛盾的情节，将成为改写故事的关键。

试分析下面问题故事的线索。

来访者讲道，她的童年是阴暗的，她相当肯定地认为父母并不爱她，但她一度提到自己很喜欢10岁的生日派对。

一位女性列举了许多婚姻关系中的例子，证明自己有多幸运。她的丈夫很会赚钱、很爱她、很体贴她。事实上，他几乎不曾打过她。

一位女性表达了对于同性恋儿子的深切羞耻感，这代表她是个失败的母亲。对于与儿子同居多年的男性，她表达了痛恨和不信任，并轻蔑地驳斥儿子对于他们将白头偕老的保证。

一位男性描述了他恐慌症发作的经验，几乎一去上班就会发生，周末也经常如此。

一位女性失业一年，受严重抑郁及焦虑的影响，这期间只有一次差点通过面试。

一个男性将自己3段不愉快的婚姻归咎于自己童年时期冷漠、严苛的生长环境。他认为自己就是因此而没有发展出经营亲密关系的能力。除了偶尔探望祖父母之外，他从来没有感觉到被爱。

发现线索，可以带领我们离开问题故事，进入支线故事。在支线故事中，有机会发现被问题故事压倒而未察觉的力量、资源、韧性和勇气。

## 相关阅读　叙事疗法的主要咨询方法

（一）故事叙说——重新编排和诠释故事

叙事心理咨询主要是让当事人先讲出自己的生命故事，以此为主轴，再通过咨询者的重写，丰富故事内容。对一般人来说，说故事是为了向别人传达一件自身经历或听来的、阅读来的事情。不过，心理学家认为，说故事可以改变自己。因为，我们可以在重新叙述自己的故事甚至只是重新叙述一个不是自己的故事中，发现新的角度，产生新的态度，从而产生新的重建力量。简单地说，好的故事可以产生洞察力，或者使得那些本来只是模模糊糊的感觉与生命力得以彰显出来，为自我或我们所强烈地意识到。面对日常生活的困扰、平庸或是烦闷，把自己的人生、历史用不同的角度来“重新编排”，成为一个积极的、自己的故事，这样或许可以改变盲目与抑郁的心境。

（二）问题外化——将问题与人分开

叙事咨询的另一个特点是“外化”，也就是将问题与人分开，把贴上标签的人还原，让问题是问题，人是人。如果问题被看成是和人一体的，要想改变相当困难，改变者与被改变者都会感到相当棘手。问题外化之后，问题和人分家，人的内在本质会被重新看见与认可，转而有能力与能量反身去解决自己的问题。

（三）由薄到厚——形成积极有力的个人观念

一般来说，人的经验有上有下。上层的经验大多是成功的经验，形成正向积极的自我认同，下层的经验大多是挫折的经验，形成负面消极的自我认同。一个学生如果累积了比较多的积极自我认同，凡事较有自信，所思所为就会上轨道，不需要教师、父母多操心。相反，如果一个学生消极的自我认同远多于积极的自我认同，就会失去支撑其向上的力量，使他沉沦下去。

叙事心理咨询的辅导方法，是在消极的自我认同中，寻找隐藏在其中的积极的自我认同。叙事心理咨询的策略，有点像中国古老的太极图：在黑色的区域里隐藏着一个白点，这个白点不仔细看还看不到。其实白点和黑面是共生的。如果在人的内心，白点由点被扩大到一个面的程度，整个情形就会由量变到质变。找到白点之后，如何让白点扩大呢？叙事心理辅导采用的是“由单薄到丰厚”的策略。

叙事疗法认为，当事人积极的资产有时会被自己压缩成薄片，甚至视而不见。如果将薄片还原，在意识层面加深自己的觉察，这样由薄而厚，就能形成积极有力的自我观念。

所有的缺点后面都是你自己的故事，在缺点下，你的坚持，你的接受就是构成自尊、自信的重要基础。

## 二、重构故事

重构故事先由咨询师利用叙事疗法进行个体故事的重构，然后学生练习重构自己的故事。

1. 咨询师示范举例

学生：老师，我没什么特别的长处，我想这恐怕是我最大的问题。

咨询师：那么，他人最常指责你的是什么？

学生：他们常常说我是一个没有主见的人。

咨询师：同学怎么称赞你？

学生：（笑）他们说我很认真。

咨询师：怎么说？

学生：就是上次的义卖会啦……

咨询师：你可不可以谈一下那次的经验。

学生：上次校庆举办的义卖会，只要我在场，就会硬拉很多人来，我们班级的摊位面前可真是人山人海。同学们都不知道我怎么把他们找来的。我有办法让她们掏出钱来，大家都说我们班的摊位没有我是不行的。

咨询师：在这件事里，你觉得你有哪些天分？

2. 学生自行练习

根据本章第二节中讲述的步骤，先讲述故事，为故事命名，外化问题，再一次解构自己的故事，将主线故事下的支线故事寻找出来，并记录。

通过练习，使得个体在利用个人经验重新解读自己，解构自己的故事，以获得自信，找回进取心，才能激励个体对自己重新定位，努力规划未来，踏实修正行为，以图自我实现，来发展自我。

## 实践课堂　喂你去天堂

1. 项目的理论背景

无论升入天堂，还是走进地狱，人们都得到公平的待遇：一锅热气腾腾的肉汤和勺柄很长的汤勺。几个月后，地狱里的人面黄肌瘦，每个人都竭尽全力地伸长脖子去喝长柄勺子里的肉汤，费尽周折却喝不到几滴；天堂里的人们红光满面，大家正舀着肉汤喂给自己对面的人，同时喝着对面人喂给自己的肉汤。

人们在生活中总是习惯于向他人索取关怀，却总忘了付出自己的真心。很多时候并不是人心变冷了，而是大家或遗忘或羞于表达自己灵魂深处的美好品质。付出的人，往往也是得到最多的人。

希望训练后，每个人都加深理解：关爱他人是种美好的品德。

帮助别人不仅是一种品德，也是一种智慧。

帮助别人，也就帮助了自己。

2. 实施步骤

（1）30 人或 60 人的班级，分为 A、B 两组。

（2）A 组同学每人选定一位所学专业的学家（如心理学专业的同学可选心理学家）的名字作为自己在活动中的名字。

（3）将所写心理学家名字整理后传给 B 组。B 组同学每人选中一位心理学家的名字，便同 A 组的同学建立了对应关系，并在心理学家的名字，也就是 A 组同学的名字后写下自己想吃的午餐，再将名单加菜单传回 A 组。

（4）A 组同学拿到名单加菜单后，提前到食堂将 B 组同学所选的午餐买好，并在餐桌上摆放纸条，如："考夫卡，我在等你。" B 组同学拿着："考夫卡，我来了" 的纸条前来接洽。

（5）开始用餐时，B 组同学可以面向餐厅内流动人员较少的一面，以逐步适应。待 B 组同学克服了害羞后，可以试着与 A 组的同学互换位置，面对人群，迎接更大的挑战。

（6）活动中，双方边吃边聊感兴趣的话题。

（7）用餐结束时，双方要互相致谢。

3. 注意事项

（1）A组同学需提前准备好午餐、勺筷、水、餐巾纸等进餐用品。

（2）整个过程中B组同学不得自己动手进餐，全程由A组同学喂食。A组同学要观察B组同学的进餐速度，掌控节奏。同时了解B组同学的饭量。B组同学也可以主动向A组同学表示已经吃饱了。

（3）安静有序，庄重礼貌。

（4）拍照记录要征得双方同意。

4. 问题讨论

（1）生活中，怎样向他人表达自己的好意？

（2）是否需要向自己亲近的人，父母和好友适时地表达爱意？

# 第六章 同自己和睦相处

> 成功的法则应该是放松而不是紧张。对命运的结果泰然处之。
>
> ——马克斯威尔·马尔兹

童年平静自在的生活是很多人美好的回忆。童年是简单、轻松、自在的代名词，无忧无虑的童年时光最令人怀念。随着年龄增长，考试、升学、就业相继出现在生活中，社会竞争、人际关系纷乱复杂，成人世界的房贷、车贷纷纷占据了我们的心灵。不知道从什么时候开始，我们把未来作为期盼。为了遥远的美好，我们俯首耕耘，不断在今天给自己加码，然而在不断努力的同时，自己也深陷在不安之中，恐惧相伴左右，生怕自己做得不够多、不够好。蓦然回首，才发现年龄在增长，烦恼仿佛也在不断增加，轻松自在的时光再难寻觅。同自己和睦相处、回归平静自在的生活成了奢侈的愿望。

## 第一节 焦虑无处不在

时代进步，社会压力加大，焦虑情绪越来越成为一种共同感受存在于人们心中。在不同时间、不同情境中，相信人人都有过焦虑体验。登台演讲、表演、参加大型比赛、与重要人物见面、参加考试，这些时刻人们都常感焦虑。焦虑情绪是什么？什么原因导致了焦虑？焦虑对个体有何意义？怎样才能平复焦虑情绪？相信这些问题解答清楚，才能正确认识焦虑，进而采取有效措施缓解焦虑。

### 一、什么是焦虑

焦虑是个体预料会有某种不良后果或模糊性威胁将出现时所产生的一种复杂情绪状态，由紧张、不安、忧虑、恐惧等感受交织在一起。引发焦虑情绪的，往往是个体预计到某种不良后果或模糊性威胁，令人焦虑的对象往往不明确，有时根本不存在。焦虑有时是与未能满足的需要，预料到失败或意识到某种失败的可能性有关，这种威胁或后果超出自己的能力应对范畴。换句话，就是预计到有不良后果，但缺乏相应能力无法较好解决。大学生的焦虑情绪较为突出，据对某省会城市 18 所院校 2610 名大学生的一份调查结果显示，20.3%的学生存在较严重的焦虑等心理障碍。

焦虑情绪产生时，常伴随着一系列的心理、生理和行为反应。这些反应包括：① 在主观体验上：个体感到焦虑时，通常伴随着紧张、担心、不安、忧虑、烦恼和惧怕等心理体验；② 在生理反应方面：焦虑的生理反应主要是一系列与植物性神经活动，特别是交感神经兴奋相联系的活动异常，如脉搏加快、血压上升、呼吸急促、出冷汗等；③ 在行为表现方面：受焦虑情绪影响的个体，其行为常出现逃避或回避，严重时可能会伴有言语异常、动作协调异常及解决复杂问题的过程异常等。

**案例讨论　控制不了的担心害怕**

李某，女，20岁，大二。小时候我曾经目睹过奶奶心脏病发作，那种情形非常骇人，由于身边没有大人，我快速帮助奶奶寻找速效救心丸，在翻找的过程中，我非常害怕，就怕自己一时手慢，奶奶昏厥过去，一下子就没了。虽然童年往事已经过去很多年，可是那种害怕、不安、恐惧的感觉还时常出现，随着自己离家在外读书，我开始担心越来越多的事情。我担心在家务农的父母会突然死亡，担心自己与好朋友的关系交恶，没人喜欢我。我整日忧心忡忡、紧张、焦虑、坐立不安、心慌、口干，所以要喝很多水，上洗手间也很频繁，晚上难以入睡，很容易惊醒。对我的这种状况，父母也带我做过一系列全面的身体检查，但都没发现有什么异样。我很苦恼、困惑，不知道自己是怎么了。

想一想：

1. 这名学生出现了什么问题？
2. 该问题的典型症状？
3. 在你的生活中，是否也出现过类似情形？

李某的问题是一般性焦虑情绪。人们都可能焦虑，这无可置疑，学业失利和父母拌嘴、同伴关系破裂、入学适应、师生关系、失恋等，这些负面生活事件往往带来了情绪低落、心情不佳、无精打采、焦躁不安等负面情绪，严重的可引起身体上的不适，如头疼、头昏、胸闷气短等躯体症状，这些负面情绪和生理症状往往给个体身心发展带来重重阻碍，严重的甚至影响正常学习和生活。

## 二、焦虑的分类

### （一）现实焦虑、神经质焦虑和道德焦虑

弗洛伊德根据焦虑的来源进行划分，认为焦虑有三种类型，即现实焦虑、神经质焦虑和道德焦虑。

1. 现实焦虑

现实焦虑（Objective anxiety）即恐惧，指由外界环境中真实的客观威胁引起的情绪体验，如见到毒蛇、野兽或持刀歹徒时，自我受到外部威胁，产生现实焦虑。现实焦虑产生于外部威胁，而不是内在冲突，这一点与其他两种类型焦虑是不同的。

2. 神经质焦虑

神经质焦虑（Neurotic anxiety）是产生于本我与自我之间的直接冲突，是个体惧怕自己的本能冲动会导致自己受到惩罚时所产生的情绪体验。例如，一位女大学生感到被某人吸引时，就会觉得紧张，甚至仅仅想到性唤醒也能使她感到惊惶。又如，一位男学生过分担心自己会在公共场所脱口说出不被接受的想法或期望，这些均是神经质焦虑的表现。

3. 道德焦虑

弗洛伊德认为，道德焦虑（Moral anxiety）是由自我和超我之间的冲突引起的，指个体的行为违反了内化的道德时，引起良心遭到谴责、内心产生愧疚感的情绪体验。道德焦虑是由自我和超我之间的冲突引起的，指个体的行为违反了内化的道德时，引起内疚感的情绪体验。当本能冲动与欲望趋向那些不道德的思想和行为时，超我就以羞耻、罪恶感来警告，并进行自我谴责。道德焦虑指引行为符合个人的良心与社会标准。

（二）特质焦虑和状态焦虑

1966 年，查尔斯·斯皮尔伯格（Charles Spielberger）将焦虑分为特质焦虑和状态焦虑。

1. 特质焦虑

特质焦虑（Trait anxiety）是一种人格特征，反映人们对紧张反应的频率和强度上的显著个别差异。如同把一个人视为“抑郁的”“内向的”，特质焦虑的人，将客观上不具有威胁性的情境都知觉为有危险的情境，因而会表现出来持久的、相对稳定的焦虑。

2. 状态焦虑

状态焦虑（State anxiety）是指某一时刻或某一时间段内的不愉快情绪体验，一般为短暂性的，其强度在不同时期、不同情景之下都有所变化。

## 三、焦虑的表现

1. 生存焦虑

生存焦虑，是指面对将要发生的、与自身生存密切相关的事情时，产生的一种由焦躁、不安、忧虑、抑郁等感受交织组成的复杂情绪。例如，生活在经济发达城市的人们，内心常缺乏安全感，有风险忧虑，感到无力应付突发危机，所以很多人不管薪酬水平如何，都在为“攒钱”而奋斗着。现代社会节奏加快，人与人之间竞争激烈，并且随着自然灾害、战争、恐怖袭击、核威胁、全球气候变化、流行病、物价上涨、金融危机、网络病毒、食品安全等危机在全球范围内不断发生，导致人们普遍体验到生存焦虑。

理解生存焦虑的由来，还需从焦虑的形成原因进行探讨。弗洛伊德认为，人的焦虑最早来自婴儿在出生时与母体的分离。出生前，婴儿作为胎儿受到母体的保护，出生后，婴儿面对内外变化毫无准备，对自己面对的陌生情境、激起的内部感觉就有一种对危险无能为力的弥漫性的感觉，弗洛伊德把这种体验称为出生创伤，伴随这种创伤出现的体验就是焦虑。在婴儿以后的发展中，他还要遇到许多无法应付的情况，都将触发焦虑。所以，弗洛伊德认为，由出生而产生的创伤是以后一切焦虑经验的基础。

马斯洛的需要层次理论认为，行为的动机主要来源于五个层次的需要：生理需要、安全需要、归属与爱的需要、尊重需要和自我实现的需要。生理需求得到充分的满足之后，人们就会产生安全需要，安全需要是人的基本生存需要，尤其是本体性安全，则是更为重要的安全形式。“本体安全”涉及主体对社会日常行为程序可预期的信任状态，即自信有能力了解、熟悉或掌控与自身生存有关的社会行为模式。当个体意识到未来将要发生威胁性事件，且预计会脱离自己控制时，则其本体性安全受到威胁，体验到生存焦虑。

2. 竞争焦虑

当今社会，“竞争”早早地被引入到个体生活，小时候与别人家的孩子比，念书以后，又在成绩排名、才艺展示、考取重点中学、大学的过程中，一次又一次与他人较量，进入大学后，处理人际关系、准备求职就业，乃至未来职场生涯，均面临重重竞争的考验。许多人在成长的过程中，体验到竞争带来的焦虑情绪。竞争焦虑，即为竞争状态焦虑，是个体在某一时刻或某一时间段内，面对竞争情境而产生的紧张、不安、忧虑、恐惧等不愉快情绪体验。

具有竞争性的事件，通常对个体具有重要意义，竞争成败关乎个体尊严、成就感、他人评价等方面，所以面对此类竞争，常引起个体的紧张反应（生理的、心理的、行为的），即“或战或逃反应”（Fight or flight reaction）。焦虑让个体意识到不愉快的事情——不合预期的事情将要发生或可能发生，它会警告你最好采取一些必要的行动，比如回避竞争或直面挑战。所以从这个角度出发，竞争焦虑是十分必要的。

3. 身份焦虑

身份是由个体的社会地位及处境地位决定的自我认同。而所谓的“身份焦虑”，是指人们因为对自己当下是什么、未来又究竟会成为什么样的人等类似角色定位问题的迷茫而产生的一种心理紧张状态。

当今社会正经历着一场广泛而又深刻的社会变革，政治、经济、文化、教育等领域都发生了重大变化。处于社会转型期的个体，面对社会结构快速变化、经济发展规则转变、价值系统趋于多元等问题，而导致强烈的身份焦虑，具体体现在：

（1）对自己的认知上，缺乏对自己所处位置应坚守的本分的认识。在当今社会，那些在各行各业陷入身份焦虑的人们，由于没有明确的身份意识，没有相对稳定的身份认同感，对自己当前所处的工作岗位或人生位置没有清晰的认识，因此他们并不清楚自己所处的位置所应坚守的本分是什么。我们见到新闻里面报道出很多偏离职业本分的事件，医生的本分是治病救人，可我们看到有医生在手术台上坐地起价；教师的本分是传道、授业、解惑，可我们看到有高校教授警告学生“当你 40 岁时，没有 4000 万身家不要来见我，也别说是我学生”。

（2）在行为上，“混日子”。由于生活上没有理想、没有抱负，于是工作上没有责任心，得过且过、当一天和尚撞一天钟，混日子。由于促进社会发展的责任感、使命感在一些青年人心中较为薄弱，也有一些青年人所遇挫折多、失败多，感到无论怎么努力、付出多少汗水都无力实现境遇的改变，这些遭遇摧毁了人们对未来的预期和梦想，于是人们的创造力和想象力及主动精神就在这一打击下变得枯萎弥散了。于是失去梦想和创造力及主动精神的人们，在行为上表现为没追求，不努力，每天“混日子”。

（3）在言语上，常抱怨。对遇到的任何事情，不论事情的对错，不论责任在谁，都不分青红皂白地埋怨别人。例如，在网络上随处可见网民对看病贵看病难、食品安全、环境污染、贪污腐败等诸多问题的埋怨。这种表现，也与人们自感无力改变自己的现实处境有关，由于自己的无力感和对未来生活的无望感，不能通过正常途径的拼搏奋斗来改变，以升华内心冲突，而是通过抱怨而宣泄愤恨、不满，实际上这是身份焦虑者所拥有的无力的武器，是埋怨者无力、无能的呻吟和叹息。

## 四、焦虑的意义

1. 焦虑在个体生存中的意义

焦虑在个体生存中存在积极与消极两个意义。轻微的焦虑无损于心理健康，反而能唤起警觉，激发斗志，促进工作、学习效率，在应激面前适度的焦虑具有积极意义，这类焦虑无需控制；然而强烈、持久的焦虑对人有害，除严重影响生活、学习、工作外，还会影响身心健康，过度的焦虑更可能引发神经性的焦虑症及神经衰弱症。

2. 焦虑在种族延续中的意义

进化心理学认为，焦虑情绪之所以存在，是因为它能解决人类种系进化过程中的适应问题。个体活着的时候，时刻承受着生存和繁衍的压力，压力给予个体焦虑体验，可以促使个体及早采取行动以应对到来的危机。而在种系进化过程中，那些对生存和繁衍没有压力体验的个体，都在物竞天择的竞争中被淘汰了。

## 心理测试　　情绪状态

情绪的自测属于心理测试的一种，只要你大体了解自己的心理，就能运用下面的内容帮助自己判断一下处于哪种情绪状态。

下面有20个题目，请根据自己的实际情况回答“是”或“否”，请如实回答问题。

1. 你是否经常被一些小毛病困扰，如消化不良、过敏等，并因此感到苦恼？
2. 你是否不太能忍受噪声？
3. 你是否经常被激怒，特别是一些小事？
4. 你是否在出了差错或遇到挫折时感到十分不安和担忧？
5. 你是否会在遭到别人取笑时惶惶不安？
6. 你是否在外出或临睡前，要反复地查看门窗、燃气阀门到底有没有关好？
7. 你是否会在外出赴宴、开会等社交活动前感到紧张，哪怕这个活动并不重要？

8. 你是否会在客人来你家做客前一准备就是几个小时？

9. 你是否会在社交场合中时常脸红、害羞？

10. 你是否很害怕结识新的朋友？

11. 你是否经常服用镇静安神的药物来使自己平静下来，并形成了一定的依赖？

12. 你是否有一些自我主义？

13. 你是否会在自己生气或紧张时出现声音颤抖的情况？

14. 你是否经常性地感到自己不如别人？

15. 在紧张时，你能很快地让自己放松下来吗？

16. 你是否比其他人更容易感觉到烦恼？

17. 你是否总是对于某些事情（事物）放心不下？

18. 你是否很容易坐立不安，即便没有什么事情发生？

19. 你是否有经常性的恐慌感，比如担心时间流逝？

20. 你是否担心地震或其他灾难，以至于将重要的东西都准备妥当，随时准备撤离？

计分方法：回答“是”计 1 分，回答“否”计 0 分。

结果解释：分数低于 3 分，说明你拥有良好的心态。

分数在 4～9 分之间，说明你对情绪的自控能力比较好，但仍然有偶尔焦虑的表现，不过很容易自我修复。

分数在 10 分以上，则表明你对于自己的生活过度焦虑，已经到了必须调整的程度。

## 第二节　你为什么会焦虑

阻碍我们重新找回平静自在感觉的正是自己，随着社会节奏加快，压力感骤增，学业、就业、人际交往的压力无处不在，让人时常体验到焦虑情绪。由于缺乏调节焦虑情绪的有效手段，使得压力体验积重难返，对生活质量造成重大影响。

### 一、焦虑情绪产生的原因

1. 文化与时代特点

中国人早期社会化一般经历四个方面训练：依赖、求同、自抑、忍让，这些训练内容与强迫、抑郁、焦虑、社交恐怖这四类负面心理行为有着直接和间接的关联。

从时代发展的角度来看，国际形势风云变幻，科学技术日新月异，为追赶全球经济发展脚步，我国经济社会处于发展的新时期。各行业竞争机制、淘汰机制纷纷出现，人们世界观、价值观日益多元化，社会心态出现较为凸显的焦灼状态。社会心理学家格罗斯认为“社会中的每个人都会随时遇到各种社会威胁，每个人都在对付威胁的过程中逐渐形成具有自己特色的方式和成功的处世常规。一旦这些对付威胁的个人模式被破坏，在这个人身上就要产生压力。”处在大环境中的社会群体，由于社会竞争激烈，人与人之间的关系越来越冷淡，来自群体间的社会支持越来越少，群体归属感越来越差，人们心中总是存在危机感和不安感。而大学生群体面对社会发展带来的压力，因为人生观尚未稳固，心理发展尚未完全成熟，很容易产生迷惘、困惑、紧张、焦虑而无所适从。

2. 生活压力

压力事件是焦虑产生的重要因素。压力也译作应激，1936 年，塞里（H. Seley）通过长期的观察研究提出了应激学说，将外部刺激引起的个体紧张反应（生理的、心理的、行为的）称为应激（stress）。大学生群体常见的应激事件来源于经济、健康、学习、就业、人际交往、自我发展六大方面。

当处在应激状态时，个体采取怎样的方式解除紧张，就是应对方式。拉热鲁斯和福克曼发现有两种基本的应对类型，即以问题为中心的应对方式和以情绪为中心的应对方式。面对不同问题，如果采取的应对方式不妥，则不能缓解焦虑情绪，造成长时间持续焦虑。通常面对不可控制的应激（如丧亲）适用情绪中心的应对策略，面对可控制的应激（如高考或工作面试）适用问题中心应对策略。

问题为中心的应对方式：搜集正确信息；主动承担责任；积极寻求建议；善于寻找帮助；以解决问题为中心，建立切实可行的行动计划；对问题解决及自身能力保持乐观态度。

情绪为中心的应对方式：建立和维持彼此支持的朋友关系；寻求有意义的精神支持；采取积极的情绪宣泄方式；能够认知重建；用幽默方式看待应激；放松训练；运动等。

3. 大学生自身原因

焦虑情绪与性格特点存在交互作用，新精神分析学家霍妮认为，父母的不良养育方式导致早期儿童安全需要得不到保障，从而产生基本焦虑，儿童在应对基本焦虑的过程中获得各种防御性的方法和手段，当其逐渐稳定下来时，就成为自己的人格特征。从儿童期开始，长期持久的焦虑情绪容易造成神经质人格。而在性格特点上，具有谨小慎微、优柔寡断、依赖性强、对困难过分估计、常自怨自责等个性特征的大学生同样容易产生焦虑感。

在大学阶段，大学生自我认同产生的焦虑问题也十分突出。在社会与高校改革的大环境下，大学生学业、职业生涯已经一改从前“毕业包分配”“就业铁饭碗”的模式，个人发展不能一再求稳，而是要顺应竞争环境，不断求创新、求变化。这种时代变化对个人提出要求，不断颠覆人们现有行为方式，生活中充满了诸多不确定性。多数大学生缺乏这方面的心理准备，当面对校园与社会生活时，找不到归属感，同时物质欲望膨胀，导致强烈的自我认同焦虑。威斯康星州立大学的心理学教授霍华德对此认为“自身角色转换和来自外界环境的变化，往往会让人产生巨大的压力。紧张不可避免，偶尔的焦虑情绪也会出现，但这无伤大雅。不过，如果焦虑的严重程度远远超过它所对应的客观事件，不符合相应的处境，甚至持续时间过长，比如，有的人会在大多数人不会紧张的情况或场所突然感到强烈的恐惧，出现超出正常范围的情绪反应，这就是焦虑障碍的表现，而且涉及了他内心‘自我认同’的迷失”。

## 二、社交焦虑

由于大学阶段是人毕生发展的关键时期，处于17～23岁这一年龄阶段的大学生，生理机能趋于成熟，心理发展非常迅速。大学生群体关注自己的内心感受，同时又渴望接触外部世界，而大学是一个浓缩的小社会，师生关系、同学关系、室友关系、恋爱关系，各种人际关系对大学生的社交能力提出了较高要求，但这一时期的大学生尚缺乏协调各方面人际关系的社会经验，这一矛盾给大学生带来了困惑和问题，突出问题便是社交焦虑。

### （一）社交焦虑的含义

社交焦虑是指对某种或多种人际处境有强烈的忧虑、紧张不安或恐惧的情绪反应和回避行为。其基本表现是害怕与别人对视，害怕被人注视，怕自己的言谈举止在人前丢面子等。严重的社交焦虑会妨碍个体的社会交往功能，严重妨碍日常生活、工作和社会交往，降低生活质量。人们为了回避导致社交焦虑的情境，通常会减少社会交往，选择孤独的生活方式。这样一来，社交焦虑的个体极易陷入恶性循环，如图6-1所示。

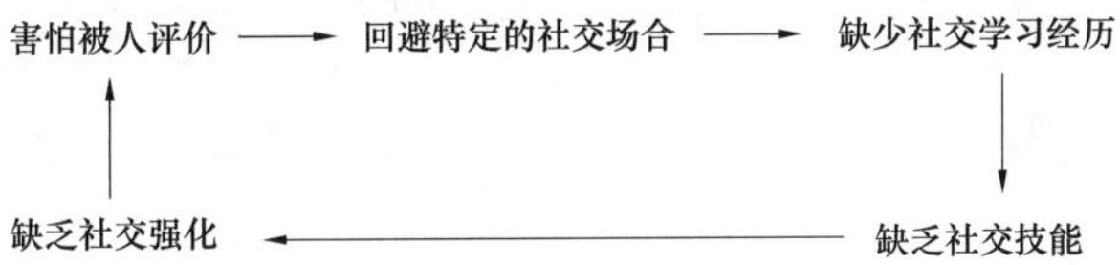


图6-1　社交焦虑情绪与行为循环图示

在社会交往中，对别人的行为、认知、情绪、情感反应过于灵敏的这一心理现象也可以用人际敏感来说明。成功的社会交往需要个体对他人的感觉和行为线索保持适当的敏感性，并能及时传达信息让对方做出期望的回应。作为一种社会认知能力，人际敏感的个体具有更好的人际交往技巧，拥有更满意的婚姻，也更容易获得同伴的喜爱，能更好地适应社会。大学生群体的人际敏感程度较高，18～29岁年龄段的人际敏感均分最高，且显著高于常模而过度人际敏感的个体会不断担心负面社会评价，对他人评价保持警觉与敏感，并采取行动避免负面社会评价，通常在交往过程中表现出社交焦虑、回避、顺从、羞怯等。

### （二）影响社交焦虑的因素

#### 1. 社交技能缺乏

莫瑞森（R.L.Morrison）、贝莱克（A.S.Bellack）等人在《社交技能训练》一书中，将社交技能总结为以下三方面：接受技能、处理技能和表达技能。接受技能指准确判读社交信息的能力，包括对表情、声调、姿势和谈话内容、上下文关系等的察觉判断；处理技能包括对社交信息的分析，以及对当前信息和历史信息（包括对方以前的社交行为方式和自己的社交经验）的整合；表达技能是指合理的语言表述，恰当的姿势、表情、动作等。

社交技能缺乏导致的社交焦虑，前提是个体意识到了自己社交技能不足，如果社交技能缺乏，而自己不以为意，那么就不会体验到社交焦虑；相反，如果一个人社交技能很高，但他对自己的社会交往能力还不够满意，那么同样他会感到社交焦虑。

2. 否定性的自我评价

与社交技能相比，否定性的自我评价更易造成社交焦虑。由于在外表、学业表现、爱情、同人们交谈、社会交往等方面的自我评价过低，认为自己缺少魅力，担心遭到他人拒绝、获得消极评价，导致在人际交往情境中出现忧虑、紧张不安等情绪。

自我评价是潜在的，内容十分宽泛的过程，个体对自我能力和价值所持有的最基本的评价和估计，称为核心自我评价，它包括了自尊、一般自我效能感、情绪稳定性及控制点四个基本特质。它使个体的自我评价围绕在四个方面：即自我价值的感受，在行动过程中是否感觉到自己有能力调配任务所需要的动机和认知资源，控制自己情绪的能力，个体在什么程度上认为自己能够控制生活中将要发生的事情。举例说明，如果一个人认为控制不了自己和他人交往的局面，并且认为自己缺乏顺利交谈的社交技巧，在交谈中产生的焦虑情绪将使自己失去理智，认为自己没有能力应付人际交往，这些核心自我评价阻碍个体采取有效策略，使个体拥有更多失败的社交经历，最终催生了社交焦虑。

## 三、考试焦虑

### （一）考试焦虑的含义

考试焦虑是一种情境状态下的特质焦虑，广泛存在于学生当中。考试焦虑是指在考试前和考试过程中出现的紧张、不安、担心、心悸、出汗等身心变化。以往研究表明，大约 10%～15%的学生在考试中存在不同程度的焦虑。考试焦虑与学习成绩的关系较为复杂，一些研究表明，当课题简单时，考试焦虑会使学习成绩提高；而当课题复杂时，考试焦虑会使学习成绩下降。

### （二）考试焦虑的程度

考试焦虑根据程度不同可分为三种不同层次，分别为轻度、中度、重度。三种不同程度的考试焦虑影响是不同的。

轻度考试焦虑的学生在考试前复习阶段很少感到紧张、害怕，随着考试日期临近，逐渐感受到紧张感，但日常饮食、睡眠及心理体验不会过多受到影响。相反这种轻度紧张反而会为考生复习增添动力，是十分必要的。

中度考试焦虑的学生在复习备考阶段，由于受到焦虑情绪的影响，负面心理体验增多，如烦躁不安、缺乏自信，有时出现食欲减退、睡眠质量低等生理反应。在考场上，学生虽会紧张、心跳加快，但焦虑情绪经过有意识调节可加以控制，在考试结束后，这种焦虑情绪随之消失。

重度考试焦虑的学生在考试前很长一段时间内，就对考试产生了苦恼、害怕、忧虑、不安等情绪，有些考生会变得焦灼不安、脾气暴躁。在躯体表现方面，由于持续高度焦虑，学生易出现头痛、失眠、食欲不振等。在行为方面，由于存在焦虑、恐惧情绪，可能导致逃避复习，出现拖延行为，甚至产生旷考的想法。在复习效率与考试分数方面，焦虑情绪使学生认知活动受阻，学习能力降低，影响复习效率，更容易造成考试发挥失常，导致考试失败。

重度考试焦虑对个体人格发展具有两方面消极影响。一方面重度焦虑的考生常出现自卑心理。受焦虑情绪影响，个体意识范围变得狭窄，认知评价能力无法正常发挥，不能对自我正确评价，常自我评价低，出现自卑、不自信；另一方面，由于受到消极情绪干扰，学生精神萎靡不振，自制力减弱，遇事欠考虑，好冲动，心理反应敏感，经常猜疑、挑剔，容易造成人际关系紧张，降低社会适应能力。

#### （三）影响考试焦虑的因素

#### 1. 家庭气氛

家庭教育是影响考试焦虑的重要因素之一，父母教养方式、对子女的期望、行为及亲子关系等方面均对学生的考试焦虑产生不可忽视的影响。对中学生的研究显示，孩子感受到来自父母亲的积极教养（如情感、温暖、理解）越多，焦虑程度就会越低；孩子感受到来自父母亲的消极教养（如拒绝、否认、惩罚、严厉等）越多，焦虑程度就会越高。父母采取拒绝否认、严厉惩罚、过分干涉或过度保护、过度期待、不尊重孩子的家庭教育方式，会明显诱发孩子考试焦虑情绪。

#### 2. 成败归因倾向

对考试成功或失败的归因同样会影响考试焦虑的出现。高考试焦虑者往往将失败归因于内部的、稳定的、普遍存在的因素，而将成功归因于外部的、不稳定的、特定情境的因素。举例来讲，当考试成绩较好时，高考试焦虑者认为自己的成功是偶然的，运气好才获得高分，以后不会有一贯好的表现；而面对考试失败，高考试焦虑者认为这是自己能力不足导致，以后会一直如此，很难提高自己的能力。与此相反，低考试焦虑者往往认为成功是自己努力所致，由于自己的努力可控、稳定，则倾向于一直努力，不断付出，不断获得考试成功；而将失败归因于外部某次特定情境所导致，所以不会轻易放弃努力。正因为对成功与失败的不同归因，导致了高、低考试焦虑者不同的后继行为，高考试焦虑者认为成绩不好是自己能力不足，很难改变，所以缺乏努力学习的动机，产生习得性无助，持续对考试感到不可抑制的焦虑。

## 四、消费焦虑

#### （一）消费焦虑的三个阶段

大学生初次操纵或行使自己的日常开销，在规划和结余，开销和节省上发生许多纠结的矛盾，影响了自己的情绪和信心。

由消费行为的不同阶段产生焦虑情绪，可把消费焦虑划分为三种：消费前焦虑、消费时焦虑、消费后焦虑。

（1）消费前焦虑。消费前焦虑的个体存在三种情况：

1）由于感到焦虑，进而去购物消费。这种情况在公共安全事件爆发时出现的应急消费模式中比较普遍，雾霾天气时，人们由于对自身健康的担忧，纷纷购买口罩、空气净化器等；2014 年兰州自来水苯超标后，净水设备出现爆发式增长。

2）在购物前，面对购买方式、途径、品牌、品质、功能等诸多选择，出现选择困难，进而感到焦虑。例如，人们在选择化妆品、服饰、皮包、保健品等方面，出现了海淘、网购、海外代购、实体店等购买方式，可供选择的品牌来自世界各地，美国、法国、日本、澳大利亚、新西兰、荷兰，甚至泰国、印尼，同类商品有几十种、上百种选择，加之人们对商品真伪、安全性的顾虑，更在选购前感到无所适从，倍感焦虑。

3）在消费前，看准高价名牌，又因囊中羞涩，买不起而焦虑。研究表明，经济、情感、生存等多方面产生的强烈不安全感使得个体内部处于失调状态，并驱使人们追求物质主义目标，以之作为补偿策略满足个人的安全需要，缓解相应的压力和焦虑。由此可见，购买奢侈品、高价名牌既是个体缺乏安全感的心理表现，又是人们应对焦虑的一种策略，实则是以身外之物支撑内心的自信。

（2）消费时焦虑。在购物时，由于人们对商品信息真实性感到缺乏信心，对自己的消费过程是否为最佳选择犹豫不决，进而在购物过程伴随着焦虑。巴里·施瓦茨在《选择的悖论》一书中指出，当人们面对更多选择，有时反而不能做出明智的选择，即使做出了正确选择，也不一定会感到满足，因为适应效应、比较、机会成本等因素会降低我们的主观感受。一些消费时焦虑的表现是选择困难，怕自己吃亏；还有生怕自己花了钱没有享受最好服务，有些人理直气壮地在飞机上、餐馆中、商场中刁难服务人员，就是消费焦虑的体现。

（3）消费后焦虑。在消费后，感到内心不安、紧张，例如低收入家庭的学生，因消费导致在月末生活费余额不足，感到懊悔，自责，内心焦虑。有的同学对于日常开销没有很好的规划，每个月都提前几天将生活费花完，成为“月光族”。这些同学，每到临近月底的那几天，内心都会惶惶不安。

（二）大学生消费误区

受社会上一些骄奢浮夸风气的不良影响，一些大学生出现了盲目崇拜金钱、名牌，不计后果购买奢侈品等行为，甚至其消费水平明显超出承担能力，分期付款成瘾，不得不依赖网络贷款平台，甚至个别学生出现信用卡恶意透支等情况。造成以上情况的部分因素是由于大学生的消费误区。

我们将大学生消费误区产生的原因归结为以下几点。

1. 虚荣心强，追求名牌

借助名牌商品往往能够达到显示身份、地位、富有和表现自我等目的，此外还隐含节约挑选时间、减少购物风险等考虑因素，由于担心自己在同学面前没面子、抬不起头，追求名牌往往还能满足大学生的虚荣心。因此，不论家庭条件如何，也要打肿脸充胖子，逼迫父母或瞒着父母借贷来满足自己的需求。

2. 攀比心强，追求时尚

在一项针对大学生消费现状调查中发现，679 名参与调查的大学生中，46.7%的学生在购买商品时主要看中商品的潮流时尚和品牌，且这种观念正不断扩大。大学生对时装、化妆品、手机、电脑、艺术照、旅游、娱乐等相关产品的消费显示出追随潮流，追求时尚，注重攀比的特点。“别人有的，我也得有”，是攀比心强，追求时尚的普遍心态。

3. 受从众心理支配，过多地参与聚会活动

受社会上人情礼往等风气影响，当前大学生在生日、节日等特殊时节，到饭店、歌厅（KTV）进行室友、班级同学、社团成员聚会，聚会、互赠礼物已成为学生群体的新风气。家庭经济条件一般的学生，为这种额外消费感到无奈，但由于感受到来自朋辈群体成员的压力，而不得不和大家保持一致，使消费变成了从众行为，有苦说不出。

4. 常冲动购物，存在超前消费

由于大学生独立生活经验有限，通过辛勤劳动获得相应酬劳的体验少之又少，常是父母每月固定给付一定数额的零花钱，所以一些学生认识不到劳动成果的来之不易，体会不到父母挣钱的辛苦，面对琳琅满目的商品只懂得索取和享受，不知道要珍惜和创造，所以对于消费从来不假思索，这也导致这些学生在购买物品时盲目和冲动。甚至一些学生有钱就花，花完就要，花得心安理得，恶意透支消费，一个月就将整学期的生活费花完，全不顾父母的窘迫，加重父母的经济负担。

## 案例讨论　　大学生借贷陷阱

2016 年 3 月，河南牧业经济学院学生郑某某因参与网络赌球，冒用或借用同学身份信息获得“校园贷”，共欠下接近 60 万元巨款，最终选择跳楼自杀。

从 2015 年 1 月亚洲杯足球比赛期间，郑某某开始买足球彩票，先是 2 元、10 元、20 元，到 100 元、200 元，再到 800 元，几次中奖经历让人产生错觉，即赌球“时间短、来钱快”，因而不能适时收手。如果说这些花销还只是从自己的生活费积攒下来或朋友处借钱，属于可控范围内的消费，那么从第一次网络平台贷款开始，他就逐渐走上了一条不归路。为了赢回输掉的钱，郑某某第一次在网络贷款平台贷了 1 万多元，不过半个月，这些钱就输光了。赌徒心态总是复杂的，赢的时候希望赢更多，输的时候疯狂想翻身，在这种心态下，郑某某在短短一年多时间，冒用或借用 28 名同学身份信息，获得 58.95 万元贷款。在尝试借钱、打工等多种方式还贷无果的情况下，巨额贷款就像一座沉重的山，最终压垮了这位昔日在同学们眼中阳光自信、乐于帮助困难同学的青年人。

2016 年 6 月，南方都市报独家曝光了大学生“裸条”借贷，揭开大学生疯狂借贷的乱象一角。随着互联网金融的发展，大学生分期消费市场的所谓春天到来，越来越多的

大学生投身小额贷款、分期消费的热潮中，众多针对校园的贷款平台也纷纷到高校“跑马圈地”，导致众多没有独立经济能力却欲望膨胀的学生陷入连环债务危机之中。

“很多时候学生觉得每月几百块钱能还上，但实际上下月他还要花更多的钱”。小张说，“很多学生只能再从别的贷款平台借钱去还款，雪球越滚越大，最后负债累累，无法偿还。”小张的同学小李，大二时曾在“爱学贷”上分期购买了一台 iPhone6 Plus，每月只有 1200 元零花钱的他分期付款，每月还 600 元。为了还贷，他又从别的平台提取小额贷款填补，同时用于支付其他花销。最后，借款陷入恶性循环，小李辗转在五六个借贷平台借款，欠下债务 4 万余元。

（三）养成良好消费习惯

1. 树立对生活的正确认知

一些学生错误地认为生活的真谛就是享受，忽视富足安逸生活背后凝聚的汗水及劳动，总想一夜暴富拥有大量财富，一些年轻人涌入看似时间短、来钱快的新兴职业，如直播网红等，时有媒体报道网红整容、炫富、不雅照片等负面新闻，对同龄群体起到负面作用。

2. 充实理财知识，管理财富人生

受中国教育传统限制，很多大学生尚未认识到理财的重要性，在学校生活中，花钱从不记账，没有规划，殊不知这样的消费习惯对整个人生可能都有不良影响。粗略估算毕业后 25 年间的收入和支出，可以看到理财知识的重要性，养成理财习惯的紧迫性。

以大学毕业即结婚，未来有两名子女的典型家庭为例，暂且先不考虑物价和工资的上涨因素，假设物价和工资每年以相同比率上涨，当然会有物价上涨而支出不变、支出费用波动的情况发生，这一切因素都暂不考虑，只是单纯地估算出大概数字。

大学阶段可进行的理财习惯如下。

（1）每日记录收支情况，建立个人账簿。利用记账软件或纸质记账本，列出每日收支项目、消费金额。每个月、每个季度进行总结，了解生活费用的流向。有观点认为，教育是最好的投资，可适当调整花销项目，在娱乐与聚会上的花费适当减少，增加购书、参加展览、学习培训等方面的投入。

（2）养成按收入比例，定期储蓄的习惯。大学阶段，有相当数量的大学生通过课余时间打工，每月会有一部分收入，不妨从打工收入中，按 10%～20%的比例，每月固定储蓄，长时间累计下来，就是一笔可应急的不小的数额。

## 第三节 放松的方法

心理学研究发现，人的身心状态是相互作用的。焦虑的情绪造成躯体的紧张，紧绷的肌肉和僵硬的姿势又加剧了心理的恐慌。放松躯体的紧张程度可以缓解和降低心理的焦躁，进而更加有效地解除内心的焦虑。放松训练是通过一定的程序性练习，达到躯体上（骨骼肌及内脏）的松弛，经由副交感支配阻断交感支配，放松阻断焦虑，改善心理或精神状态的行为治疗方法。

## 一、缓解焦虑情绪的放松训练

放松训练，又称松弛疗法、放松疗法，它是按一定的练习程序，学习有意识地控制或调节自身的心理、生理活动，以达到降低机体唤醒水平，调整那些因紧张刺激而紊乱了的功能。放松训练对于缓解紧张、焦虑、不安、愤怒等情绪效果显著，可以帮助人们振作精神、恢复体力，消除疲劳，稳定情绪。放松训练的方式有呼吸放松、肌肉放松、想象放松、静坐放松、自主训练（autogenic training）等。

埃德蒙·雅可布松（Edmund Jacobson），在其《渐进性放松》一书中提出，焦虑能因直接降低肌肉的紧张而消除。例如，艾肯等使用系统放松可以减轻心外科手术病人手术时应激产生的“心理问题”；鲍科凡克等人采用渐进性放松治疗大学生适应障碍所产生的全身紧张，经过 4 个疗程的训练，全身紧张显著减轻。莱赫研究了渐进放松训练在焦虑症中的应用，发现放松训练可以使焦虑症病人的植物神经功能反应基本恢复到正常水平。1985 年，简森报告用放松训练成功治疗了 2 例女性广场恐怖症。

雅可布松的放松训练程序基本上是使各肌肉群紧张与放松，使练习者学会区分肌肉紧张与放松的感受，被称为渐进性肌肉放松训练。整个训练涉及 60 组不同的肌肉群。本斯屯等于 1973 年发表了渐进性放松训练治疗手册，进一步简化了渐进性肌肉放松技术（PMR），只集中在 16 组肌肉群。

放松训练练习步骤如下。

1. 准备工作

了解放松训练的程序，掌握后能够自行练习。

（1）在椅子或沙发上，找到一个舒服的姿势，让自己感觉到轻松，无紧张感。

（2）环境要求安静，无强烈刺激，如噪声、强光，要无人打扰，保证放松训练能顺利进行。

（3）摘下眼镜，松开衣领、腰带，脱去鞋袜。可播放轻音乐或班得瑞的自然之声为背景音乐。

2. 放松顺序

雅可布松描述的训练技术是从头到脚，最后身体完全放松。

我们主张放松训练从脚步开始。中国的医学认为连接人体五脏六腑的 12 条经脉中，有 6 条肇始于脚部，如肾经属水始于涌泉穴，达于肩井穴。因此，脚又被称为人体的“第二心脏”。《内经》上讲到“两脚之气血壅滞不行，则周身气血不通。”从神经解剖的角度讲，神经末梢的紧张程度较低，并容易得到缓解。所以我们建议，放松从脚开始。先从脚趾开始正反方向的紧绷和松弛，依次为踝关节的正反方向的紧绷和松弛，接着是小腿、大腿、臀部、腰部、腹部的收紧和松弛。再是手指的正反方向的紧绷和松弛，胳膊的外翻，耸肩，含胸，背部的纵向和横向的对折与松弛，颈部的紧绷和松弛。最后是抬额、闭眼、提耳，面部、闭唇、悬腭、吞咽。

肌肉放松训练时还要采用腹部呼吸，并注重体会放松部位依次出现的胀酸麻热的感觉，在强度循序渐进。放松训练结束后还要走动，以恢复身体到弹性状态。

放松训练的顺序也可以根据练习者的习惯重新编排。

3. 放松的方法

导语：长长呼气，感觉将体内的空气都呼出体外。慢慢吸气，让空气慢慢充盈腹部、滋养内脏，逐渐延伸到身体的各个部位。长长呼气……

下面进行肌肉的放松。

双脚脚趾散开，往脚面的方向接近，慢慢用力……慢慢用力……（数秒钟后，脚趾根部出现胀的感觉）体验胀的感觉……（数秒钟后，脚趾根部出现酸的感觉）体验酸的感觉……（数秒钟后，脚趾根部出现麻热的感觉）体验麻热的感觉……呼——吸——（10秒钟后）放松……体验放松后的感觉……（放松 30 秒后）再做一遍双脚脚趾往脚面的方向接近，慢慢用力……慢慢用力……（数秒钟后，脚趾根部出现胀的感觉）体验胀的感觉……（数秒钟后，脚趾根部出现酸的感觉）体验酸的感觉……（数秒钟后，脚趾根部出现麻热的感觉）体验麻热的感觉……呼——吸——（10 秒钟后）放松……体验放松后的感觉……（放松 30 秒后）再做，双脚脚趾往脚面的方向接近，慢慢用力……慢慢用力……（数秒钟后，脚趾根部出现胀的感觉）体验胀的感觉……（数秒钟后，脚趾根部出现酸的感觉）体验酸的感觉……（数秒钟后，脚趾根部出现麻热的感觉）体验麻热的感觉……呼——吸——（10 秒钟后）放松……体验放松的感觉……

每个部位，反复练习 5～6 遍。初始练习阶段可做 2～3 次。

下面依次练习各部位，程序同上。

脚踝：双脚脚尖绷直，脚面与小腿平行，慢慢用力……慢慢用力……（同上，略）。

双脚脚尖往小腿方向接近，慢慢用力……慢慢用力……（同上，略）。

小腿：小腿肌肉向中心收缩，慢慢用力……慢慢用力……（同上，略）。

大腿：大腿肌肉向中心收缩，慢慢用力……慢慢用力……（同上，略）。

臀部：臀部肌肉向中心收缩，慢慢用力……慢慢用力……（同上，略）。

腰部：腰部肌肉向中心收缩，慢慢用力……慢慢用力……（同上，略）。

手部：张开手指，反关节向后用力，慢慢用力……慢慢用力……（同上，略）。

握紧拳头，慢慢用力……慢慢用力……（同上，略）。

胳膊：双臂自然下垂，大拇指引领胳膊向后旋转，慢慢用力……慢慢用力……（同上，略）。

肩部：双肩耸起，尽量接近耳部，慢慢用力……慢慢用力……（同上，略）。

胸部：含胸，感觉胸部似乎含着一个足球，慢慢用力……慢慢用力……（同上，略）。

腹部：将肚皮绷紧，慢慢用力……慢慢用力……（同上，略）。

背部（横向）：将背部左右对折，向后用力，慢慢用力……慢慢用力……（同上，略）。

背部（纵向）：将背部上下对折，向后用力，慢慢用力……慢慢用力……（同上，略）。

颈部：将颈部肌肉收紧，梗住颈部，慢慢用力……慢慢用力……（同上，略）。

额头：轻轻上扬眉毛，慢慢用力……慢慢用力……（同上，略）。

眼睛：轻轻闭上眼睛，慢慢用力……慢慢用力……（同上，略）。

面部：将面部肌肉向鼻部挤压，慢慢用力……慢慢用力……（同上，略）。

嘴部：抿紧嘴唇，慢慢用力……慢慢用力……（同上，略）。

口腔：对齐上下门牙，慢慢用力……慢慢用力……（同上，略）。

咽部：隆起咽部，（似乎有只鸽子蛋架在咽部，致咽部悬空）让上腭和舌根紧张，慢慢用力……慢慢用力……（同上，略）。

每日1～2次放松训练，有助于全身肌肉放松，促进血液循环，改善身体的松弛状态，平稳腹式呼吸，增强个体应付紧张事件的能力。

4. 放松训练的注意事项

（1）每天1～2次，不要在饭后两小时内进行，因消化过程可能干扰预期的效果。

（2）练习后，不要马上睡觉。最好在睡前一小时练习。

（3）练习结束后，隔数秒钟，请起立。走动后平复呼吸，调整身体状态。

（4）建议开始阶段，每个部位做2～3次，避免练习者出现疲劳。

（5）如果练习者在初始阶段，出现某些不适，如咽部练习时出现轻微的恶心等，可以减小动作的幅度，或暂停该部位的练习。

（6）呼吸频率不必太慢，节奏稍慢即可。避免呼吸过于悠长，导致体内二氧化碳流失。

（7）每次练习可做全身肌肉的紧松练习，也可只做某一部位的练习。练习时间从20分钟到几分钟，可根据训练肌群范围灵活运用。

（8）对练习者提出的任何问题，都应认真对待，不可轻视和搪塞。在充分倾听后，略加解释，鼓励练习者坚持做几次，观察情况的变化。

## 扩展阅读　冥想放松

冥想主要源于印度教、印度佛教、中国佛教和日本佛教。伴随科学发展，西方对冥想体系进行了进一步的挖掘，随着瑜伽在世界范围内广泛流行，作为瑜伽中最珍贵的一项技法，冥想也被世人熟知。冥想的目的是将人引导到解脱的境界，暂时脱离充满紧张、压力的现实世界，使内心重新寻找到平静、安详、宁和。

通过研究，冥想对缓解焦虑、促进健康方面的积极效应正逐渐被证实。冥想时，机体新陈代谢率降低，显著降低机体的耗氧量。睡眠时，机体的耗氧量大约会降低8%，而冥想训练可以使机体的耗氧量降低 10%～20%。这一组数据，反映了冥想训练对整个机体带来的休息作用，耗氧量暂时性降低，可以部分解释冥想练习所引起的体力和精力充沛现象。另外，血液中乳酸水平降低是冥想练习产生的另一个机体效应。乳酸是由肌肉组织分泌的一种化学物质，它可以引起焦虑的感觉。在冥想练习过程中，血液中的乳酸水平通常可以在 10 分钟之内出现显著性下降，所以通过冥想练习可以有效降低焦虑情绪。

冥想的方法很多，有坐禅的冥想，有站立姿势的冥想，有舞蹈式的冥想，还有祈祷、读经或念诵题目式的冥想。为贴合实际，选择一种较为简单易行的静坐冥想练习介绍如下。

（1）寻找一处不易被打扰的地方，可以是房间的一个角落，也可以是森林小溪边、海滩礁石上，环境清幽、宁静祥和最佳。

（2）盘腿或者坐在椅子上，找到一种让自己觉得舒服的姿势。不要躺下，冥想的目的是让自己找到一种“放松的灵敏状态”，这既不是昏昏欲睡，也不是无比清醒的状态。可以闭上眼睛，也可以睁着眼睛，保持眼神“温柔平和”，使所有感官都处于开放状态，嘴巴微微张开。

（3）调整自己的呼吸，用鼻子缓慢深吸气，让肺部充满空气，腹部隆起，整个胸腔扩张，然后用嘴缓缓吐气，腹肌收缩，将胸腔所有气体排空。

（4）将注意力专注到呼吸上。两耳静听自己的呼吸声，排除杂念。就像一个旁观者一样，去观察、体会自己的呼吸。假如发现自己开始分心，可以在一吸一呼间数数，缓缓吸气，数 5 下，缓缓呼气，数 5 下，借此把注意力集中于自己的呼吸，慢慢地将心思拉回来。

（5）一次冥想建议是 20 分钟，一天两次。刚开始可以尝试四五分钟，然后休息一分钟。这一安排可以在每日的固定时间，也可以比平常早起 20 分钟。

静坐冥想练习其实并不难，想一想，当你长时间凝视某种东西（如篝火或大海）时，头脑放空，意识恍惚的状态，其实你就已经懂得静坐冥想的窍门了。

## 二、缓解社交焦虑的策略

### （一）掌握社交技巧

#### 1. 主动打破尴尬局面

与陌生人见面，想展示自己的魅力则必须主动交往。摆脱头脑中的不合理信念“先同别人打招呼，显得自己没有身份”“我这样麻烦别人，人家肯定会烦的”等。攀谈时面带微笑，微笑能消除自己的紧张情绪，并且能融洽谈话的气氛。

#### 2. 选择合适话题

在交谈中，可以交谈的话题较多，包括自己的真实感受，让自己的坦白态度获得他人信任；谈周围环境；寻找双方共同点，以此为话题；以对方谈话内容为话题；提出自己的问题等。

3. 持有真诚尊重的态度

在陌生人自我介绍时，迅速而准确地记住对方姓名。在交谈过程中，尽量不打断对方，不抢话、不要为争论小事而打断别人的正题。

4. 做一个善于倾听的人

首先要耐心地听别人把话讲完，在交往中，如果是自己有错误，要迅速坦诚地认错。其次在倾听时，积极创造一种自然、和谐的交流气氛，使讲者畅所欲言，听者心领神会。

（二）进行自信心训练

1. 利用镜子技巧

对着镜子，在脸上展露开心的微笑，挺起胸膛，告诉自己："今天我的状态非常好！"记住自己快乐的表情和此时愉快的感受。

2. 练习正视别人

人与人交流中，眼神能够透露出一个人内心的真实情感，不敢正视别人，通常意味着：感到自卑、不如别人；我的内心不想你知道；怕眼神接触后被对方看穿。正视会告诉对方：我很坦荡、为人处世光明磊落，完全值得信任。所以学着在交往中，正视对方，用眼神告诉别人，我很自信。

3. 把步速加快25%

通常人的情绪和心理状态会反映在身体姿势上，观察那些疲惫、懒散、失望的人会发现，他们多数步伐拖拉、行动缓慢，没有自信；而那些昂首阔步，大步流星的人，往往让人觉得胸有成竹，坚定自信。

4. 学会赞扬自己

悦纳自己，不自卑，不自怜，不自责。可以练习每天用一分钟大声讲述自己的优点，对着镜子表扬自己，适当的自我肯定与赞美能引发积极情绪，增添快乐，增强自信。

## 三、消解考试焦虑

1. 不断精进学习及考试技巧

大学期间的考试压力相比高中要轻松很多，不过大学期间，英语等级考试、专业证书等级考试、考研、公务员考试，大大小小的考试还是避免不了。如果持续感到考试焦虑，势必对这些重要考试有不利影响，所以需要仔细寻找引起考试焦虑的原因。如果存在学习及考试技巧不足的原因，则可以与教师、学姐、学长沟通交流，了解那些过来人及学习成绩较好的同学，有哪些有效的学习及考试技巧；还可以到网络上、相关考试的论坛中，寻找考试成功的人分享的考试技巧信息，不断精进自己的学习及考试技巧。

2. 积极归因风格训练

阿伯拉姆森（Abramson）提出了抑郁型和乐观型的归因风格。抑郁型归因风格把消极的事件归于内部的、稳定的和整体的因素之上，把积极的事件归于外部的、不稳定和局部的因素之上；乐观型风格的人把积极的事件归于内部的、稳定的、整体的因素，而把消极的事件归于外部的、不稳定和局部的因素上去。

**课堂练习**　　**积极归因风格**

回想近半年来的一次重要考试，这次考试是成功的还是失败的？对这一结果，是你自己引起的，还是其他因素引起的？以后考试，这种原因还会出现吗？上述原因是仅仅影响到这一科考试，还是其他考试都受到影响？

后三个问题，主要从内因—外因，稳定—不稳定，整体—局部三个角度来提问，通过这三个问题，能够立刻了解到自己是哪一类的归因风格。如果自己是消极归因风格，则需要通过有意训练，转变为积极归因风格，使自己更加积极乐观，对待考试有更多积极情绪及自信，从调节情绪，增强自信的角度缓解考试焦虑。

3. 饮食调节

当焦虑情绪强烈时，避免咖啡因、香烟、酒精等物质，避免油炸食品、垃圾食品、高糖、腌肉、辛辣刺激的调味料等。在食物中，应包含50%～70%的蔬菜、水果。健康、营养饮食强壮身体，使免疫系统及神经系统状况俱佳，从生理层面提高对焦虑情绪的抵抗能力。

# 第七章

# 伸出你的手

在哪里找到了朋友，我就在哪里重生。

——拉宾德拉纳特·泰戈尔

可能很多同学在日常生活中有这样的体会：想要关心别人却不知从何做起；想赞美别人却不知如何开口；想要搞好人际关系却越协调越乱套；想要与人为善却控制不住自己的冲动而语言生硬。我们很可能把这些窘境归结于自己的青涩。但你是否知道，这些窘境都是人和人之间交流沟通的真实情景，你心中仰慕的那个“八面玲珑”的社交高手其实就是从应对这些看上去不起眼的小事儿做起的，学习如何跟人有效地沟通，是每个人的人生必修课。

## 第一节　人　际　交　往

人际交往、人际关系、人际沟通是我们日常生活中经常用到的高频词，但这三个词有着巨大的差别，至少在心理学上三个词有着不同，甚至截然相反的含义。

### 课堂练习　互戴高帽（优点大轰炸）

（1）5～8 人一组围圈而坐。请一位成员坐或站在团体中央，戴上纸糊的高帽子。其他人轮流说出他的优点及欣赏之处（如性格、相貌、处事……）。

（2）被称赞的成员说明哪些优点是自己以前觉察的，哪些是不知道的。

（3）每个成员到中央戴一次高帽。

（4）规则是必须说优点，态度要真诚，努力去发现他人的长处，不能毫无根据地吹捧，这样反而伤害别人。参加者要注意体验被人称赞时的感受如何？怎样用心去发现他人的长处？怎样做一个乐于欣赏他人的人？

（5）小组交流体会，并派代表在团体进行交流。

被人称赞的感觉如何？称赞别人呢？也许你在嬉笑之间完成了这个课堂练习。但你们之间的情感联系却又加深了一层，这就是人际交往的微妙之处。

## 一、人际交往

人际交往是指个体与个体或个体与群体之间通过一定的沟通方式进行接触和交流，并且在行为上和心理上产生相互作用、相互影响、相互适应的过程。例如，个体通过语言、肢体语言、表情等表达的方式将信息传递给其他个体或者群体，同时把信息反馈的过程，即为人际交往。

沟通是人际交往活动的起点和手段，人们通过沟通实现彼此的交往；交往中的沟通方式多样，如直接交往与间接交往、正式交往与非正式交往、单方交往和双方交往等。而人们在沟通交往之后必定会在情感上产生一定的结果和积淀，从而形成相对稳定的情感纽带，即人际关系。

人际交往反映了交往双方寻求满足社会需要的心理状态。客体关系心理学认为，个体与他人的关系反映了一个人内在精神世界中的人际关系形态的模式。其主要的核心概念是相信人最初的动机在于寻求客体或与他人的关系，而非寻求满足，人最终的目的是和另一个人保持关系。如果交往双方的心理需要都能获得满足，就会拉近交往双方心理距离，保持一种亲近、信赖、友好的关系模式；反之，则会加大彼此间的距离，成为疏远甚至是敌对的关系模式。

在个体心理状态形成的过程中，认知带来情绪体验，情绪体验又转换成行为动机，推动或阻碍行为的发生发展，人际交往也同样符合这一过程。与另外两者比较，人际交往更具整体性和强调人们在心理、情感上交流的动态过程。所以从人际交往出发，我们能够更好地了解人际关系和沟通。

### 补充阅读　人际交往的重要性

1996 年，意大利洞穴专家毛利奇·蒙泰尔（Maurici Montell）做了一个非常著名地下试验。他把自己置身于一个很深的洞穴中，在这个洞穴里，有足够他吃一年的食物和维持生命的生活用品，有 100 多部电影碟片和一些健身车、健身球供他娱乐。但是，在这个洞穴里除了他自己，没有其他人。1997 年，蒙泰尔从洞穴里出来了。经过一年与世隔绝的生活，蒙泰尔变得目光呆滞，脸色惨白，语言不畅。记忆力、交往能力和语言表达能力，都发生了严重的退化。

美国心理学家沙赫特实验：他以每小时十五美元的酬金雇人到一小房间去。小房间与外界完全隔绝，里面没有报纸、电话和信件，也不让其他人进去，甚至连身上的钱包也不让带，最后有五个人应征参加实验。其中一人在小房间只待了两个小时就出来了，三个人待了两天，另一个待了八天。这个待了八天的人出来后说：“如果让我再在里面待一分钟，我就要发疯了”。

## 二、人际交往中的投射效应

有一个小乌龟的故事。一天小乌龟一家出去野餐，他们走了很久很久，快到野餐地点了才发现没带罐头的开瓶器。于是乌龟的父母让他回去取，他答应了，但要求父母在他回来之前不可以吃其他的食物，父母也答应了。小乌龟去了很久也没回来，父母实在很饿，于是就打开一包饼干准备吃。这时候小乌龟突然从树后跳出来说："我就知道你们会偷吃！"

小乌龟自认为父母一定会在他不在的时候偷吃食物。为了证明这一点，他躲在树后等着，当他看到父母吃食物的时候，就认为自己的想法被验证了，却没有想到是他拖了太久，父母真的很饿才吃食物的。实际生活中相信大家也会遇到这样的事情。比如有这样一个例子，寝室里有一个同学饭卡不见了，她大吵大嚷，说肯定是其他几个同学拿错了，逼着大家到处找，可是都没找到，最后在她自己的校服裤兜里掉出来了。我们经常把自己的想法投射到别人身上，并没有事实依据，这就是投射性认同。

在客体关系理论中，投射性认同是一个人诱导他人以一种限定的方式来行动或做出反应的行为模式。这与一般的投射不同，一般的投射是一种心理活动，并不需要任何外显的反应，就像一个人认为别人生气愤怒，而不管别人是否是真的生气愤怒了；另外一般的投射不需要任何面对面的互动就可以发生，而投射性认同实际上涉及了对其他人情感和行为的操纵。投射性认同的投射源自内在世界，并将之置于人际关系的领域中；向别人投射目标的人可能永远认识不到这一点，而成为他人投射目标的人是有可能知道的。

当代美国著名精神分析师托马斯·奥格登的表述：投射性认同是一种心理过程，同时也是一种防御，一种交流的手段，一种原始形式的客体关系，也是一种心理改变的途径。作为一种防御，投射性认同被用来创造这样一种感觉：远离了自体中不想要的（通常是令人害怕的）方面；作为一种交流手段，投射性认同是一种过程——在另外一个人中引起了与自己一致的感受，这使得自己被理解，或是与对方心灵相通。所以识别这一投射过程，意识到"我对他人的感受可能源于自己未处理的内心冲突"，在人际关系中，能更好地促进双方理解，引起心理改变。

作为一种客体关系，投射性认同建构了一种与一个部分的分离客体相联系，并发生关系的途径。最后，作为一种心理改变的途径，投射性认同使得某人为之困扰的感觉，可以为他人所消化，并以改变了的形式重新内化。投射性认同的每种功能都产生于婴儿早期试图感知、组织、掌控其内在和外在的体验，并与环境相交流的背景中。

## 三、投射性认同引发的不良交往模式

艾瑞克·伯恩（Eric Berne）认为，每个人的个性中都包括三种成分，就好像一个人身上的三个小我：父母、成人与孩童。父母自我状态、成人自我状态和儿童自我状态。其中每一种自我状态都包括完整的思想、情感和行为方式，人与人之间的交往就是人们各自的“三我”之间的交往。

1. 父母（Parent, P）身份以权威和优越感为标志

父母自我状态，指我们从父母或其他重要他人那里拷贝来的思想、情感和行为。当一个人的人格结构中 P 占优势时，表现为统治人、训斥人等权威式的作风。行为表现为：凭主观印象办事，独断专行，滥用权威。语言特征：“你应该……”“你不能……”“你必须……”。权力的投射性认同的基础在于必须处理控制和统治内在挣扎。这种挣扎根植于早期的客体关系。使用权力投射性认同的个体，他们的语言交流方式常常是具有命令性、强制性的言语。这种沟通的全部目的只有一个，就是产生一种关系——一种让接受者服从于他的关系。不管在这种关系中还发生了什么，权力和控制都是最显著的。父母自我状态又分为：控制型父母自我状态和营养型父母自我状态。顾名思义，一个人处于控制型父母自我状态的时候，与人交往常常会表现出教育、批评、教训、控制；处于营养型父母自我状态的时候，人与人交往时则常常会表现出温暖、关怀、安慰、鼓励。

2. 孩童（Child, C）身份毫无限度地表达持续的无助感

当一个人以儿童自我状态与人交往时，他的情感、思考和行为表现等就会表现得像孩子一样。表现为服从和任人摆布，喜怒无常，感情用事，一会儿天真可爱，一会儿乱发脾气。行为表现都是即兴的、不负责任、追求享乐、玩世不恭、遇事无主见、逃避退缩、自我中心、不管他人。这属于投射性认同中的依赖模式。通过这种模式与他人建立关系的人时常会说这样的话：“我不知道……”“我不管……”“你认为如何”“我该怎么办？”“你可以帮助我吗？”“我自己无法做这件事情”。使用这种投射性认同的人做决定或采取行动时，不管何时，都会向他人求助。

儿童自我状态又分为：适应型儿童自我状态和自由型儿童自我状态。处于适应型儿童自我状态的人听话、服从、讨好、友爱，内心常常充满自责、担心、焦虑和自罪；处于自由型儿童自我状态的人则往往表现为活泼、冲动、天真、自发行动、贪玩、富于表情、爱憎分明等，像以自我为中心的婴儿一样追求快感并能充分表达自我感情。

3．成人（Adult, A）身份表现了客观与理智

一个人处于成人自我状态时，其思想、行为和情感都指向于此时此地，具体表现为理性、精于计算、尊重事实和非感性的行为。行为表现为：待人接物冷静、慎思明断、对自己负责、对他人尊重。其语言特征：“我个人认为……”“我的想法是……”。

P、C、A 三种成分中，P、C 具有盲目性、被动性与两面性，而 A 具有自觉性、客观性与探索性，致力于弄清事物真相、事物间的关系与变化规律，能够站在别人的角度审视自己，具有反省能力。根据 PAC 理论，不同的心态可以构成不同的交往组合。当交往双方的相互作用构成一种平行关系时，交往就是可持续的，对话可无限制地继续下去。这种交往有 6 种具体形式：P–P、A–A、C–C、C–P、A–P、C–A。在这 6 种交往形式中，P–P 双方都自以为是，双方谈得很投机，但都在指责别人。这样的两个人，一直在一起

交往，久而久之，会互相助长偏激苛求的性格。C–C 交往则有些同流合污的味道，两人一拍即合，但都不负责任。C–P、A–P、C–A 均属于互补型的交往，这种交往因为互补，所以能够持续，但却潜藏着不平等与依赖，长此以往，也不利于交往双方的发展。只有 A–A 交往是最健康的，大家都本着负责与尊重的原则，力图合情合理地解决问题，因此，A–A 交往是最成功的。

每一种自我状态都有其适应性，也都有其不适应之处，因此并不存在好坏之分。事实上，就一个健康、平衡的人格来说，每个自我状态都是必需的。我们需要成人自我状态来处理此时此地的问题，帮助我们过一种有效率的生活；要融入社会时，我们既需要控制型父母自我状态提供规范，以便遵守伦理底线，也需要营养型父母自我状态帮助我们去维护自己的人际关系；适应型儿童自我状态是我们遵守社会上的游戏规则的前提，而自由型儿童自我状态所包含的自发性、创造力和直觉能力，则是工作成就和业绩的基础。

一个健康的人就是能在恰当的时间和地点使用恰当的自我状态的人。

## 四、人际交往的过程

阿特曼（I・Altman）等人提出了社会渗透理论（social penetration theory）来解释交往的过程。他们认为人际交往主要有两个维度：一是交往的广度，即交往的范围；二是交往的深度，即交往的亲密水平。关系发展的过程是由较窄范围内的表层交往，向较广范围的密切交往发展。阿特曼等人认为，良好的人际关系的发展，一般经过四个阶段：定向阶段、情感探索阶段、情感交流阶段、稳定交往阶段。

1. 定向阶段

人际交往中，人们对交往的对象具有很高的选择性。进入一个交往场合时，人们往往会选择性地注意某些人，而对另外一些人视而不见，或者礼貌性地打个招呼。对于注意到的对象，人们会进行初步的沟通，谈谈无关紧要的话题，这些是定向阶段的任务。这个阶段，人们只有很表层的自我表露，如谈谈自己的职业、工作，对最近发生的新闻事件的看法等。

2. 情感探索阶段

如果在定向阶段双方有好感，产生了继续交往的兴趣，那么就可能有进一步的自我表露，如工作中的体验、感受等，并开始探索在哪些方面双方可以进行更深的交往。这时，双方有一定程度的情感卷入，但还不会涉及私密性的领域。双方的交往还会受到角色规范、社会礼仪等方面的制约，比较正式。

3. 情感交流阶段

如果在情感探索阶段双方能够谈得来，建立了基本的信任感，就可能发展到情感交流的阶段，彼此有比较深的情感卷入，谈论一些相对私人性的问题，如相互诉说工作、生活中的烦恼，讨论家庭中的情况等。这时，双方的关系已经超越了正式规范的限制，比较放松，比较自由自在，如果有不同意见也能够坦率相告，没有多少拘束。

4. 稳定交往阶段

情感交流如果能够在一段时间内顺利进行，人们就有可能进入更加密切的阶段，双方成为亲密朋友，可以分享各自的生活空间、情感、财物等，自我表露更深更广，相互关心也更多。一般来说，能够达到这种境界的关系相当少，这也就是人们常说的“人生得一知己，千古知音最难觅”。

**相关阅读**

### 自我表露理论

自我表露（self-disclosure）就是我们常说的“敞开心扉”，即把有关自我的信息、自己内心的思想和情感暴露给对方。良好的人际关系是在交往双方的自我表露逐渐增加的过程中发展起来的。自我暴露的程度由浅到深，大致可以分为四个水平。第一是情趣爱好方面，比如饮食习惯、偏好等；第二是态度，如对人、对时事的看法和评价等；第三是自我概念与个人的人际关系状况，比如自己的自卑情绪，和家人的关系等；第四是隐私方面，比如个体的性经验，个体不为社会接受的一些想法和行为等。

自我表露可以增加他人对自己的喜欢。自我表露本身具有很强的象征性，它给对方一个强有力的信号：你对他（她）相当信任，愿意有进一步的交往。而且，对他人的自我表露可以引发他人做自我表露，由此可以增进相互理解，相互信任。

布里格斯（K.Briggs）认为，自我表露对他人的益处包括他们知道彼此相似点与不同点在何处，还能了解相似与不同的程度；准确地向他人表露自我，是健康人格的体现；自我表露增强了自我觉察的能力；分享体验帮助个体发现这不是他们唯一存在的问题；自我表露可以从他人身上获得反馈从而减少不必要的行为。

## 第二节　大学生的人际交往

大学生离开了父母和家庭，开始独自面对人生。他们需要与同学、异性、老师等进行各种交往，经常要在不同人际关系影响下生活和学习，人际交往是个体内在精神中的人际关系形态最明显的外在表现。人际交往体现了个体头脑中人际关系模式，也是建立良好人际关系的基础，通过交往，我们可以得到更多的社会支持，建立充分的安全感和信任感。大量事实表明，大学生的人际交往的时间、空间越大，精神生活往往会越丰富、愉悦；而人际关系不良，不合群的大学生常有更多的烦恼和难以排解的苦闷。

大学生对人际交往的不良认知可以分为两类。一类是以他人为中心，太在意别人是否满意和高兴；另一类是以自己为中心，凡事只从个人利益出发，对他人怀有敌意。这两种不良认知都会导致交往发生困难。大学里常见的人际交往困境有以下几种。

## 一、房间里的大象

故事是这样的：在一个房间里放着一只象，让一群人进去，然后人们开始谈话，所有人都看到了这只象但所有人都没有说，保持集体的沉默。意指所有那些触目惊心地存在却被明目张胆地忽略甚至否定的事实或者感受，就是那些“我们知道，但是我们清楚地知道自己不该知道”的事。“皇帝的新装”是个典型的“房间里的大象”。

大学里同样存在这个现象。比如寝室里的“霸主”，小团体里的“老大”，很多同学不满甚至愤怒，但怕被报复、怕被针对，始终认为多一事不如少一事，一直隐忍，保持沉默。有些时候，沉默也许是起源于善意和礼貌，比如在临终亲友面前，我们不愿意谈起他们的病情，比如和一个口吃的人聊天，我们假装注意不到他的口吃。但是另一些时候，沉默源于怯懦。人们害怕权力，害怕高压，害怕失去升官发财的机会，害怕失去房子、车子，于是沉默成了自我保护的机制。还有一些时候，人们所恐惧的，甚至不是利益上的损失或者肉体上的暴力伤害，而是精神上被自己的同类群体孤立。出于对归属感的依恋，他们通过沉默来实现温暖的“合群”。

沉默的人数越多，打破沉默就越难。因为当越来越多的人卷入沉默的漩涡，从这个漩涡中挣脱出来需要的力气就越大。历史上的先知，往往命运悲惨。面对第一个站出来大喊“屋子里有大象”的人，人们往往不会顺着他的手指去看有没有一只大象，而是怒斥他为什么吵醒了自己的好觉。甚至，他们会因为那个人的勇气映照出自己的怯懦而恼羞成怒，你那么大喊大叫干什么？哗众取宠、爱出风头、不识时务，神经病。“沉默如癌细胞般分裂生长”，房间里的大象就这样在“合群”的人们的相互拥抱中越长越大。

好在随着大象越长越大，它被戳破的可能性也随之加大，因为随着大象越来越大，掩盖这只大象所花费的成本也会越来越高，并且，目击者的增多也意味着出现“叛徒”的可能性在增大。最终，孩子小声的一句嘟囔“皇帝没穿衣服”，就可能使这只充气大象迅速地瘪下去。

拒绝发声并不奇怪，因为发声不但需要勇气，而且意味着承担。直视沉默也就是抵抗制度性遗忘和集体性否认的压力，直视生活中不被阳光照耀的角落、被压迫者的痛苦和我们自己的软弱。人们习惯于用政治或社会的压制来为自己的沉默辩护，却往往忘记了正是自己的沉默在为这种压制添砖加瓦。我们尽可以堵上自己的耳朵或者捂上自己的嘴巴，但是当房间里有一只大象时，它随时可能抬起脚来，踩碎我们天下太平的幻觉。

## 二、独行侠的苦恼

大学中有这么一群人，他们一个人上自习，一个人去食堂，一个人坐在教室的第一排。因为他们总是独自埋头看书，所以很少与他人交流。这群人就是别人口中的“学霸”。然而现如今人们对“独行侠”学霸却多多少少怀有敌意。“学霸”一词不再是赞扬某同学学习成绩优异，而成了对每天苦读的学生的一种嘲讽，一个标签。

“独行侠”学霸们每天除了睡觉、上课，一天中大部分时间都在图书馆里。每天天刚蒙蒙亮，他们是寝室中第一个起床的人，夜幕时分，他们又是最后一个离开图书馆的人。因为他们不和室友一起玩儿、一起聊八卦，所以经常遭受非议，被认为性格孤僻。

这个问题的背后，放在校园里是个体与群体之间关系的处理，放大到社会上则常常会演变为少数人与多数人的站队，再投射到社会单位——家庭中，甚至会演变为一个人与一群人的抗争。几乎身边的所有人都会告诉你“要学着融入集体”“要和大家建立良好的关系”“人缘好的人吃得开”“懂得和人打交道才能成功”，这就是社会主流价值观。跟它抗争，很难！因为每个人都有融入群体的需求，这是一种本能，是个体安全感和归属感建立的基础。除非，你有独立的意识，能够清楚地认识到自己的价值观、人生观、世界观到底是怎样的，你的行为动机是什么。这些与他人无关。做一个有独立人格的人，远比融入一个不适合你的群体更重要。不是你不合群，而是你还没有找到适合自己的群。

### 三、假装欢乐的小丑

大学里还有这样的学生，为了让大家喜欢自己，他们常常违背自己的意愿苦心经营自己的形象。他们总是笑容可掬，无论在寝室还是教室，都谨小慎微。要了解每个人的性格，习惯。多多帮助舍友，哪怕是提水、嘘寒问暖这样的小事也会乐此不疲。就算是自己想去自习，看到其他同学不去，自己也就不去了，生怕被人嫌弃和排挤。

曾经有一个宿舍，宿舍里面八个人。每当宿舍里八个人都凑齐的时候，寝室长总会组织一个游戏，就是把八个人分成两组，每组三个人，组织大家打牌，剩下两个人就打开电脑，打起了游戏，或者拿出手机不停地刷着网页。然后，一晚上就这样过去了，一年就这样过去了，四年就这样过去了。八个人里面，一定会有一两个人混得还可以，但是也一定会有人混得差。混得可以的，在大学四年，活得多么假，因为他组织别人堕落，自己却坚定地向前，表里不一，活得多么难受。而混得差的，永远不知道问题出在哪里，也根本不知道，这就是他为了合群而付出的代价。

当合群成了习惯，人们在做决定的时候往往很犹豫，无法自信地表达自己的观点，而其他人的意见就成了一颗定心丸。我们在说话之前考虑的不是“我对这件事情的真实感受如何”，而是“别人对这件事情的感受如何”，让自己失去了独立思考的能力。

合群也成了我们为自己开脱的借口：“他们都是那么说的，所以我也……”责任感被弱化，所以即使有些观点看起来明显是错的、荒谬的，我们也会去接纳。所谓“法不责众”，跟随着众人的脚步，好像做什么都有了安全感。想一想，你是真的觉得这部电影很好看吗？你是真的喜欢这个发型吗？你们一起议论的那个他真的那么不堪吗？我们不敢大声说出自己的看法，怕被嘲讽被排挤，还会进行不必要的自我怀疑和批判，这就是社会心理学中所说的从众心理。从众是指个体在社会群体的无形压力下，不知不觉或不由自主地与多数人保持一致的社会心理现象，通俗地说就是“随大流”。

从众是指个人受到外界人群行为的影响，而在自己的知觉、判断、认识上表现出符合公众舆论或多数人的行为方式。通常情况下，多数人的意见往往是对的。少数服从多数，一般是不会错的，但缺乏分析，不做独立思考，不顾是非曲直地一概服从多数，随大流走，则是不可取的，是消极的“盲目从众心理”。其实，人们的偏好本来就可以是不同的，没有高下之分。如果失去了独立性，失去了独立思考的能力，你就只是一个假装欢乐的小丑而已。

## 延伸阅读　从众的力量

詹姆斯·瑟伯有一段十分传神的文字，来描述人的从众心理：突然，一个人跑了起来，也许是他猛然想起了与情人的约会，现在已经过时很久了。不管他想些什么吧，反正他在大街上跑了起来，向东跑去。另一个人也跑了起来，这可能是个兴致勃勃的报童。第三个人，一个有急事的胖胖的绅士，也小跑起来……10 分钟之内，这条大街上所有的人都跑了起来。嘈杂的声音逐渐清晰了，可以听清“大堤”这个词。“决堤了！”这充满恐怖的声音，可能是电车上一位老妇人喊的，或许是一个交通警说的，也可能是一个男孩子说的。没有人知道是谁说的，也没有人知道真正发生了什么事。但是两千多人都突然奔逃起来。“向东！”人群喊叫了起来。东边远离大河，东边安全。“向东去！向东去！……”

所罗门·阿希（Solomon E.Asch）曾进行过从众心理实验，结果在测试人群中仅有 1/4～1/3 的被试者没有发生过从众行为，保持了独立性。可见它是一种常见的心理现象。

### 四、大学冷漠症

2010 年 12 月 12 日，18 名复旦等校的大学生在安徽黄山风景区登山探险时迷路，在当地公安消防救援人员的全力搜救下，18 名大学生全部安全脱险，但黄山风景区公安局 24 岁的民警张宁海在护送学生们走出危险区时，不幸坠崖牺牲。一个生命的逝去，换来的不是复旦学子的反思和感恩，而是在论坛上大谈面对媒体如何公关，登山社谁来掌权，以及冷漠的“你们就该为纳税人服务”。被救学生仿佛事不关己，不仅没像常人那般追悼逝者，还嘲讽警察“身体素质差”。

有记者调查大学生眼中的室友，结论包括熟悉的陌生人；大学同学就像远房亲戚；总体来说就是朋友，不过只知其面，不知其心；相互认识，深交甚少；宿舍关系复杂，各顾各的；室友如邻；战略伙伴和密友；爱我的人和对我有用的人；表面和谐的人。

这些现象看上去让人不可思议，但又真实存在。有的学者又称之为“旁观者效应”，即当许多人共同面临某一需要救助的紧急情境时，所给予救助的可能性小于一个人单独面临此种情境的现象。20 世纪 70 年代初，美国社会心理学家对这一问题开始进行研究。研究者认为，之所以会出现社会冷漠，一个很重要的因素是他人在场时会发生“社会比较”和“责任分散”两个过程。社会比较影响人们对情境的认知，即当有许多人在场时，为了避免自己做出超越的行为，人们会去观察他人的行为，等待他人的反应，然后决定自己如何行动；当人人都怀有这样的心理时，就可能出现集体性坐视不救的局势。责任分散则降低人们见死不救所产生的罪恶感、羞耻感、内疚感，从而也降低了人们的救助倾向。许多事实确实表明，人们之所以没有救助，并非他们生性残忍或心怀恶意，紧急情境本身的错综复杂也是导致人们不予帮助的原因之一。

冷漠在很大程度上源于个体的自我保护心理，它不仅是个人问题，也是社会问题、时代问题。我们能做的就是提升自我，用强大的内心去应对这种冷漠，用自己温暖的行为告诉世界你是一个温暖的人。

**相关阅读**　**社会交换理论（social exchange theory）**

霍曼斯（G. C. Homans）认为，人际交往是一个社会交换的过程，人们之间的所有活动都是交换，是一种准经济交易。当你与他人交往时，你希望获取一定的利益，作为回报，你必须准备给予他人某种东西，他人也是如此。这里实则包含着公平理论，即人际间双方体验到的贡献成本和得到的收益基本相同时，人际关系是最愉快的。

人际交往的过程中不仅有物质品的交换，同时还包括非物质品，如情感、信息、服务等各方面的交换。对于那些对自己来说是值得的，或得大于失的人际关系，人们就倾向于建立和保持；而对于那些对自己来说不值得，或失要大于得的人际关系，人们就倾向于逃避、疏远或终止。

## 第三节　人际交往的艺术与技巧

### 一、塑造良好的个人形象，增进个人魅力

（一）善于利用身体语言，传达积极信息

阿尔伯特·梅拉宾曾提出一个公式：信息的全部表达=7%语词+38%声音+55%表情。身体语言的传达和接受，如果能够巧妙地加以运用，就会在交往中产生神奇的作用。

**延伸阅读**　**梅拉宾法则**

阿尔伯特·梅拉宾（Albert Mehrabian）曾经提出了一个有趣的公式，告诉我们沟通中三大要素的重要性：7%的沟通取决于言辞内容，38%依赖于语音语调，55%的信息来自非语言的肢体语言，包括在接听电话之前微笑。梅拉宾法则的含义是真正有效的沟通是我们如何表达自己，是我们怎么说，不是我们说了什么。

语调在传递情感信息上具有决定性作用，能有效影响关系的走向。当相同的内容用不同的语调表达时，双方能更准确地辨别对方的情绪，误判率仅为 15%；但如果语调缺

乏情感波动，误判率则高达 45%。

通过温婉柔和的语调和语气，适当的语速及肢体语言等非语言沟通（如微笑、眼神，肢体接触）建立关系的人，比那些单纯依赖物质手段的人际关系亲密度更高。超 70%的受访者表示，更愿意与那些在交流中展现出倾听、共情的人保持稳定长久的交往。

英国伦敦大学关于肢体语言如何影响人际关系的研究表明：开放式肢体语言（如微笑、手臂开放、身体略微前倾）时，86% 的人愿意进一步交往。封闭式肢体语言（如双臂交叉、架二郎腿、身体向后倚靠）时，72% 的人对其生出不信任或疏远感。

人们在交谈中比谈话内容更重要的是沟通中的情感传递。

1. 利用目光表达真诚、自信的态度

达·芬奇说眼睛是灵魂的镜子。人的面部表情可以伪装，但目光却很难伪装，当我们喜欢一个人时，愿意与他目光接触，当不喜欢或厌恶时，一般逃避目光接触。在人际交往中，自然而自信的目光接触，往往能够真实、有效地反映内心世界，使交谈双方感到和谐、愉快，将会谈继续下去。

初次与陌生人交谈，或者是在正式的场合，我们的眼神最适合落在对方的前额和眼角形成的三角地带。社会交往的交谈，可把眼光降低到下三角，即鼻梁到嘴巴所组成的三角区域。一般来说，谈话的双方，往往是谈话的一方比较频繁地将眼神从对方身上移开，正常的眼神接触，永远是间断性地徘徊在看与不看之间，否则会给对方压迫感。

2. 表情恰当，用微笑表达善意

交往中表情扮演着最重要的角色。我们的脸是表达内心思路的第二把交椅，其所提供的信息，仅次于眼睛。脸部表情能反映一个人的内心，但与目光不同的是，表情可以人为控制。在人际交往中，根据交谈内容适当变换表情，在一定程度上也表达出“我在听”“你说的正是我所感兴趣的话题”等潜在含义。

人类具备六种基本表情：快乐、悲伤、惊讶、厌恶、害怕、愤怒。据估计，人的面部有 80 块肌肉，可以产生 7000 多种不同的表情，采取恰当的表情有利于个体幸福和团体密切，而微笑是一种表达友善的身体语言，是交往最美好的钥匙。

3. 注意姿势细节，避免无意识动作流露的消极信息

姿势主要指身体各个部分的行为或动作。身体动作或姿势的发出，有时会无意间流露出消极信息，如手掌向上被认为是友好，属于开放型姿势；手握拳并食指指尖对人，无论如何都会让对方感到不舒服，这是一种侵犯的动作，而且很少有人意识到这个动作会伤害别人的感受；双手交叉抱胸的姿势，大多被认定是不友善且带防御性质；如果脚动个不停，表明此人迫不及待想改变现状。要注意身体动作的整体效应，即姿势。例如，脚踝横放在另一条腿的膝盖上，双手高高地抱着后脑，此姿势传递着这样的信息：我具有绝对的优势。交往时这样的姿势会让交往对象感到不舒服。一般来说，对所重视的人，

我们身体姿势比较拘谨、规范；对熟人，则比较放松。

## 延伸阅读　心理领空

在一个刚刚开门的大阅览室里，当里面只有一位读者时，心理学家就进去拿椅子坐在他的旁边。试验进行了整整80个人次。结果证明，在一个只有两位读者的空旷的阅览室里，没有一个被试者能够忍受一个陌生人紧挨自己坐下。在心理学家坐在他们身边后，大多被试者很快就默默地远离到别处坐下，有人则干脆明确表示："你想干什么？"这个实验说明了人与人之间需要保持一定的空间距离。任何一个人，都需要在自己的周围有一个自己把握的自我空间，它就像一个无形的"气泡"一样为自己"割据"了一定的"领域"，而当这个自我空间被人触犯就会感到不舒服、不安全，甚至恼怒起来。

4. 尊重个人空间，在交往中把握合适尺度

个人空间是围绕个人而存在的有限空间，有限则指适当的距离，不适当的距离会引起不舒服、缺乏保护、激动、紧张、刺激过度、焦虑、评价不当、失掉平衡、交流受阻和自由受限等感觉。爱德华·霍尔（Edward Hall）在1960年首先使用"个人空间"来称呼因这种距离而产生的空间。霍尔博士划分了四种区域或距离，各种距离与关系紧密程度相关。

亲密距离：空间范围在0～0.5米间。这个距离使交往者能够进行身体上的接触，彼此能感受到对方的体温、气息，只限于情感联系十分密切的人，如恋人、夫妻、亲密朋友之间。

个人距离：空间范围在0.5～1.2米间。这个距离是没有身体接触的中介距离，熟人或陌生人都可进入这一范围，但较融洽的熟人间交往时，距离接近上限。

社交距离：空间范围在1.2～3.5米间。通常这个距离表现在正式的社交活动、外交会谈、商务会谈、应聘。

公共距离：空间范围在3.5～8.3米间，是公开演说时演说者与听众间的距离，如演讲、上课。

## 补充阅读　交往中是不是越近就越好呢？

生活中经常说"距离产生美"，俗话说"隔帘看月，隔水看花"反映了"隔"在美感上的重要。叔本华有一段寓言：一群豪猪在一个寒冷的冬天挤在一起取暖，但它们开始互相击刺，于是不得不分散开。可是寒冷又把它们驱赶在一起，于是同样的事故又发生了。最后经过几番的聚散，它们发现最好是彼此保持相当的距离。同样，群居的需要使得人类要经常相聚在一起，只是人们本性中也有令人不快的"刺毛""劣性"（自私）使

得彼此不舒服。人们在交往数次后发现使彼此可以相安的是距离。所以再亲近的人，也应保持一定的距离，包括时间、空间和心理距离。

（二）注意言语表达，做一个会说话的人

1. 如何选择合适的话题

（1）当想要主动发起谈话，又不知如何做时，可选择沟通对象感兴趣的话题。例如，当你与人们谈及他们自己时，他们就会兴致勃勃、激情昂扬，而且会完全着迷，他们对你的好感也就油然而生了。

（2）寻找共同点。双方都感兴趣的话题，是沟通进行的关键。可以利用一些常见的话题，与对方亲近，打开沟通的局面。

（3）选择话题时的注意事项。对于你不知道的事，不要冒充内行；不要向陌生人夸耀你的成绩；不要在公共场合谈论朋友的失败、缺陷和隐私；不要谈容易引起争执的话题；不要到处诉苦和发牢骚，这不是获取同情的正确方法。

2. 选择恰当的表达方式

在说话技巧中，说话内容（话题）自然重要。但是从人际沟通角度来说，会说话更重要。把说什么与怎么说结合起来，这是说话的极致。那么如何恰当地表达呢？

（1）注意说话的具体场合。

（2）说话必须考虑听者的性别、年龄、文化层次和背景等因素。

（3）充分利用说话的时机。

（4）说话时要情理相融，以情动人、以理服人，要真诚并尊重对方。

3. 巧妙地化解冲突

人际交往时，难免有矛盾和冲突，如何巧妙地处理人际关系，重要的就是掌握“非暴力沟通”方式。

非暴力沟通（Nonviolent Communication）由美国心理学家、沟通学家马歇尔·卢森堡（Marshall B. Rosenberg）于20世纪60年代提出。其核心思想是通过“观察、感受、需求、请求”四要素的表达，化解人际冲突，建立真诚的连接，避免语言暴力对关系的伤害。当试图在一次矛盾之后，有效沟通，可以尝试以下做法：

第一步，观察。客观描述所见所闻，不加入主观评判。注意与评判区分。客观观察的例子是“你今天有三次进宿舍的时候没有关门！”避免主观评判，如“你总是这么不负责任，从外面回来总是不管宿舍门！”

第二步，感受。表达内心的情绪体验。坦诚说出自己的情感（如开心、难过、焦虑等），而非指责对方。表达感受：“宿舍门一直开着，来往的人看到我，让我觉得不自在。”不要用指责对方的语言：“你一直这样，让我觉得被忽视。”

第三步，需求。明确自己的核心需求，特别是情绪背后的真实需求（如安全感、尊重、理解等），不要模糊需求。明确需求：“我需要你能认真对待这些小事，能理解我。”

模糊需求："你能不能别总心不在焉？"

第四步，请求。清晰说出希望对方采取的行动，而非命令或抱怨。具体请求："下次你进门时，打开房门后请随手关门。"不要命令式表达："以后不准再不关门了！"

4. 注意语词背后传达的信息

言语形式的多种变化被称为辅助语言，具体包括音调、语气、语速、呼吸等。交往时要注意察觉语气、语调等所包含的信息，如音量大小、音调变化和停顿等。例如，当长久未见的朋友在异国他乡偶遇时，他们的声音响亮、急促、掩盖不住惊喜，表达了一种惊讶而兴奋的心情；而久未谋面的朋友在参加葬礼时见面，谈话的语调缓慢而深沉，表达了一种悲痛而惋惜的情绪。

（1）音调的变化。声音的高低可表达出不同的意义，如陈述一个事实，从头到尾保持平衡的声调；如果后面升高了，那就表示惊讶。

（2）语速。言辞的快慢和性格有关。说话快的人，通常喜欢快刀斩乱麻；说话慢吞吞的人通常有耐心。除去个性方面，语速快通常因为紧张；如果话说得稳妥清楚，那么说话的人通常很自信，至少对内容很自信。完美声音的语速是每分钟不要超过 164 字，每个句子之间的停顿时间大概是 0.48 秒。

（3）声音的强弱控制同样可以表达不同的意思。当生气时，说话的音量会比平时大而强。所以当一个人说话比平时大声的时候，就该警觉这人是否情绪不好了。

## 二、善用交际技巧

1. 学会换位思考

换位思考对建立良好的人际关系很重要。如我们经常用"如果我在他的位置上，我会怎样处理"这样的问句，经常站在对方的角度去理解和处理问题，许多人际冲突就会变得容易解决多了。善于交往的人往往善于发现他人的价值，懂得尊重他人，愿意信任他人，对人宽容，能容忍他人有不同的观点和行为，不斤斤计较他人的过失，在可能的范围内帮助他人而不是指责他人。

2. 善用赞扬和批评

赞扬能释放一个人身上的能量，调动人的积极性。真心真意、适时适度地表达你对别人的赞扬，能够增进彼此的吸引力。感谢作为一类特殊的赞扬方式常常被我们忽视，我们倾向认为特别亲近的人不言谢，太小的事不言谢。事实上，真诚的、发自内心的感谢能够给他人带来极大的成就感和愉悦的心情，进而提高人际交往的质量。

与赞扬相对的是批评。一般情况下，人际交往中应多作赞扬，少用批评。批评时应注意场合与环境，对事不对人，对一个人产生全盘否定会挫伤对方的积极性与自尊心。

3. 主动交往

大学生都需要有丰富的人际关系世界，并在这个世界上帮助与被帮助、同情与被同情、爱与被爱、共享欢乐与承受痛苦。在社会交往中，那些主动发起交往活动，主动去接纳别人的人，总是显得“如鱼得水”。反之，那些不能主动出击的同学，往往在交往中处于被动状态，甚至成为被群体遗忘的“边缘人”。大学生学会主动交往是非常必要的，特别是当面临危机时，主动解释消除误解，对于重新建立良好的人际关系非常重要。

4. 乐于助人

心理学家们发现，以帮助与相互帮助开端的人际关系，不仅良好的第一印象容易确立，而且人与人之间的心理距离可以迅速缩短。因此，在日常生活中经常给予他人帮助不仅能够起到帮助我们树立良好的人际形象的作用，而且可以使我们在交往中迅速获得他们的认可和信赖。

## 实践课堂　　伸出你的手

### 一、项目的理论背景

握手源于古代武士表示休战和友好的动作，已经成为现代社会人际交往和职场交往的正式礼仪。在中国文化背景下的人际交往，崇尚含蓄的表达和平缓的气氛，特别是初次见面很少热情地烘托气氛的举动。从心理学的角度讲，陌生人间的身体接触，特别是内敛、腼腆和高冷等与人交往困难的人群，同他人接触是突破心理障碍的初级手段。较容易地与人接触和较少顾忌地相互接纳，是一个人转向热情、开朗、豁达的必经阶段。

握手是一种沟通思想、交流感情、增进友谊的重要方式。握手的礼仪要求有：

（1）握手时要温柔地注视对方的眼睛。

（2）脊背要挺直，不要弯腰低头。要大方热情，不卑不亢。

（3）长辈或职位高者要先向职位低者伸手。

（4）女士要先向男士伸手。

（5）作为男士，看见漂亮的女孩，就算对女孩有好感，也不能一直握手。

（6）不要用湿手去握对方的手。

（7）握手的力道要适中，轻描淡写或抓住不放都是不礼貌的。

### 二、实施的步骤

（1）30 人或 60 人的班级。全体同学在走廊两侧依次排开，同向相隔 3 米左右，或在校园里一字长蛇围成大圈。

（2）第一名同学走到第二名同学面前，发出握手邀请，双方行握手礼，并轻声问候，交谈 1～2 分钟。

（3）保持间隔 3 位同学的节奏，目的是给第二名以后的同学留出互不干扰的交谈空间和时间。第一名同学继续走到第五名同学面前时，第二名同学走向第三名同学，发出握手邀请，双方行握手礼，并轻声问候、交谈 1～2 分钟。

（4）随后依次进行，每组间保持间隔和节奏。

（5）进行到队伍折返处，调头向走廊对侧队伍的排尾方向进行。

（6）第一名同学全部进行完成后，走回教室，其余同学依次回到教室。

## 三、注意事项

（1）注意队伍行进的速度和节奏，保持队伍匀速进行。

（2）注意提醒说话的声音和控制总体的噪声。

（3）对于过于热烈的同学和腼腆的同学要留意观察和疏导。

（4）不对练习过程进行讲评。

（5）允许个别不够舒展的同学按自己的方式表达。

（6）练习结束后，每位同学都要仔细写出感受和领悟。

## 四、问题讨论

（1）在握手时，体会到对方哪些心理特点？

（2）你在同对方握手时，向对方传递了什么样的信息？

（3）怎样更明确地向对方传递友善的意愿，并保持社交礼仪？

（4）怎样庄重得体地同陌生人沟通交流？

# 第八章 有话好好说

对消极的情绪有一个明确的了解，就可以消除它。

——弗农·霍华德

情绪是个体对外界刺激主观有意识的体验和感受。生活中，我们经历的大事与小事都有情绪体验！高兴时眉开眼笑，伤心时落泪，愤怒时吵架，恐惧时害怕。情绪就像空气对我们的影响一样，我们到哪里都能感受到。情绪能让我们以理智、恰当的方法做事，也能让我们失去理智而做错事。

## 第一节 体 验 情 绪

生活中，我们关注的问题包括工作、友情、家庭及其他关系都有情绪的影子。西尔文·汤姆金斯（Silvan Tomkins）曾经说过，情绪是我们生活的原动力，情绪支配着我们的一切重大决定。我们要好好驾驭自己的生活，就要最大限度地发挥情绪的积极作用，同时尽可能减少其消极作用。

### 一、情绪

情绪是人对客观事物是否符合自己的需要而产生的态度体验，是伴随认识活动而产生的一种心理过程。一般来说，凡是符合、满足人的需要的客观事物，往往使人产生积极，肯定的态度体验，如满意、愉快、喜爱、欣赏等积极情绪体验；反之，不符合或不能满足人的需要的客观事物，就会使人产生消极否定的态度体验，如苦闷、悲伤、憎恨、忧愁、恐惧等。消极情绪和积极情绪都会在人的行为上留下烙印，使人的活动具有某种情调，激发或压抑个人的积极性。当人被消极情绪如抑郁、忧伤、焦虑、厌恶、愤怒等困扰时，其生活最容易遭受打击或损伤。情绪问题一方面导致人的大脑神经活动功能紊乱、认识范围缩小、自制力下降，甚至会产生某些失去理智的行为，问题严重的甚至造成心理障碍和心理疾病；另一方面，情绪问题又会降低人的免疫功能，导致其正常的生理平衡失调，引起身体疾病。

## 相关阅读　路怒症

“路怒”（road rage）是汽车时代普遍的现象。路怒的表现有：怒怼路人或其他的车辆，自行发泄脾气；前面车辆稍慢就不停鸣喇叭或打闪灯；遇到堵车或刮碰就有动手的冲动；故意阻挡其他车辆进入自己所在的车道；开车时和不开车时情绪判若两人。路怒的司机可能是上路前遇到不顺心的事，在路上发泄；也可能是驾驶技术不够熟练，不能经受路人和其他车辆的靠近和自认为的妨碍。总而言之，路怒是种不良情绪。

1. 情绪的成分

人的情绪由主观体验、生理唤醒和外部表情三个部分组成，主观体验是大脑的一种感受状态，是人脑对客观环境和事件的重要反应，这种反应不同于认知活动，它不是对客观事物本身的反应，而是带有主观色彩的反应。

生理唤醒是指在主观体验的支配下，身体的各系统器官所发生的相应生理变化和物理反应，如呼吸急促、心跳加快、肌肉紧张、口干舌燥、四肢发抖等。

人的情绪是通过面部肌肉、骨骼肌肉系统的活动来表达的。内在情绪的外部表现称为表情。表情分为面部表情、姿态表情和语调表情。面部表情是指通过眼部肌肉、颜面肌肉和口部肌肉的变化来表现各种情绪状态。姿态表情可分成身体表情和手势表情两种。身体表情是表达情绪的方式之一。人在不同的情绪状态下，身体姿态会发生不同的变化；手势常常是表达情绪的一种重要形式。手势通常和语言一起使用。表达赞成还是反对、接纳还是拒绝、喜欢还是厌恶等态度和思想。语音、语调表情也是表达情绪的重要形式，如朗朗笑声表达了愉快的情绪，呻吟表达了痛苦的情绪。

2. 情绪影响认知

情绪能影响认知操作的效果，其影响效应取决于情绪的性质及强度。中等唤醒水平的愉快和兴趣为认知活动提供最佳的情绪背景。愉快强度与操作效果曲线呈倒“U”形，也称耶克斯-多德森曲线，过低或过度的愉快唤醒均不利于认知操作。对负性情绪来说，痛苦、恐惧的强度与操作效果呈直线相关，情绪强度越大，操作效果越差。由于愤怒情绪具有自信度较强的性质和指向于外的倾向，中等强度的愤怒一旦爆发出来，有可能组织个体投身于任务中，从而获得较好的操作效果。

当人处在良好的情绪状态时，回忆带有愉快情绪色彩的材料较容易；如果识记材料在某种情绪状态下被记忆，那么在同样的情绪状态下，这些材料更容易被回忆出来。这说明情绪具有一种干预记忆效果的作用，使记忆的内容根据情绪性质进行归类。当人处在积极、乐观的情绪状态时，倾向于注意事物美好的一面，态度和善，乐于助人，并勇于承担重任。消极情绪状态则使人产生悲观意识，失去希望与追求，也更易产生攻击性。

## 相关阅读　面部表情

面部表情、姿态表情和语调表情为“体语”，是人类的非言语交往形式。有时往往从人的脸色、手势、动作、语调中就能知道对方的意图和情绪。

面部表情是情绪表情最直接的表现方式，依据眼部肌肉、颜面肌肉和口部肌肉的变化来准确判断情绪状态。保罗·艾克曼（Poul Ekman）的实验证明，人脸的不同部位具有不同的表情作用。例如，眼睛对表达忧伤最重要，口部对表达快乐与厌恶最重要，而前额能提供惊奇的信号，眼睛、嘴和前额等对表达愤怒情绪很重要。

在任意面部位置出现的面部信号，它们所传达的情绪信息包括恐惧、惊讶、悲伤、快乐、愤怒、厌恶的情绪信号，以及这几种情绪信号的混合。有研究结果表明，愉快、感兴趣和有吸引力等正情绪增加面部肌肉活动；而发怒，沮丧和恐惧等负情绪主要是前额区和眉间的活动。如人生气时，表情是下巴咬紧、下眼皮紧绷、用力抿嘴唇、眉毛下拉并挤作一团。抑郁时面部表情呈现出悲伤、恐惧或者是悲惧交加；焦虑时面部呈现恐惧；欢快时面部则呈现出快乐和激动。

人的眼睛通过不同的眼神表达不同的情绪状态。例如，开心就会“眉开眼笑”，气愤就会“怒目而视”，恐惧就会“目瞪口呆”，悲伤就会“两眼无光”。有时透过人的眼神可以了解他的内心思想和愿望，推断他的态度：是赞成还是反对、是接受还是拒绝、是喜欢还是不喜欢、是真诚还是虚假等。

口部肌肉的变化也能传递情绪状态。例如，“咬牙切齿”表达憎恨，“张口结舌”表达紧张。

### 二、情绪的养成

1. 基本情绪

我国古代名著《礼记》将情绪分为喜、怒、哀、惧、爱、恶、欲。《白虎通》将情绪分为喜、怒、哀、乐、爱、恶。近代心理学将情绪分为基本情绪与复合情绪。基本情绪是先天预成，并具有分别独立的外显表情、内部体验、生理神经机制和适应功能。

伊扎德（C.E.Izard）用因素分析的方法，提出人类 8 到 11 种基本情绪：兴趣、惊奇、痛苦、厌恶、愉快、愤怒、恐惧、悲伤、害羞、轻蔑和自罪感。

汤姆金斯假定存在八种原始的情绪：兴趣、欢乐、惊奇、痛苦、恐惧、羞愧、轻蔑、愤怒，并假定每种情绪都是在某种先天性的皮层下神经（丘脑）的控制下出现的一种面部肌肉反应，因而有相应的面部表情模式。

撷取众多心理学家的观点，基本情绪有快乐、愤怒、悲哀、恐惧。

复合情绪通常是基本情绪的混合，也有基本情绪与内驱力的混合，还有基本情绪与认知的结合。随着年龄的增长和经历的丰富，个体更多的是复合情绪。

## 课堂练习

说出 10 个描述情绪的词汇。

（1）请准备一张白纸。

（2）在白纸上写出你能想到的描述情绪的词汇。

（3）区分所列的情绪词汇是正性的，还是负性的，并予以说明。

2. 情绪的学习与发育

婴幼儿在面临陌生的不确定情境时，往往从成人面孔上搜寻表情信息（鼓励或阻止的表情），然后采取行动（趋近或退缩）的现象，被称作情绪的社会性参照作用。

伊扎德详细地描述了个体从出生到 6 岁间情绪的发育变化，以及家长的应对策略。温尼科特（Donald W. Winnicott）的实验表明，快乐的婴儿同抑郁的母亲相处一个多小时后，婴儿的面部表情也无限接近母亲的样子。

海因茨·科胡特（Heinz Kohut）提出：养育者在与婴儿的互动中，养育者的情感内化到婴儿的心理信息处理系统中，成为婴儿今后无意识判断他人情绪的依据。

## 第二节 觉 察 情 绪

纪伯伦（Kahlil Gibran）说："悲伤在你心中切割得愈深，你便能容纳更多的快乐。"个体只有在发育中自由地体验情绪，才能感受情绪的流畅。如果我们避免负面的情绪体验，也就不能对比正面的情绪体验。个体在父母身上和家庭生活中观察及体会到情绪的种类和表现，养成完整的情绪系统，能够在日后的生活中觉察和识别自身的情绪状态和情绪体验。

### 一、体察情绪

我现在有什么情绪？我处在什么样的情绪中？丹尼尔·戈尔曼（Daniel Goleman）认为："情绪意指情感及其独特的思想、心理和生理状态，以及一系列行动的倾向。"当人们处于某种情绪状态时，情绪改变我们看待世界和判断他人行为的方式，也左右我们的生活。个体处于高兴状态时，会"春风得意马蹄疾，一日看尽长安花"；当个体处于洒脱豪迈状态时，会"仰天大笑出门去，我辈岂是蓬蒿人"。

1. 情绪的强度

罗伯特·普拉切克（Robert Plutchik）提出情绪具有强度、相似性和两极性三个维量。她认为所有情绪都表现出强度的不同。愤怒的情绪在强度上的变化有强度高的狂怒，强度低的生气；任何情绪与其他情绪都有着相似之处，如憎恨与愤怒比厌恶与惊奇更为相似；任何情绪都有相对立的两极，如憎恨与接受，愉快与悲伤。

情绪是自己真实的感受，情绪虽然有积极和消极的并不科学的分法，但没有嫌弃和拒绝的理由。尊重自己的情绪，街上流行“莫生气”的貌似引人向上的劝诫，事实上生气是人的正常反应和必备机能。我们需要的是觉察自己的“生气”状态和生气的原因，特别是及时疏导眼前的情绪。从心理健康角度看，情绪的调整是不暴跳如雷，不狂怒。

2. 情绪的时间维度

激情是一种强烈的、短暂的情绪存在形式。激情常常是由意外事件或对立意向冲突所引起的。激情有明显的外部表现，《说岳全传》中有笑死牛皋，《三国演义》中有气死周瑜。在激情状态下，个体会出现意识狭窄的现象。

相对于爆发式的激情，心境是一种微弱的、延续的情绪存在形式。心境不是关于特定事件的体验，可以由季节、天气引起，如“梧桐更兼细雨”；也可以由情境、回忆引发，如“执手相看泪眼，竟无语凝噎”。

## 课堂练习

在练习的初期，每天一次（或隔三差五）检视自己的情绪，问自己四个问题：

（1）我有没有不开心？

（2）我的不开心处理了吗？

（3）处理了之后，轻松了吗？

（4）我在处理不开心时，伤害了他人吗？

## 二、反思情绪

我为什么会有这种情绪？找出情绪困扰的原因，我们才可能知道这样的反应是否正常；找出引发情绪的原因，我们才能管理和控制情绪。情绪是伴随人的观念产生的，情绪的困扰往往是由于观念不合理。当人的观念不合理时，必然出现无法排解的情绪困扰。

假如学生上课迟到半小时，老师会不会发怒？那么学生上课迟到的后果有多严重？如果老师觉得很严重，就会出现情绪波动。假如学生进教室时没有敲门，老师会不会发怒？如果老师认为自己有教化顽劣之责，就会中止教学活动，置全体学生的平静心情于不顾，以迟到或未敲门的学生为活生生的靶子，进行训斥。如果老师认为学生来学校就是接受训练和学习规则的过程，就会和颜悦色地对待学生。

情绪认知理论（cognitive theory of emotion）主张情绪产生于对刺激情境或事物的评价的理论。刺激情景不直接决定情绪的性质，从刺激出现到情绪的产生，要经过对刺激的估量和评价。情绪产生的基本过程是刺激情景——评估——情绪。刺激情景相同，评估不同，情绪反应不同。评估“有利”，产生肯定的情绪体验；评估“有害”，产生否定的情绪体验。斯坦利·沙赫特提出对于特定的情绪，有两个因素是必不可少的。第一，个体必须体验到高度的生理唤醒，如心率加快、手出汗、呼吸急促等；第二，个体必须对生理状态的变化进行认知的唤醒。情绪状态是由认知过程（期望）、生理状态和环境因素在大脑皮层中整合的结果。环境中的刺激因素，通过感受器向大脑皮层输入外界信息；生理因素通过内部器官、骨骼肌的活动，向大脑输入生理状态变化的信息；认知过程是对过去经验的回忆和对当前情境的评估。来自这三个方面的信息经过大脑皮层的整合作用，才产生了某种情绪体验。情绪管理就是人不仅接受环境中的刺激事件对自己的影响，同时要调节自己对于刺激的反应。当人们了解刺激情境或事物的意义，才可能选择适当的、有价值的动作组合。

**延伸阅读**

## 不合理信念

阿尔伯特·艾利斯（Albert Ellis）认为，正是由于我们常有的一些不合理的信念才使我们产生情绪困扰。艾利斯认为人的情绪不是由某一诱发性事件的本身所引起，而是由经历了这一事件的人对这一事件的解释和评价所引起的。在 ABC 理论模式中，A 是指诱发事件；B 是指个体在遇到诱发事件之后相应而生的信念，即他对这一事件的看法、解释和评价；C 是指特定情景下，个体的情绪及行为的结果。人的情绪行为不是直接由诱发事件 A 引起的，而是由人们对诱发事件所持的信念、看法、解释 B 引起。

### 三、培养情绪

情绪是人的正常心理现象。健康的个体，应该经历完整的情绪体验。不良的情绪体验对于社会交往的局面，对于自身的身心健康具有极大的破坏作用。人们善良的愿望是避免不良的情绪体验，更多地保持心情平静。但世俗生活中的个体，不可能不经历情绪的扰乱。调控情绪的要义是尽量不发作强烈的情绪和短时间内恢复平静的心情。

1990 年，约翰·梅耶（John Mayer）和彼得·萨洛维（Peter Salovey）提出培养情绪。婴幼儿期，在同父母的交流中模仿情绪的种类、体验情绪的状态。成年后，个体还可以通过修身养性来寻求并习得内心的平静。

1. 表情养成法

中国历史上的“色难”，说的就是一个人很难始终保持和颜悦色。《论语·为政》中子夏问孝，子曰：“色难。有事，弟子服其劳，有酒食，先生馔。曾是以为孝乎？”孔子认为做到“服其劳、先生馔”是形式上的。子女孝顺父母的最高境界是和颜悦色。《礼记·祭义》中说：“孝子之有深爱者，必有和气；有和气者，必有愉色；有愉色者，必有婉容。”

表情修养情绪的做法是装扮好的情绪体验中的表情，经过肌肉和内分泌的塑形，个体会体验到良好情绪的感受。情绪有了好转之后，情绪的外在表现也会出现变化。反之表情好转之后，人的内心也会保持宁静的状态。

2. 尊重情绪

正念（mindfulness）源于佛教的禅修方式。心理健康借以调节和改善情绪，并加以系统化。卡巴金（Kabat-Zinn）的定义是：正念是以特定方式保持专注，刻意在当下，不作任何评判。基于正念理念的练习方法有正念瑜伽、正念冥想、正念太极拳等。

正念是在静坐内观中，体察沮丧、颓废、消沉等心理状态，在开放、接纳、不加判断的觉察中避免持续沉浸在某种不良的情绪状态。

情绪是个体对一件事的看法和体验。正念意味着全然感受生命，对每一种体验都充满好奇心和勇气。

正念能提高个体对自己情绪状态的觉察，能够区分自身情绪的类别，以及平复和恢复情绪，还可以储备中正平和的情绪状态。

一个人不再隔离、否认和排斥自己的情绪，能够开放地接纳任何自身的情绪，并加以体验和确认，是成熟的标志和趋向更加健康的态度。

### 四、情绪风格

理查德·戴维森（Richard Davidson）提出情绪风格（emotional style），认为调适情绪风格的维度可以改变个体的认知机能、人际交往的状态等。从神经进化的角度讲，人的情绪风格是大脑的三个层级，最基层的爬行类脑（reptilian-brain）、中层的哺乳类脑（mammalian-brain）和顶层的新皮质（neocortex）交互影响。其中哺乳类脑及边缘系统的主要机能是处理各种基本的情绪，如恐惧、嫉妒、愤怒、同情等。

不同脑区特别是新皮质的左右两个前额叶的互动和平衡制约的产物，构筑情绪风格及其六个基础维度，包括：

情绪调整能力：你从挫折中恢复的能力是快还是慢？

生活态度：你的积极情绪能否持久？

社交直觉：你是否善于从周边的人获取社交信号？

自我觉察能力：你的感受是否敏锐，易于觉察到自己的情绪？

情境敏感性：你是否善于根据所处情境来调整情绪反应？

专注力：你容易集中还是分散自己的注意力？

基于神经进化和解剖的情绪风格，我们探索出更多的情绪发育和修复方向，个体对情绪的关注和平时的训练是促进心理健康的必要内容。

## 第三节　疏　导　情　绪

情绪疏导可以是情绪的自然流露，也可以是个体有意地释放，都能够缓解情绪，清理积累的不良情绪。

## 一、情绪表达

情绪表达可以是躯体表达、行为表达，也可以是语言表达、象征性表达。

适度宣泄是把委屈的、义愤的事情，坦率地说出来，以消怒气的制怒方法。雅克·希拉尔（Jaques Rillaer）说："愤怒是一种内心不快的反应，它是由感到不公和无法接受的挫折引起的。"压抑愤怒可能会让人变得更敏感易怒，还会引起身体和心理的机能障碍。只要不是采取过于极端的方式，发泄愤怒对人的身心健康是有好处的。

愤怒是人类的正常情绪，以短暂的愤怒对事件做出反应的人，会更好地适应环境。人们不敢表达愤怒可能源于其不自信和不安全感，想要表现得文质彬彬，胸有城府而羞于表达愤怒。在"忍一时风平浪静，退一步海阔天空"的文化劝诫下，人们掩饰了自己的真实情绪。

在中国的传统文化下，人们总是告诫不许哭，特别是"男儿有泪不轻弹"。当人们遭遇悲伤事件，极度恐慌惊吓，或欣喜欢乐，哭泣可以让心情平静下来。

### 补充阅读　累积效应

如果你在淋浴前，用手试过水温且适度后，再安心地站到蓬头下，会发觉水温过热或过凉。道理是用手试水温时，接触水的面积较小，待人站到蓬头下，接触水的面积会增加几倍甚至十几倍。由于皮肤下大量温觉感受器同时向大脑传递信号，大脑会因信息量的增大而误判为是水温的骤升或速降。这种现象称为累积效应（cumulative effect）。在时间维度上，累积效应的物理学解释是某种外力因素长期作用于同一物体，被作用的物体就会产生性状上的变化。比如，绳锯木断，水滴石穿。在空间维度上，累积效应的心理学解释是指感觉的强度随刺激量的增大而提高的现象。

常有人说，穷人气大，富人量大，这个表述不准确。在情绪的品质上，穷人或富人并无根本差异。在遭遇同样一件事情时，"穷人气大"是指有的人可能会大发雷霆，原因不是穷，可能是其长期处于无望无助的生活重压之下，负性情绪日积月累地积攒到一定程度导致崩溃。"富人量大"是指有些人多数时候处于心平气和乃至心满意足的情境下，偶尔遇上不顺心的事，也能自行化解，不会太大和太久地干扰自己的心情和生活。事实表明，长期处于应激状态下的个体，已经不能觉察自身的恶劣情绪，任何微弱的累加都会成为压垮骆驼的最后一根稻草。

## 二、清理情绪

伊扎德的情绪理论主要基于 5 个假设：

（1）情绪系统是有动机的。

（2）每种独立的情绪都会为了适应、应对和创造将知觉、认知和行为组织起来。

（3）情绪和行为之间的关系在儿童早期就发展起来了，而且会相对保持稳定，尽管特定的反应技能会得到进一步的发展。

（4）情绪的发展有助于人格的发展。

（5）独特的人格特质和维度，都源于个体在情绪激活阈限和特定情绪体验上的差异。

从发展的角度或平行旁观的角度，伊扎德讲述的情绪机能毋庸置疑。从回顾的角度看个体的情绪发育和情绪现状，清理个体身上累积的，未经处理，遭遇创伤时下意识隔离或否认的情绪，让自己从创伤情绪中解脱出来，回归平静，是有利于健康的。处理心中累积的情绪，很像是清理房间的积尘，可以神清气爽。

佛教中有贪嗔痴三毒。个体要消除痛苦，就必须消除贪嗔痴。化解贪嗔痴的最好方法是戒定慧，也可以借鉴为清理自身累积情绪的目的和方向。

近年来，在心理健康的救助和训练中，经常使用眼动脱敏及蝴蝶拍的做法。

1991 年，弗朗辛 • 夏皮罗（Francine Shapiro）将 1987 年提出的眼动脱敏（EMD）发展出眼动脱敏与再加工（EMDR）。

夏皮罗依照身心一体的原理，从神经生理机制的牵动，触发心理活跃的唤醒，来帮助应对危机创伤的闪回，减轻或缓解童年创伤的痛苦情绪。

眼动脱敏与再加工建构了快速处理信息的模式，帮助患者迅速降低焦虑，唤起患者对内在的洞察，诱导轻松的情绪状态，以及观念转变和行为改变，达到灵活的人际交往的改变。

从神经生理的角度考察，眼动可分为不随意的和随意的，不随意的眼动受自主神经系统调控，随意的眼动中有意念调控的成分。不随意的眼动有微跳、漂移、生理震颤等，随意的眼动有眼跳和追踪等。个体在应激状态下，会出现木讷、呆滞、隔离外界信息的症状，甚至自主神经系统调控微跳、漂移、生理震颤等也出现减弱的现象。同时视觉的信息传导是交叉传递。如果能双侧调动最容易活动的眼动，则恢复自主神经系统的活跃，进而触动感知神经系统的活跃，则可促进情绪等各个系统的正常运作。

眼动脱敏与再加工适用应激状态的处理，对于骤然降临的重大灾难和突如其来的刺激带来的生理短路式的呆滞，通过生理唤醒达到心理恢复很有效果。

1998 年，墨西哥心理学家在救助飓风中的幸存者时探索出来的，因动作形似蝴蝶扇动翅膀，故称“蝴蝶拍”。蝴蝶拍的简易做法是：双臂在胸前交叉，双手轻搭对侧的肩膀后，轮流轻拍自己的臂膀，轻拍 4～12 轮为一组。停下来，长长呼气，体验松弛的感觉。中途可以变换左右交叠的顺序。如果出现干扰或情绪起伏，则专注松弛的感受。每次拍自己 3～5 分钟，也可根据自身的情况拍 20 分钟，达到惬意舒适的状态。蝴蝶拍像一个人拥抱自己，激活副交感神经，降低应激反应。平时的蝴蝶拍用于自身的保健和平复情绪，缓解疲劳，臻于内心平和。

## 扩展阅读 情绪能力

情绪能力包括情绪表达、情绪认知及情绪调节三个方面。情绪表达能力，指经常表达积极情绪、较少表达消极情绪的能力；情绪认知能力，指正确分辨他人的情绪和导致这些情绪原因的能力；情绪调节能力，指把情绪唤醒的体验和情绪表达的强度调节到恰当水平，以便成功实现个人目标的能力。

心理学的研究发现，经常表达积极情绪、很少愤怒或伤心的孩子，更容易得到老师的表扬和喜欢，同伴关系也会更好；情绪识别和理解能力较强的孩子，老师对他们的社会能力的评价会较高，他们也能轻松地与同学建立积极关系；而在调节情绪方面有困难的孩子，经常会被同伴拒绝，并且容易出现过分冲动、缺乏自控、攻击行为，甚至焦虑、抑郁和社交退缩等适应问题。

丹尼尔·戈尔曼指出：“如果不能管理自己的负面情绪，如果不能推己及人并拥有有效的人际交往，就不可能走得很远。”

埃尔默·盖茨（Elmer Gates）的实验结果显示，当一个人心平气和时呼出的水汽冷凝成水后，水是澄清透明、无杂质的；悲痛时呼出的水汽冷凝后则有白色沉淀物；悔恨时呼出的水汽沉淀物为乳白色；而生气时呼出的“生气水”的沉淀物为紫色。而把“生气水”注射到大白鼠身上，几十分钟后，大白鼠就死了。

研究表明：人生气 10 分钟会耗费大量精力，其程度不亚于参加一次 3000 米的赛跑；而且生气时的生理反应也十分剧烈，分泌物比其他任何情绪状态下的分泌物都复杂，且更具毒性。

情绪表达方式不同，行为表现不一样。学会合理表达情绪，减少情绪带来的危害，尤其是负性情绪表达不良很容易伤人伤己。伤人导致矛盾冲突产生不可预知的后果，伤己容易导致呼吸系统、循环系统、消化系统、内分泌系统和神经系统失调，身体出现各种疾病。

## 实践课堂 体察情绪

### 一、项目的理论背景

丹尼尔·戈尔曼出版了《情商：为什么情商比智商更重要》一书，被誉为“情商之父”。

丹尼尔·戈尔曼接受了萨洛维（P.Salovery）的观点，认为情感智商包含：① 了解自我，监视情绪时时刻刻的变化，能够察觉某种情绪的出现，观察和审视自己的内心体验，它是情感智商的核心，只有认识自己，才能成为自己生活的主宰；② 自我管理，调控自己的情绪，使之适时适度地表现出来，即能调控自己；③ 自我激励，能够依据活动的某种目标，调动、指挥情绪的能力，它能够使人走出生命的低潮，重新出发；④ 识别他人的情绪，能够通过细微的社会信号、敏感地感受到他人的需求与欲望，是认知他人的情绪，与他人正常交往，实现顺利沟通的基础；⑤ 处理人际关系，调控自己与他人情绪反应的技巧。

情商高的人具有的特点：① 社交能力强，外向而愉快，不易陷入恐惧或伤感；② 对事业较投入；③ 为人正直，富于同情心；④ 情感生活较丰富但不逾矩，无论是独处还是与许多人在一起时都能怡然自得。

人的情商和童年时期的教育培养有着密切的关系。

**二、实施步骤**

四个人为一个小组。每人准备好一张白纸和一支笔。按下列顺序，逐项回答问题。每回答完一道题后，四位同学相互交流，在小组内宣读自己书写的内容。

1. 当我快乐的时候

（1）事物比拟，我像（鸟类）——

例如，当我快乐的时候，我像一只欢快的小鸟。

（2）完成语句：当我快乐的时候，

我感觉——

我需要——

我害怕——

不要以为——

我悄悄地我——

（四位同学相互交流，在小组内宣读自己书写的内容）

2. 当我愤怒的时候

（1）事物比拟，我像（动物）——

（2）完成语句：当我愤怒的时候，

我感觉——

我需要——

我害怕——

不要以为——

我悄悄地我——

（四位同学相互交流，在小组内宣读自己书写的内容）

3. 当我悲伤的时候

（1）事物比拟，我像（植物）——

（2）完成语句：当我悲伤的时候，

我感觉——

我需要

我害怕——

不要以为——

我悄悄地我——

（四位同学相互交流，在小组内宣读自己书写的内容）

4. 当我兴奋的时候

（1）事物比拟，我像（自然物）——

（2）完成语句：当我兴奋的时候，

我感觉——

我需要——

我害怕——

不要以为——

我悄悄地我——

（四位同学相互交流，在小组内宣读自己书写的内容）

## 三、注意事项

（1）深入专注自己的情绪感受。

（2）细致感受别人的情绪体验。

（3）辨别自己的情绪感受同别人的情绪体验的不同。

## 四、问题讨论

（1）个体的情绪是否受先天神经类型的影响。

（2）出生后的经历对个体的情绪发生和情绪表达有什么影响。

# 第九章 家庭的传承与超越

> 你将拥有的家庭比你出身的那个家庭重要。
>
> ——戴维·赫伯特·劳伦斯

每个人都是在一定文化背景的家庭中成长的。自然每个家庭都在成员的身上留下了痕迹。家庭的氛围和父母养育方式越来越受到专家和社会的关注。

原生家庭是指个体生活成长的家庭环境，是由个体的父母组建的，为个体的发育提供了安全温暖的成长条件。在原生家庭，幼小的孩童得到了呵护、滋养和包容。同时，不同的家庭也会因秉承的家训和育儿理念，以爱的名义施加束缚和伤害。个体在父母身上沿袭或在原生家庭耳濡目染地习得了思维习惯、情绪反应模式和行为倾向，甚至择偶的取向和婚姻模式。所以，我们总是不自觉地选择自己熟悉的言谈举止，或者下意识地对事件做出反应。

## 第一节 家庭心理谱系

为了更明确地了解自己的家庭，更清晰地体察自己的心理特征，我们先画一下自己的家庭谱系。

请同学们准备好一张大一点的纸（A4）。

首先将纸上下分成三段，每一段为同一辈的位置空间。以方格代表男性，以圆圈代表女性。一般画出三代（四代更好）的家庭成员关系图。莫妮卡·麦戈德里克（Monica McGoldrick）和兰迪·格尔森（Randy Gerson）和苏文丽·佩特里（Sueli Petry）设计了典型的家庭成员关系图。

### 一、家庭成员的自然状况

（1）在中段画出父亲、母亲。写出父亲、母亲的名字、出生年、现在年龄、省籍或出生地、职业等信息。

（2）在上段画出祖父母、外祖父母。写出祖父母、外祖父母的名字、出生年、现在年龄、省籍或出生地、职业等信息。

（3）在中段画出父亲、母亲的兄弟姐妹。写出他（她）们的名字、出生年、现在年龄（如已过世，写出过世的年龄，并在方格或圆圈内打×）、省籍或出生地、职业等信息。

（4）在下段画出自己。写出自己的名字、出生年、现在年龄。若有兄弟姐妹，写出他（她）们的名字、出生年、现在年龄。

家庭心理谱系示意图如图 9-1 所示。

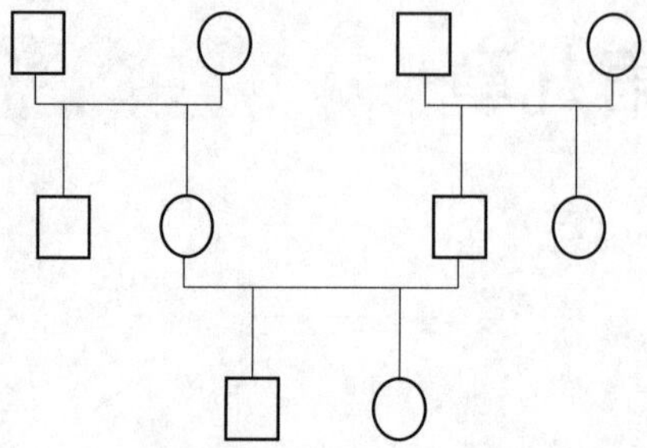

图 9–1　家庭心理谱系示意图

## 二、家庭成员的心理特点

（1）在中段写出父亲、母亲的教育程度、嗜好（与酗酒和吸毒的任何问题）或兴趣（信仰）等。写出你所知或所了解的父亲、母亲的心理特征（健谈或少语等，只写出自己的感受，没有对错）。

（2）在上段写出祖父母、外祖父母的教育程度、嗜好或兴趣（信仰），以及你所了解的心理特征。

（3）在中段写出父亲、母亲的兄弟姐妹的教育程度、嗜好或兴趣（信仰），以及你所了解的心理特征。

（4）在下段写出自己的嗜好或兴趣（信仰）、心理特征。

## 三、家庭成员间的相互关系

（1）在中段写出父亲和母亲的结婚年份、关系状况。画家庭成员间的关系线时，如果某两人之间，有不止一种明显的关系，则同时加上第二种关系线。

亲密的 ═══　疏远的 ≡≡≡　冷漠的 -·-·-·-　羁绊的 =::=::=

冲突的 ═══　分开的 ⟷

如果已离异或分居，请写上年份。

（2）在中段与上段写出父亲和母亲与他们的父母及兄弟姐妹的关系。

（3）在中段与下段写出父亲和母亲同他们的子女及下一辈之间的关系。如果同辈中有夭折、流产或堕胎，也依序排入，写出你所知道有关他们的任何事实，如日期、名字、性别等。

画出在此时刻下家庭成员间的关系线，如果某两人之间，有不止一种明显的关系，则同时加上第二种关系线。

## 补充阅读　出五服

古代五服分为地域五服、着装五服、丧葬五服和宗亲五服。

（1）地域五服是指以国家的首都为中心点，由近及远将地域划成五个范围。周朝时以王畿为中心，由近及远，五百里为一区划，分为甸服、侯服、绥服、要服、荒服，合称五服。

（2）着装五服是以服饰区别天子、诸侯、卿、大夫、士的身份。西晋时把“五服”作为判断是否构成犯罪及衡量罪行轻重的标准，这就是“准五服以制罪”原则。

（3）丧葬五服是礼经上所记的一套丧服制度规定，血缘关系亲疏不同的亲属，服丧的服制不同。由亲至疏依次是：斩衰、齐衰、大功、小功、缌麻。九族以外的族人不再服丧，是谓“出五服”。

（4）宗亲五服是指以自身为坐标，上溯高祖、曾祖、祖父、父亲，下延儿子、孙子、曾孙、玄孙，亦为九族。出五服的同姓之间可以通婚。

也有人认为五代算一服，出五服要二十五代。

八辈祖宗指鼻祖、远祖、太祖、烈祖、天祖、高祖、曾祖、祖父及父母，其说法是：同祖的族人，以一辈为一服，总计八辈，以外为出五服。

现代社会以开放和流动为主要的生活方式，婚姻形式大多是核心家庭，四世同堂的家族聚居的情形越来越少，亲属间的关系也逐渐淡化。同时，子女数量的减少，宗亲之间的联系不如以往密切。

## 四、家庭的变故对你的影响

（1）回想你 18 岁（上大学）之前的心情，并依当时你对每位家庭成员的记忆，写出你对他们印象中的人格特点（每个人二至三个正向的人格形容词，以及二至三个负向的人格形容词。不用考虑是否准确，只要写出自己当时的感受）。

（2）找出你在 18 岁（上大学）之前，家里发生的重大变故，如创伤或重大疾病、经济拮据、父母离异。

（3）画出在家庭的变故时，每位家庭成员的“应对方式”。如果某位成员不止一种应对方式，可以加上第二种。

注：在大部分的情况下，我们不可能知道所有的信息。当你无法询问亲人或以其他方式取得实际的情况时，你可以“猜测”与“想象”，看看最可能的情况是什么。比如，你不知道父母结婚的日期，你就想象一下，可能会是哪一年。这样的“猜测”与“想象”也是有意义的。

制作家庭谱系图，可以更好地理解个体的行为、情感和处事方式同家庭的状况和历史的联系。

## 五、分享与讨论

建议由两位成员轮流向对方呈现自己的家庭图，并介绍自己在画的过程中的触动与感悟，然后由对方以支持与好奇的心态询问，欣赏他的成长过程，并协助他找出资源。

注：如果当事人对自己的家谱图有顾忌，不愿意同他人分享，可以保守自己的秘密，这一点必须在分享前向学生讲解。同时，向学生说明，可以同老师分享，或者下课后，

画更为全面的家谱图。

从心理健康的开放性上讲，肯同他人分享，特别是同专业人士分享自己的经历是放松自己的重要步骤，也是清理自己问题的开始。

## 第二节　原生家庭对子女的影响

家庭是每个人最初的生活场所，心理的发育也是首先从家庭开始。从事学前教育的心理学家认为家庭的氛围、父母的养育方式、家庭的生活方式等因素都对家庭成员产生影响。

### 一、养育方式

养育方式是父母与儿童言语或非言语沟通的方式，这种沟通方式使父母和儿童之间建立起某种亲和的关系。1978 年，戴安娜·鲍姆林德（Diana Baumrind）提出了家庭养育方式的两个维度，即要求性和反应性。要求性指的是家长是否对孩子的行为建立适当的标准，并坚持要求孩子去达到这些标准。反应性指的是对孩子和蔼接受的程度及对孩子需求的敏感程度。根据这两个维度的不同组合，可以形成四种教养方式：民主型、专制型、溺爱型和忽视型。每种教养方式都包含三个方面：联系、责任感和自主性。

民主型的养育方式下，子女在儿童期表现为情绪愉悦，性格活泼；女孩子独立自主能力强，男孩子友善合作性高；高水平的自尊和自我控制能力；在青少年期表现为高自尊；高社会和道德意识；学业成就高；人际关系和谐。

专制型的养育方式下，子女在儿童期表现为焦虑、退缩和抑郁；男孩子易怒并伴随攻击性，女孩子依赖性强，面对挑战采取回避的态度。在青少年期表现为自我调整和适应略差；学业成绩中等，在校表现较好。

溺爱型的养育方式下，子女在儿童期表现出冲动、反抗和叛逆；对成人既苛刻又依赖；责任心差，做事容易半途而废；同伴间合作意识差。在青少年期表现为学业成绩和自我控制能力很差；容易沉迷网游、犯罪、吸毒。

忽视型的养育方式下，子女在儿童期表现出依恋行为，认知、游戏、情感和社交能力存在缺陷，攻击性强。在青少年期表现出为人冷漠、孤僻，不爱交谈；低劣的自我控制能力和学业成绩；容易误入歧途，如沉迷网游、犯罪、吸毒。

托马斯·哈里斯认为家庭养育方式对个体的自尊和人际交往等产生影响，在《我好，你也好》一书中，将不同的养育方式导致的人际交往类型分为四种：① 我不行，你行；② 我不行，你也不行；③ 我行，你不行；④ 我行，你也行。可见，“我行，你也行”是健康的自我评价和独立的人格。“我不行，你行”是低自尊和退缩行为，放弃竞争。“我不行，你也不行”更是悲观消极，自己不努力，也见不得别人出成绩的。“我行，你不行”表面上是充满自信、积极向上的生活态度，实则带有自恋的成分和倾向。

现如今独生子女居多，家庭中采用自由放任型的教养方式占很大的比重。过度的溺爱迟滞了子女的心理发展和人格独立，过度的保护剥夺了子女的幸福感。所以有人呼吁：妈妈，请不要用爱灼烧了孩子，或者调侃为如何将你的孩子养出心理疾病？

## 相关阅读　哈洛的依恋实验

依恋一直被认为是对于获得营养物质的一种回报：我们爱我们的母亲是因为我们爱她们的奶水。赫尔（Clark Hull）和斯彭斯（Kenneth Spence）也说过，人类的依恋是基于需求减降论（drivereduction）。饥饿是我们首先需要减降的需求，其次是饥渴和性。哈利·弗利德里克·哈洛（Harlow Harry Frederick）对猴子社会行为的研究提出了新的理解。

哈洛将刚出生的猴子从它们母亲身边带走，把金属或布做成的代母给它们。结果他发现小猴子对盖在笼子地板上的绒布产生了极大的依恋。它们躺在上面，用自己的小爪子紧紧地抓着绒布。当他把奶瓶从小猴子的嘴边拿走的时候，猴宝宝只是吧唧吧唧嘴唇，或者用爪子擦去它们毛茸茸的下巴上滴落的奶水。但当哈洛把毛巾拿走的时候，猴宝宝就开始尖叫，在笼子里滚来滚去。这就像人类的婴儿喜欢破毯子和填充熊玩具。小猴子为什么喜欢这些毛巾呢？

哈洛用铁丝做了一个代母，它胸前有一个可以提供奶水的装置，是有着无限耐心、可以 24 小时提供奶水的母亲；又用绒布做了一个代母，是一个柔软、温暖的母亲。当把一群恒河猴宝宝和两个代母关在笼子里，令人惊讶的事情发生了。在几天之内，猴宝宝把对猴妈妈的依恋转向了用绒布做成的那个代母。由于绒布代母不能提供奶水，所以猴宝宝只在饥饿的时候，才到铁丝代母那里喝几口奶水，然后又跑回来紧紧抱住绒布代母。

哈洛的研究得出的结论是幼年时期行为的正常发展需要母爱和密切的社会联系。幼猴对代母做出的反应好像它们是真正的母亲一样。哈洛还发现被单独抚育的猴子成年后无法与其他猴子和睦相处。没有感受过生母的照顾和爱的雌猴，成年后自己不懂得如何成为好母亲。

同人类一样，猴子在弱小的时候，无论受到什么样的疏离、冷遇、虐待都会紧紧依附能够生存下去的环境。

## 扩展阅读　隔代抚养

中国传统文化中的儿孙绕膝、四世同堂是幅美好的画面，但是含饴弄孙的其乐融融不应该有父母的缺位。很多年轻的父母，在婴儿刚过哺乳期，就将孩子交给老人代养。社会上流传的“妈妈生，姥姥养，爷爷奶奶来观赏”，几乎成了定律。

2009 年，中国老龄科研中心的“老年政策研究”调查发现，在城乡被访的 20 083 个老人中，照看孙辈的占有很大比例，高达69.73%。上海市教育科学研究院一项针对0～3岁乳婴儿带养方式的调查显示，由祖辈家长参与乳婴儿抚养的比例高达84.6%。有研究者以隔代抚养成功的特例来说明，隔代抚养并非没有可取之处，但其列举的都是人身安全和健康，帮助孩子解决生活中遇到的问题，比如祖辈家长具有抚养和教育孩子的实践经验，有经验可以做育儿顾问。

从心理健康和人格发育的角度讲，儿童和世界的第一个连接通道是由母亲建立的。阿德勒说过，所谓母亲的技巧，我们指的是她和孩子合作的能力，以及她使孩子和她合作的能力。幼儿在三岁前整合对世界的感受，形成完整的自我意识。幼儿遗传了父亲、母亲的两种人格基因后，如果在平衡完整的关爱和教养方式中，可以稳定地发展出自己独特好而平衡的人格特质，但是外来力量的介入，造成了幼儿自居和认同的多元化，或者延缓了人格的统合。

父母与子女不仅是一种角色，更是一种关系。在亲子关系中，任何一方的缺席和缺位都将造成整个系统的失衡和角色失范。在隔代抚养的状态下，父或母的某一方甚至双方的缺席直接造成子女的精神紧张和情感缺失。同时，幼年的子女要应对更多的情感纠结和处理更多的人际沟通。

隔代抚养现象本身也说明了同父母身份的不完全分辨和对原生家庭的过度依赖。

## 二、生活方式

虽然肯尼斯·希尔的研究显示，没有直接的证据证实酗酒者的成年子女（adult children of alcoholics，ACOAs）存在着依赖性人格的心理特征，但是仍有很多人认为酗酒者的行为对其子女的成长造成巨大的伤害。至少，许多酗酒者的子女日后也变成了酗酒者，或者极有可能和有酗酒问题的或其他强迫性人格的人结婚。

大多数来自酗酒家庭的人，都有难以建立亲密关系的问题，请回答下面的问题：

（1）你容易对事物上瘾吗？在某方面有强迫行为的倾向吗？你的配偶是否有此倾向或你是否曾与这类朋友交往？

（2）你对父母是否仍存在着一份理想化的幻想？如果你和某些人的关系有负面的感受？对于这种关系带给你或孩子的不良影响，你会不会视而不见？

（3）你会不会对自己或他人做无情的批判？你是否在批评别人时吹毛求疵？

（4）你缺乏良好的人际界线吗？你是否没有选择地让每个人都接近你，或者不准任何人接近你？你的想法和意见永远和身边的人无异吗？

（5）对不适当的行为视而不见，因为我们不清楚正常的做法。你相信你的童年也可能有任何不正常的事吗？

（6）你经常寻求他人的赞同吗？你是否经常不择手段地讨好别人，让人喜欢你？对别人说“不”会令你十分为难？

（7）你难与人建立亲密关系吗？你是否在和他人关系开始变得亲密时，便会有意无意地躲开或破坏它呢？

（8）如果只有你走上富裕之路，而你的家人未能如此，你会因此有罪恶感吗？

（9）你是否在可以说实话时说谎？又在可以考虑不说真话时表现得极度诚实呢？

（10）你是否冲动、固执而过分戏剧化？你是否喜欢控制却难以做出抉择？你试图控制根本无法掌控的事物吗？

（11）你觉得自己的所思所言与正在进行的事情符合且相关吗？你是否花费许多时间担心和回想他人的说法和做法？

（12）你是否对错误忠诚到底？还是对任何事都不肯投入效忠？

（13）你否定心中拥有的感觉吗？或者即使知道，也不知该如何表达吗？

（14）你对于自己无法控制的事，反应过于激烈吗？

（15）你是否很难有归属感？你过度留意自己的言行吗？对于别人看似正常的表现，你经常会偷偷地嫉妒和羡慕吗？

（16）你经常处于高度警戒中吗？你只有旅行平安结束后，回家看照片时才能感到快乐？

（17）你是否自觉比别人差劲，因此用一些如"照顾者""超级负责人"等角色掩饰自卑？你喜欢控制、追求权力吗？你会不会私底下或公开地轻视他人？

（18）你特别容易被脆弱可怜的人所吸引吗？你喜欢结交你可以改造及帮助的人吗？

（19）你很少开怀玩乐？你是完美主义或超级负责的人。或者表现出轻慢、不负责？

（20）你很少对事情采取行动，一旦开始进行又很难停下来，却从不曾真正完成什么事？

（21）你不愿放弃或结束现在拥有的关系，不顾一切地抓紧你视为重要的人和工作？

（22）你极度害怕情绪失控，因此你会避开一切可能失控的人或情境？

（23）你为一切的事及人负责，并且在别人不需要时仍坚持协助对方解决问题？

酗酒家庭是有强迫行为的家庭，每位成员都因为无法满足需求而饱受其苦。

有人提出酗酒的家庭有时也会体验到酒精所带来的积极影响。例如，一位丈夫兼父亲只有在饮酒后才能放松并且积极参与家庭生活，从而家庭成员会产生"酒精认同感"，默许酗酒行为的继续。但是，仔细分析这种情况，可以看到，饮酒后的轻松和参与家庭生活，在内容、方式和尺度上，都将是缺乏约束和理性的。家庭成员的欢聚和畅谈不应该是神志恍惚和依靠酒精协助。

很多家庭的不良习性和不健康的生活方式，都源于婚姻的最初阶段。多数研究者认为酗酒家庭的身份认同在婚姻早期已经埋下了种子。当夫妻决定遵循某种模式和保持某种信念的时候，多数是内隐的过程。饮酒行为在家庭中的角色，尽管受到原生家庭的影响，但却是新婚夫妻做出的协议。当妻子或丈夫提议或允许对方在节日或纪念日饮酒助兴的时候，酒精渗入日常生活的潜在可能就存在了。每次妥协或微小的让步，都将是巨大的认可和鼓励，最终变成酗酒家庭。

## 扩展阅读　　戒断综合征

戒断综合征（abstinence syndrome）是指停用或减少精神活性物质的使用后所致的综合征。精神活性物质指来自体外、影响大脑精神活动并导致成瘾的物质，包括烟草、酒精、阿片类、大麻、镇静催眠药、抗焦虑药、中枢兴奋剂、致幻剂等，临床表现有精神症状、躯体症状或社会功能受损。

在中断精神活性物质后所出现的全身软弱无力、烦躁不安、哈欠连作、口舌无味、恶心或呕吐、肌肉疼痛、流泪流涕、瞳孔扩大、毛发竖立或出汗、腹泻、发热、失眠，以及心情不畅、胸闷、焦虑、感觉迟钝等一系列瘾癖症状。

除生理上的依赖外，吸烟和喝酒的行为，还成为心理上的仪式。约翰·布雷萧（John Bradshaw）分析了戒除依赖行为的心理过程。布雷萧认为大多数人缺乏健康的羞耻心作为自知自律的平衡力量。要复原我们残障意志的第一步是放弃任何试图控制行为的念头。有罪恶感的人会夸大自己能轻易戒除依赖的外物。承认吸烟喝酒有害健康，显然比承认对自己的行为失控来得容易。有罪恶感的人害怕被处罚，并试图逃避，有羞耻心的人却寻求或甘心受到惩罚。第二步是解除家庭咒语。回顾被父母心理遗弃时所造成的原始痛苦，意味着不再使用某些主要的心理防卫，不再对父母及家庭幻想和拒绝。父母的遗弃包括剥夺孩子健康的自恋需求、长久被忽略的依赖需求、身体及情绪上的虐待和不得不卷入父母的冲突，甚至为了家庭系统而牺牲自己的成长等经验。发掘小时候的原始痛苦，不是要批判父母，只是为了找回自己当年不敢承认的痛苦，并彻底释放它们。将羞愧具体化，直面真实强烈的内心感受，创伤才会在充分悲伤后痊愈。第三步是走上寻找真我的内在旅程。个体挣脱了家庭的束缚，相信在自我之外，还有未知的更有意义的生命。

## 课堂练习

我从原生家庭中获得的心理品质。

1. ______________　　2. ______________
3. ______________　　4. ______________
5. ______________　　6. ______________
7. ______________　　8. ______________
9. ______________　　10. ______________

### 三、沟通方式

沟通是通过语言和非语言传递信息的方式。个体的成长首先接受父母的赞许和肯定，并在家庭中习得健康有效的沟通方式。

1. 亲密和接触

客体关系心理学认为，关系就是一切。新生儿因为没有自理能力，非常需要母亲的关心和保护。温尼科特说："对婴儿而言，在确定母亲仍然活着的极限之前，每天、每小时、每分钟都是问题，但是在超过了这个极限之后，母亲就死掉了。"母亲对于婴儿是至关重要的，婴儿的早期需要有一个温暖的人在身边专心反应和肯定他的需求和愿望。由于婴儿没有统合能力，它对事物的感知是分立的。婴儿会通过反复寻找、确认，以触觉和嗅觉的方式建立把外部世界的人带到内部世界的能力。所以，在头 12 月的共生期里，婴儿通过感觉来体验一切。如果儿童能够在生理和心理都得到充分的滋养，就会形成健康的心态和完整的人格。

## 课堂练习　你与亲人的距离

在一张纸的中心处，先确定自己的位置。然后以自己为圆心，画出三到五个同心圆，如图 9-2 所示。在某个同心圆处标出母亲的位置，如果原来的同心圆不够用，可以再增加几个。在某个适当的同心圆处标出父亲的位置。如果有兄弟姐妹，也将兄弟姐妹标出适当的位置。然后查看谁离你最近，谁离你最远（可不考虑方向，主要标清距离）。

如果你的生活中还有其他重要的人，也将他们标出。考虑你和家人的感情、受到的影响，你要记住的人，你要感激的人。

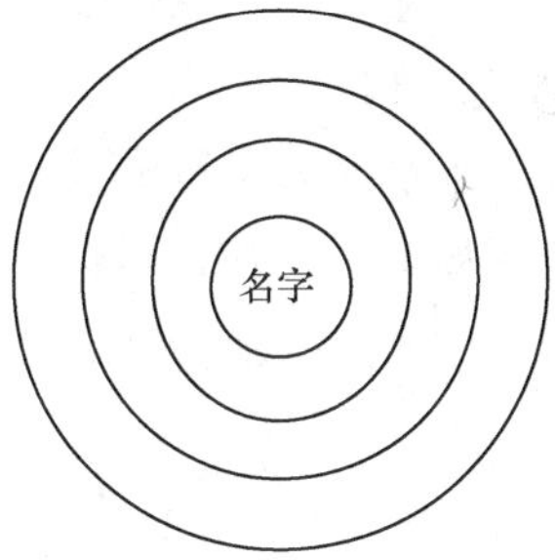


图 9-2　你与亲人的距离

2. 赞许和讨好

在儿时被允许做一个真正的孩子的人，才能踏着坚实的步伐走进青春期，并为成年储备发展的力量。卢梭在《爱弥儿》中写道："在人生的秩序中，童年有它的地位。应当把成人看作成人，把孩子看作孩子""儿童是有他特有的看法、想法和感情的"。

每个家庭都对子女有所期待，当子女达到了父母或家庭的期望，子女就会受到赞许。同时子女需要得到父母发自内心的喜爱，否则就会虚构一个幻想中的关系来替代现实，以便为自己谋得生存的空间。所以，孩子的表现说到底是为了得到父母的关心和满意。但是，如果不成熟的父母把自己的情绪投注到孩子身上，将妨碍孩子的正常发展。

讨好主要指为了得到别人的认可、赞许和肯定，去揣摩别人的心思和想法，迎合别人的心理，故意做一些让对方开心的事。儿童为了得到父母的喜爱和特殊的照顾，会不自主做出一些讨父母欢心的事情。这种情况在中国被誉为"懂事""有眼力见"，其实讨好别人意味着对自己的背叛，但是不会讨好父母的孩子将受到排斥和冷落。中国儿童讨好父母的主要方式是骄人的学习成绩，尽管儿童的兴趣在于游戏和娱乐，在于更广阔的世界，但是家庭、学校和社会共同构建了促进儿童形成的“假我”的条件，儿童以学习成绩讨好父母。

3. 独立和封闭

研究青春期心理最多的大概就是青少年的闭锁性。青少年的闭锁性说到底是父母的拒绝、否定和排斥的结果。卢梭说：“儿童是有他特有的看法、想法和感情的；如果想用我们的看法、想法和感情去代替他们的看法、想法和感情，那简直是最愚蠢的事情。”如果父母一味地用自己的主张去压制子女的想法，或者根本不想去了解和倾听子女的想法，子女自然关闭了同家长交流的渠道。

马丁·布伯说：“关系分为两种：我与你，我与它。当我以我的全部本真与一个人或事物建立关系时，我就会与这个人或事物的全部本真相遇，这种没有任何预期和目的的关系，即是我与你的关系。当我怀有预期和目的与人或事物建立关系时，即是我与它的关系。”所以，父母要学习做到，去尊重孩子是一个独立的生命，不是一个实现我们想象中的“它”。

家长应该放下所有的要求、控制、评价，只是单纯留意和欣赏孩子的挫折和成长。当家长愿意和真实的孩子，而不是和刻意讨好父母的孩子在一起分享成长时光，才是真正地赞许孩子。

孩子需要父母的关注和陪伴，也需要父母对他们所拥有的感觉给予肯定、指引和示范。如果子女在童年期，很少感受到父母的疼爱和赞许，相反经常受到严厉的训斥和苛求，成年后，他们将对自己有着强烈的自我怀疑。

## 课堂练习

我童年记忆中最温暖的事。

| | |
|---|---|
| 1. ____________________ | 2. ____________________ |
| 3. ____________________ | 4. ____________________ |
| 5. ____________________ | 6. ____________________ |
| 7. ____________________ | 8. ____________________ |
| 9. ____________________ | 10. ____________________ |

### 四、投射性认同

在人际交往中，尤其是在亲密关系中，每个人都渴望对方用某种特定的方式给予自己回应。人们的这种渴望经常是以内隐的方式自行幻想的。首先，幻想的内容模糊不清。当事者本人也不是很清楚他所期望的具体内容。其次，幻想的内容从未向对方言明，也就是对方从来不知道你所期望或幻想内容的具体格式。最后，当对方不能达到或满足当事者模糊不清的幻想内容时，当事者又感到大失所望。其实，我们所沮丧的不是对方的表现，只是自己的期望。要知道，对方是独立并自由的个体。如果对方如你所愿，他就失去了自己，就成为一个满足你幻想的对象。但是，很多人仍然期望自己的身边出现自己所幻想的那个人。

心理学把这种渴望对方必须以他所期冀的方式回应他，否则就会严重焦虑，甚至感到孤独和恐慌的情形叫作投射性认同。投射与认同，是人际交往和处理事务时经常出现且非常重要的心理机制，每个人的人际交往和日常事务中都充斥着大量的投射与认同。你期望的大学是个什么样？每个人都不满意自己的处境，但每个人都不清楚自己需要什么样的处境，最重要的是，在你期望明确的处境中，你能做些什么？

**案例讨论** **整容风波**

北京曾发生过一件事。某小区的保安，从早到晚，只要一有业余时间就坐在某整容院的候诊大厅里，等待一位整容医生的出现。当这位气质高雅的中年女医生下班时，保安便尾随医生到家，如果请他进屋，他就毫不见外地吃饱喝足待到很晚，在对方家人一再提醒下才离开。如果不请他进屋，他就在屋外徘徊很晚才离开。后来，女医生求助心理咨询师。心理咨询师了解的情况是，保安来自偏远贫困地区，初中肄业，进城打工，在高档小区当保安。每天见到出入小区的人生活富足，比较之下自惭形秽，自然就产生了改变自己命运的想法。但是，财富的积累是较漫长的过程。按照保安现在的月收入和身怀的技能，短时间内很难有所改观。偶然的机会，保安得知住在小区内的整容医生医术高超，为人善良，便萌生了央求女医生给自己修正容貌的想法。在同心理咨询师交谈时，保安无意中的一句话，揭开了保安异常行为后的真实想法。保安在回答了咨询师询问："对女医生都有什么样的印象"时，保安说了许多溢美之词，最后补充道："她要是我妈该多好"。

保安把理想母亲投射到女医生的身上，否认或不愿接纳自己亲生母亲的形象和现实。大学里历来有"一年土，二年洋，三年不认爹和娘"的谚语，其深层的心理机制就是投射性认同。当一个人身份和地位改变后，更多的是隐性投射。很多时候，人们对父母的嫌弃不是年老无用，而是卑微的社会地位和拮据的经济收入。当然，也包括童年时，父母对自己心理上的伤害。

我们怎样才能接纳现实的父母，而不是投射的父母？我们"需要具备哪些特质才能接受自己的父母，才能去宽恕、去爱、去包容？"

在家庭出现问题时，家庭中的每个人都是受害者。父母也是小孩，他们也曾受过深深的伤害。怨恨只会使家庭的问题世代传递，宽恕和个体的独立才能解决家庭的问题。

## 第三节 超越原生家庭

尽管我们耸人听闻地说，家是漏风的船，但毕竟它漏的不是水。它依旧能够航行，为我们遮挡风雨。它承载着我们，一路漂泊。我们可能会离船上岸，很久，或不久，我们还要踏上另一条船。尽管另一条船簇新、坚固、美观，我们还是会遥遥相望那条船。

## 延伸阅读　陌生情境

依附（attachment）是指一个人对另一特定他人的情感连接。依附具有识别性与特殊性，可在任何年龄发生；对婴儿来说，最早的依附发生于婴儿和主要照顾者之间（通常是母亲），约翰·鲍比（John Bowlby）创设“陌生情境”。

该情境由 8 个情节组成：① 母子进入一个陌生的房间；② 母亲坐在一旁，孩子自由探索；③ 一个陌生人进入房间；④ 母亲离开，由孩子和陌生人同处一室；⑤ 母亲返回，陌生人离去；⑥ 母亲离开，让孩子单独留在房间里；⑦ 陌生人返回作为母亲的替代者；⑧ 母亲回来，陌生人离开。结果发现，孩子具有三类反应，分别可以 A、B、C 来表示。

A 型儿童属于安全依恋儿童，B 型和 C 型儿童则属于不安全依恋型儿童。其中，B 型儿童的行为意味着亲子之间出现了冷淡的或拒绝的情感连接，导致儿童产生回避性依恋；C 型儿童的行为则意味着亲子之间出现了矛盾的或不一致的情感连接，导致儿童产生焦虑性依恋。

研究表明，依恋的类型不是一成不变的。许多儿童在出生 12～19 个月期间，会改变依恋的类型。有些儿童在 12 个月时属于不安全依恋型，但是到 19 个月时，则变成安全依赖型。这种变化与家庭环境的变化有关，包括母亲开始工作、孩子托付给亲戚或保姆照料等。

### 一、回望和感恩

从关系的角度讲，我们的一生都在处理同家庭的关系，理解和包容爱我又曾无情地伤害过我们的父母。有些人可能纠结于父母的伤害，或者父母身上不可饶恕的缺点和恶习。但是心理学家说你没有意识到你的父母对你的生命目的而言，其实已经很完美了。我们对父母的指责很可能源于童年时父母对我们的苛求。天下没有不是的父母，被心理学家认为是家庭教育的毒性教条，是父母绑架子女、控制子女的托词。但是这句话也说明了另外一个道理，父母对子女的伤害都是无意的，他们确实是秉承好的愿望犯下的过错。

感恩不是结草衔环、知恩图报。感恩者的身份是独立的个体，不再是依恋或依附的结伴关系。感恩是对过去的反思和正视。人们常说经历都是财富，但每个人说出来的含义不同。感恩的对象应该是自身经历，不是给自己制造磨难的人。很庆幸，在我们的成长经历中也曾遇到过许多扶助、指点过我们的人，帮助我们减轻家庭重负。感恩是成熟后的回望。

### 扩展阅读　　铁娘子

铁娘子（Iron Maiden）是哈洛设计的一种特殊的代母，她会向小猴子发射锋利的铁钉，并且向它们吹出强力冷气，把猴宝宝吹得只能紧贴笼子的栏杆，并且不停尖叫。哈洛声称，这是一个邪恶的母亲，他想看看这会导致什么结果。正是因为这个实验，使得哈洛的名声更糟了。他制作了各种邪恶的铁娘子，它们有的会对着小猴子发出怪声，有的会刺伤小猴子。无论是什么样的邪恶母亲，哈洛发现猴宝宝都不会离它们而去，反而更加紧紧地抱住它们。

同人类一样，猴子在弱小的时候，无论受到什么样的疏离、冷遇、虐待都会紧紧依附能够生存下去的环境。人类又不同于猴子，人类可能将自身的遭遇形成的情绪模式向下一代传递。

## 二、依附模式

从依附到分离和独立，个体从生理到心理逐渐地分化成形。玛丽·安斯沃思（Mary Ainsworth），提出了三种依附模式。

安全的依附模式（secure attachment），小孩子在往外探索时，还是可以随时找到安全基地，因为照顾者总是适时地回应，而形成了一个很好的安全依附。

逃避型依附（avoidant attachment），孩子对于游戏中的分享，或照顾者的离开或归来，都没有太大的反应，对陌生人也没有太大的差异。这是因为照顾者对他的压力或沮丧都没有太多反应，甚至是阻止他的哭泣而积极鼓励独立不依赖。

焦虑矛盾的依附（anxious-ambivalent attachment），照顾者的态度是不一致的，时而热烈时而忽略；婴儿既然没有办法视他为一安全基地，也就在分离前先破坏关系。然而过去曾经拥有这样的安全基地，婴儿既会继续寻找，但又抗拒获得这接触。

玛丽·梅恩（Mary Main）提出混乱失序的依附（disorganized/disoriented attachment）。照顾者是受惊或惊吓他人的，是混乱、退缩、角色混乱，经常和各种形式的儿童虐待有关。婴儿因此经常出现固定重复的行为，如全身僵硬，或者不断敲打。

这种模式可以解释许多小孩子为何会有那样的行为，在 20 世纪 80 年代开始应用到成人，甚至发展出以依附理论为核心的心理治疗方法。够好的依附关系，才能完成心理成长过程中的心智化（mentalization），也就是自我察觉和同理他人的能力。

如果在童年没有足够的依附体验，他需要在日后与他人的亲密关系（最常见的是爱情或婚姻）、治疗关系或其他特殊关系中，获得这样的依附体验，而完成安全的依附模式。

原生家庭的影响会伴随我们终生，但我们不能苛求在观察结果和治疗理论出现之前的父母，也不能责备父母因爱做出的伤害。荣格曾说："你生命的前半辈子或许属于别人，活在别人的认为里。那把后半辈子还给你自己，去追随你内在的声音。"

修正自己的经验，就是修复上一代的缺陷，是对生命和家族的疗愈。所谓修正经验（corrective experience）就是回到过去，重新体验，为当年的处境和情绪寻找正确的出口。个体释放受阻能量的过程中，提升自己的觉察力，最终达到成年自我。

痊愈和超越相比沉浸在过去的伤痛，抱怨父母的处置不当更有建设性的意义。抱怨父母的同时就是将阴影向子女传递的开始，因为抱怨者还没有恢复健康。

**补充阅读** **千里修书只为墙**

《桐城县志略》中记载着这样一个故事。清朝康熙年间有个大学士，礼部尚书张英。一天张英收到家信，说家人为了争三尺宽的宅基地，与邻居发生纠纷，要他利用职权疏通关系，打赢这场官司。张英阅信后坦然一笑，挥笔写了一封信，并附诗一首："千里修书只为墙，让他三尺又何妨？万里长城今犹在，不见当年秦始皇。"家人接信后，主动让出三尺宅基地。邻居见了，也主动相让，最后这里成了六尺巷。这个化干戈为玉帛的故事流传至今。

### 三、超越和经营

千里修书只为墙的故事，历史上有多个版本。虽然讲述的不是同一个人，却是同一个情节，也许不同的时代和不同的地点曾经发生过类似的事情。故事的内容经常被引申为清廉礼让、邻里和睦。但是，我们今天结合故事的内容和代际的层次来看，也可以看作是故事讲述的子一代对家族中传统为官的理念上的突破和超越。从家庭文化代际传递的角度讲，无论是健康家庭，还是存在问题的家庭，每一代、每个人都需要自觉地在不同方面和不同层面上超越原生家庭，特别是在经营自己的婚姻、抚养自己的子女方面更要多加留意。温尼科特希望女性做个"足够好的母亲"，同样在子女的成长中父亲必须到场。

**课堂练习** **你心目中的英雄是谁？**

如果有很多，你可以排序：

1. ____________________
2. ____________________
3. ____________________
4. ____________________
5. ____________________

查看比较所列出的英雄，你可能会发现，所选的都是公众英雄。我们现在是在讲家庭，所以首先选出家庭中的英雄。如果你选的是家庭成员，那么你选对了。然后，你选的是谁更加重要。尝试着觉察一下你与你的英雄之间的亲近和依赖，沟通和交流。

反思原生家庭，不是为自己的拒绝成长寻找借口。一个人的真正成长意味着他放下对理想父母的依赖。超越原生家庭意味着解决自身的伤痛。任何一代人的生命延续，都包含着协助处理上一代还未解的心结。你现在是你的子女的原生家庭，成熟的父母有能力成为子女的榜样。如果只是一味地抱怨自己的父母，那么就是将心理阴影向子女传递，因为抱怨是没有接受，没有和解，也没有开始自己的生活。疗愈自己内在和原生家庭的关系，尊重父母现在的样子，就是疗愈与父母关系中的关键一步。同父母和解，也是同自己和解。

超越原生家庭指向营造健康的核心家庭。从家庭文化代际传递的角度讲，每一代、每个人都需要自觉地在不同方面和层面上超越原生家庭，特别是在经营自己的婚姻、抚养子女方面更要多加留意。套用佛家“渡人就是渡己”的说法，“育儿即是育己”。

## 延伸阅读　　表观遗传

表观遗传学（Epigenetics），研究的是在不改变 DNA 序列的前提下，通过某些机制引起可遗传的基因表达或细胞表现型的变化。表观遗传学使人认识环境对遗传的动态影响。1942 年，C.H.沃丁顿（C. H. Waddington）提出表观遗传学。孟德尔（Gregor J. Mendel）遗传学已证明染色体的可遗传性，表观遗传学研究由基因的核苷酸顺序不一而引起的异常表达出现的各异效应，如因 DNA 甲基化和组蛋白乙酰化出现基因组印记、基因沉默、母性影响和核仁显性等。调控模式受环境因素诱导，作用于生物晚期表型和后代表型，为生命发育提供效力。已有研究表明大脑区域的表观遗传变异可改变动物学习、记忆和药物依赖等行为。老鼠的幼崽即使在没有真正经历过痛苦，也无基因突变的条件下，也能遗传父亲的恐惧记忆。

布鲁斯·利普顿（Bruce Lipton），介绍了基因决定论和表观遗传学之间的重要区别：“基因决定论的意思是，基因决定我们的生命、遗传密码，控制了我们的生理、心理和情绪上的行为特征。”卡洛·文图拉（Carlo Ventura）实验证实，通过磁场频率可以改变干细胞的 DNA。经过二十年的研究，研究人员发现喜爱、赞赏、焦虑、愤怒等因素也可以影响一个人的 DNA。我们可以通过纯粹的关心，欣赏和爱的状态来提升我们的能源系统和滋养身体，甚至可以达到 DNA 水平。

简单地说，一个人好的心理状态可以改变自身，以及携带遗传密码的 DNA。这种改变可以进行代际传递。所以正如接受教育一样，最终的获益者是他（她）的下一代。

温尼科特提出：“父母无须做到杰出甚至完美，但要做到‘足够得好’，孩子童年时能得到父母的爱和照顾，长大后内心就会拥有安全感。”

足够好的父母原则上要做到：① 谨记孩子的脆弱性。婴儿在心理上是脆弱的，养育者需要尝试每件事都去理解婴儿的需要。② 允许孩子表达愤怒。婴儿有时会表达攻击性，父母不要对其进行恐吓或是说教。如果婴儿在愤怒的时候大哭，而身边的照料者保持冷静的做法，会在相当大的程度上增加婴儿的能力，即他感受到的以为是真实的感觉其实并非如此。③ 别让孩子太过顺从。听话的好孩子一直受到亲朋好友的称赞。但是过早地严格要求孩子顺从，则会导致一种表面顺从，但内心压抑了自己的需求和主张，以及成年后缺乏主动解决问题的动力。④ 让孩子成为自己。父母不要将自己的规划和意愿强加到子女的身上。要认可儿童对事物的阶段性认知，要尊重子女的选择。

超越原生家庭，大约需要连续三代的努力、任何事情都不是一蹴而就，不要因为急于超越原生家庭，引起焦虑和烦躁。

家是漏风的船，尽管漏风又漏雨，但它依旧是条船，它承载了你。

## 延伸阅读　　我爱我家

对家庭的剖析是为了破袭陈旧的家庭观念，建设更好的家庭环境，发挥家庭的正面功能。对家庭中某些现象的批判也不是因此躲避亲情，逃避责任。抱怨过后，很多家长在改变，更多的年轻子女在成长，都在考虑为家庭做点什么。

首先，超越家庭，每个人都要考虑我们如何做家长。根据精神分析的反向防御的思路：威逼利诱子女出息的家长是诿过于人，是对自己不满的表现。如果从宏观的历史视线讨论子女的角色和功能，那么自认为或实际上受到家庭的伤害或摧残的子女，是一味地悲天悯人，无尽止地抱怨，还是考虑为家庭做点或准备做点有修正或改进的事情？

如果只是自怨自艾，甚至反噬，那么就是将旧时代的家庭缺陷和没有心理学自觉的家长模式或养育方式演绎至亲子间的互相伤害，并极有可能向下一代传递，将本来无可避免的线性传递变成了有清醒认识但无所作为的因果循环。所以，觉察了家庭缺陷的子女，应以清朗的感知和清醒的态度反哺原生家庭，截断父母不良养育方式的延续。

每位为人父母者都是爱护自己的孩子的。每位父母都不是以爱的名义伤害孩子，而是他们爱孩子的方式伤害了孩子。他们可能沿袭了他们父母的养育方式，或者仅凭自己理解的方式养育孩子。他们爱孩子有心，害孩子无意。

不论你发现了原生家庭的何种问题，不论你有什么不满，你都要清楚，父母养育了你，他们用自己的方式爱护你。也许他们不像你想象的那样爱你，也许他们只是转录了自己幼年时被爱的方式。尽管其中有种种不足，有种种遗憾，但永远要记住，他们爱你。

我们修复家庭伤害的最终目的是超越原生家庭，经营自己的温暖家庭，最终让每个人在无伤害的环境成长。

幸福而谦卑地弯身，给他们爱而不是你的意志，让他们有自己独立的轨迹。

# 第十章 走向生命的绚丽

> 人生到处知何似，应似飞鸿踏雪泥。
>
> ——苏轼

有人说生命就是一个括号，左边是生，右边是死，中间部分是精彩的生命历程。生命存在本身就是一个奇迹，人生有痛苦，也有快乐，有悲哀，也有欢喜。这些都是一种生命体验，生命体验是人类生命的重要价值取向。

## 第一节 生命的觉察

生命也是由个体的出生、成长、衰老、死亡组成的连续过程。无论任何时期，生命从来不是简单的生理体征，它包含了生物性、社会性和生命本身的价值内涵。人们恐惧死亡，渴望永生。在生死之间享受体验人生的快乐与苦难的权利。

### 一、生命的普遍意义

人作为从大自然走出来的一种高级动物，必然有由生理本能而产生的动物所共有的欲望，如食欲、情欲、贪欲等。生命哲学则认为“生命是世界的、绝对的、无限的本原，它跟物质和意识不同，是积极地、多样地、永恒地运动着的。”

1. 人的生物属性

随着时代发展、科技进步，人类对生命的认识越来越丰富。现代医学研究结果表明生命现象泛指由核酸、蛋白质等物质组成的生物体呈现的特有现象。生命现象包括生长、繁殖、发育、遗传、运动、刺激感应、传导、神经体液调节、高等动物和人的高级神经活动。其中新陈代谢和自我复制是最基本的生命现象，也是生命最重要的特征。

**扩展阅读　　走出非洲**

进化论认为，人类是由3000万年前的古猿进化而来，经历了南方古猿、能人、直立人、智人四个阶段。

南方古猿，在380万年前至200万年前，生活在非洲东部和南部稀树大草原的树林中。南方古猿个子矮小，手臂长，腿短，牙齿比人类的要大，它们分为粗壮型和纤细型两种。在 250 万年前，粗壮型南方古猿学会了直立行走，以及使用自然形成的工具，如天然形成的锋利石头。人类最早期的形态被称为能人。它们虽然能够制造及使用工具，但是脑容量很小。研究表明，它们甚至学会了建造简陋的住所及会简单的语言。20 万年至 200 万年前，直立人出现在非洲。他们学会了使用天然火，能够制造工具，创造了独特的符号并且会说话。100 万年前，一部分能人向世界各地迁徙，遍布亚洲、欧洲等地，人类第一次走出非洲。在 20 万年前，分布在非洲以外的直立人被来自非洲的智人取代。智人又分为早期智人及晚期智人，生活在 25 万年至 3 万年前的非洲。智人学会了制作更为精细的工具，用野兽的兽皮制作兽衣，学会了人工生火。人类走过了漫长的进化历程。

2. 人的社会属性

亚里士多德说："离群索居者，不是野兽，便是神灵。"每个人想生存下去，都必须参与和融入社会生活中。社会是人类群体文明进化的产物，是每个人必须学会适应的生存场所。如何在不同情境下扮演好不同的社会角色是个体从社会化过程开始就在学习的重要内容。在与人的沟通、交往和互动中保护自己的生命，追求自己生命的意义，实现价值，这就是个体的社会属性。

社会化（socialization）是个体在所处的社会文化环境中，学习和掌握知识、语言、规范等社会行为方式，适应社会并积极作用于社会、创造新文化的过程。它是人和社会相互作用的结果。个体的社会化是一种持续终身的经验。

3. 人的心理属性

许多思想家从生物学的角度去论述人的本质。如尼采（Friedrich Wilhelm Nietzsche）认为："构成人的天性的不是意识、精神或理性，而是无意识的不受拘束的生命、纵横溢流的精力以及过于蒙昧和混乱的本能。"H.柏格森（Henri Bergson）认为："生命的动力是生命的冲动，它经常创造着层出不穷的新形式，从一个创造向另一个创造前进。"爱德华·威尔逊（Edward O.Wilson）断言："生物学是理解人类本性的一把钥匙。"

人不仅为延续自然生命而活着，还要追求精神的存在。正是有了生命精神的存在，才使人的生命有了人文意义和价值，有了理性的意蕴和道德的升华。人要规划人生、创造价值。当我们面对千变万化的社会生活，能够使自己有一种生命的智慧和坚定的信念，有一种豁达的胸怀和安然的态度。

扩展阅读

## 欧亚的传说

亚当与夏娃是西方世界传说中人类的祖先。据说，神·耶和华用五天时间创造了天地万物，第六天，用尘土创造了亚当。亚当是世上第一个人类和第一个男人，后来神·耶和华又用亚当的一根肋骨创造了第一个女人——夏娃，并让他们结为夫妻，共同生活在伊甸园。后来夏娃受蛇的诱惑，偷食了善恶树的禁果，并让亚当食用。神·耶和华发现后，对亚当和夏娃进行了惩罚，把二人逐出伊甸园，来到人间，二人成为人类的祖先。

在中国古代传说中，人类是伏羲与女娲的后代。西南地区的苗族、瑶族流传着有关伏羲、女娲兄妹的传说。有一次，雷公被关到一只大笼子里。一对小小年纪的兄妹见雷公渴得可怜，给了他一点儿水喝。雷公非常感激，从嘴里拔下一颗牙齿，对小兄妹俩说："孩子，谢谢你们。等我走了以后，你们把这颗东西种到地里。今后假如遇到什么灾难，可以躲到它结的果子里去，那样会逢凶化吉。"雷公走后，小兄妹把雷公的牙齿种到地里。三天时间，果子长成一个巨大的葫芦。兄妹俩锯开葫芦，把葫芦籽掏出来，爬到葫芦里试了试，正好能够容身。突然，空中响起了霹雷。山野间狂风大作，暴雨倾盆。刹那间，洪水汹涌奔腾，淹没了田野，淹没了山。只有那个葫芦在浪涛上东飘西荡。雷公在对大地进行报复后，大地上的生物只剩下葫芦里的一对小兄妹。汉语里的"伏羲"在苗语、瑶语里是"葫芦哥"的意思，"女娲"是"葫芦妹"的意思。伏羲和女娲渐渐长大，他们收拾了田园，组成了家庭，繁衍了人类。

## 二、个体生命历程

每个人都是精子和卵子的结合体，但一个生命的诞生却是逃过了生命中的重大劫难，经受住了病毒、辐射等的考验才顺利降生；在艰难度过出生之后的磨合期，长大成人。

你的生命是一个奇迹。人类个体从出生到死亡经历了婴儿期、幼儿期、儿童期、青少年期、青年期、中年期、老年期等阶段。

出生到满 3 岁是婴儿期。婴儿是人一生中生长发育最旺盛的阶段，各种生理指标和心理机能的生长发育特别迅速。

4～6 岁称作幼儿期。如果幼儿表现出的主动探究行为受到鼓励，幼儿就会形成主动性，将来会成为一个有责任感、有创造力的人。如果受到限制和讥笑，幼儿就会逐渐失去自信心，倾向于生活在别人为他安排好的狭窄圈子里，缺乏自己开创幸福生活的主动性。

### 扩展阅读　皮亚杰的智慧发展

皮亚杰将儿童智慧发展划分为四个阶段：感知运动阶段、前运算阶段、具体运算阶段和形式运算阶段。

感知运算阶段（感觉动作期，0～2 岁），这个阶段儿童的主要认知结构是感知运动图式，儿童借助这种图式可以协调感知输入和动作反应，从而依靠动作去适应环境。通过这一阶段，儿童从一个仅仅具有反射行为的个体逐渐发展成为对其日常生活环境有初步了解的问题解决者。

前运算阶段（前运算思维期，2～7 岁），儿童将感知动作内化为表象，建立了符号功能，可凭借心理符号（主要是表象）进行思维，从而使思维有了质的飞跃。

具体运算阶段（具体运算思维期，7～11 岁），在本阶段内，儿童的认知结构由前运算阶段的表象图式演化为运算图式。具体运算思维的特点：具有守恒性、脱中心性和可逆性。皮亚杰认为，该时期的心理操作着眼于抽象概念，属于运算性（逻辑性）的，但思维活动需要具体内容的支持。

形式运算阶段（形式运算思维期，从 11 岁开始一直发展），这个时期，儿童思维发展到抽象逻辑推理水平。其思维形式摆脱思维内容，形式运算阶段的儿童能够摆脱现实的影响，关注假设的命题，可以对假言命题做出逻辑的和富有创造性的反应。同时儿童可以进行假设——演绎推理。

6～12 岁是儿童期。学校是儿童掌握今后生活所必需的知识和技能、学习社会规范的地方。如果他们能顺利地完成学习课程，在今后的独立生活和承担工作任务中充满信心，就会获得成就感。反之，就会产生自卑。但是如果儿童养成了过分看重自己的工作的态度，埃里克森说："如果他把工作当成他唯一的任务，把做什么工作看成是唯一的价值标准，那他就可能成为自己工作技能和老板们最驯服和最无思想的奴隶。"

12～18 岁是青少年期。个体生理、心理和社会性发展迅速又不平衡、充满矛盾，因此被称为危机期。青春期的兴趣首先表现在关注自己的身体形象上，强烈地渴望了解自己的体貌，如身高、胖瘦、外貌，喜欢研究自己的相貌、体态，注意仪表风度。能力和学业成绩更加影响着他们对自己在群体中的地位，以及对自尊感的认识。在自我评价中，将个性是否完善放在首要地位；对他人针对自己个性特征的评价非常敏感。他们在受到肯定和赞赏时，内心深处会产生强烈的满足感；在受到批评和惩罚时，容易产生强烈的挫折感。

18～35 岁是青年期。个体要经历复杂而艰难的同一性确立和对社会生活的选择。他们有一种避免同一性过程提前完结的内在需要，大学期称为青年对社会的"延缓偿付期"。这是社会给予青年暂缓履行成人的责任和义务的机会。青年可以在大学期间实践、检验、树立、再检验的往复循环中，确定自己的人生观、价值观及职业方向，最终确立自我同一性。

## 扩展阅读　埃里克森的心理社会发展阶段

埃里克森把人经历的心理社会发展（psycho-social development）分为八个阶段，包括四个童年阶段、一个青春期阶段和三个成年阶段。每一个阶段有这些阶段应完成的任务，并且每个阶段都建立在前一阶段之上，这八个阶段紧密相连。

（1）婴儿期（0～1.5 岁）：基本信任和不信任的心理冲突。此时是基本信任和不信任的心理冲突期，因为这期间孩子开始认识人了，当孩子哭或饿时，父母是否出现则是建立信任感的重要问题。

（2）儿童期（1.5～3岁）：自主与害羞（或怀疑）的冲突。这一时期，儿童开始“有意识”地决定做什么或不做什么。这时候父母与子女的冲突很激烈，也就是第一个反抗期的出现，父母必须承担起控制儿童行为使之符合社会规范的任务。但要把握好度，若过分严厉，会伤害儿童自主感和自我控制能力。如果父母对儿童的保护或惩罚不当，儿童就会产生怀疑，并感到害羞。

（3）学龄初期（3～6岁）：主动对内疚的冲突。在这一时期如果幼儿表现出的主动探究行为受到鼓励，幼儿就会形成主动性，这为他将来成为一个有责任感、有创造力的人奠定基础。如果成人讥笑幼儿的独创行为和想象力，那么幼儿就会逐渐失去自信心，这使他们更倾向于生活在别人为他们安排好的狭窄圈子里，缺乏自己开创幸福生活的主动性。

（4）学龄期（6～12岁）：勤奋与自卑的冲突。这一阶段的儿童都在学校接受教育。如果他们能顺利地完成学习课程，他们就会获得勤奋感，这使他们在今后的独立生活和承担工作任务中充满信心。反之，就会产生自卑。

（5）青春期（12～18岁）：自我同一性和角色混乱的冲突。青少年期的主要任务是建立一个新的同一感或自己在别人眼中的形象，以及他在社会集体中所占的情感位置。这一阶段的危机是角色混乱。埃里克森把同一性危机理论用于解释青少年对社会不满和犯罪等社会问题。

（6）成年早期（18～25岁）：亲密对孤独的冲突。只有具有牢固的自我同一性的青年人，才敢于冒与他人发生亲密关系的风险。因为与他人发生爱的关系，就是把自己的同一性与他人的同一性融合一体。这里有自我牺牲或损失，只有这样才能在恋爱中建立真正亲密无间的关系，从而获得亲密感，否则将产生孤独感。

（7）成年期（25～65岁）：生育对自我专注的冲突。在这一时期，人们不仅要生育孩子，同时要承担社会工作，这是一个人对下一代的关心和创造力最旺盛的时期，人们将获得关心和创造力的品质。

（8）成熟期（65岁以上）：自我调整与绝望感的冲突。由于衰老过程，老人的体力、心力和健康每况愈下，对此他们必须做出相应的调整和适应，所以被称为自我调整对绝望感的心理冲突。

35～60岁是中年期。中年期是人生中相当长的一段岁月，人生的许多重要任务都是在这一时期完成的。个体行为服从于社会规则，如果违反了社会规则，就会产生自责感。这是由于处在这个水平的个体具有强烈的社会归属需要。个体具有自己确定的理想和自己设立的目标，形成了自我评价的标准并发展了自我反省思想，开始认识到世界的复杂性。能承认并接受人际关系和社会关系中的矛盾和冲突，对这些矛盾和冲突表现出高度的容忍性。如认识到在自我评价与社会规则之间、个人需要与他人需要之间，不会总是和谐一致，会出现各种矛盾和冲突；在人际关系方面，能认识到既要充分尊重个人的独立性，也要看到人之间的朴素的依赖性。

70 岁到死亡是老年期。生理老化主要表现在人体结构成分的变化和组织器官功能的减退和丧失。心理老化主要表现在：各种感官灵敏度下降，多种心理机能衰退，消极情绪增多，兴趣爱好减少，性情改变等。心理学的研究发现，事业有成的老年人能够坦然面对死亡。

**扩展阅读　　民俗中的年龄美称**

古人用优美的文字表示年龄，形成了独特的民俗文化。

垂髫是三四岁至八九岁的儿童（髫，古代儿童头上下垂的短发）。总角是八九岁至十三四岁的少年（将头发分作左右两半，在头顶各扎成一个结，形如两个羊角，故称“总角”）。豆蔻是十三四岁至十五六岁。束发是男子十五岁（男子要把原先的总角解散，扎成一束）。弱冠是男子二十岁（二十岁行冠礼，因为还没达到壮年，故称“弱冠”）。而立是男子三十岁（立，“立身、立志”之意）。不惑是男子四十岁（不惑，“不迷惑、不糊涂”之意）。知命是男子五十岁（知命，“知天命”之意）。花甲是六十岁。古稀是七十岁。耄耋指八十岁。鲐背之年指九十岁。期颐指一百岁。

生命是从出生到死亡的自然过程，即有生就有死。但是人们渴望生畏惧死，可是很多时候我们并不知道什么是死？面对死亡，更多的是面对被黑暗吞没的恐惧，但在此前却没有尽情地去拥抱生命的活力。我们对待死亡的态度，就是对待生命的态度。到生命的最后，如何死得坦然，没有或很少遗憾。

## 第二节　生　如　夏　花

罗素说：“生命应该像花朵那么温柔可爱，像峰峦那么稳定而清晰，像苍天那么高深不可测度，生命是可以这样的。”生命可以丰富多彩，只要自己愿意装饰。当科学的发展将宗教信仰的灵魂不朽削弱之后，我们该如何寻找生活的目的和生命的意义。

### 一、如何活出生命的意义

史蒂芬·平克（Steven Pinker）在演讲中被问到“那我活着有什么意义呢？”时，他作出了自己事后也颇感吃惊的回答：“当你问出这个问题时，你是在为你的信念寻找理由，也就是力图用理性的方法，来发现和证明那些对你来说重要的东西。事实上，活着的理由实在是太多了！”

作为一个有情生命，你可以发展自己的潜能，可以通过学习和讨论来完善自己的推理能力，可以通过科学来解释自然世界，也可以通过艺术和人文学科来洞察人类状况。

你可以运用各种能力来追求快乐与满足，这是你的祖先繁衍至今的原因，而你也是因此而存在。你可以尽情领略自然与文化的丰富多彩。作为亿万年来生命延续的继承者，你可以将生命传递下去，使之生生不息。你天生拥有同情之心，这使你能够去喜欢、去爱、去尊重、去帮助、去表达善意。你可以享受朋友、亲人和同事之间相互关爱的美好情谊。

因为理性告诉你，这些并不是你所独有的愿望，所以你想要得到什么，就必须向他人提供什么。你可以通过促进生命、健康、知识、自由、富足、安全、美丽与和平，来保障他人的福祉。历史表明，当我们对他人的处境产生同情，并运用聪明才智去改善人类状况时，我们就能够取得进步，而你可以提供帮助，使这种进步持续下去。

维克多·E·弗兰克尔（Viktor Emil Frankl）在《活出生命的意义》中提出：生活并不像弗洛伊德所宣扬的那样，只是简单地祈求快乐，也并非阿德勒认为的那样，只是为了争权夺利。人们活着是为了寻找生命的意义，这也是生命赋予每个人的艰巨使命。他认为人类存在的一个基本特征是超越：人总是超出自身而朝着某物或某人，一个人越是在他的使命中升华、越是献身于他的伙伴，就越成为他自身。弗兰克尔还提出了“超越的意义”（the supra-meaning）这一概念，指那种超越了人的理解范围的终极意义。终极意义因每个人选择精神维度的形式及运用方式的不同而不同。人并非如同某些存在主义哲学家所言，要去忍受生命的无意义；而是要忍受自身无能力以理性抓住生命的绝对意义。

弗兰克尔提出了三种不同的方式发现生命的意义：

（1）通过创立某项工作或从事某项工作让自己有成就感。工作使人的特殊性在对社会的贡献中体现出来，从而使人的创造性价值得以实现。这是发现生命意义的一条重要途径。因此，人所从事的工作是什么并不重要，关键在于他是如何从事这项工作的，或说他对工作采取了何种态度。正是积极的、创造性的、有责任感的态度赋予工作以意义。然而，工作常常被有些人用作填补生活的空虚与无意义感的手段。于是，一旦一周的工作匆忙结束，无目的、无意义便再度袭来，并使人觉察到他对自己生命的不满意。这正是“星期天神经症”的起因。工作作为发现生命意义的重要途径，还可以从“失业神经症”中体现。由于失去了工作，有人会感到无用与失落，并且病态地将失业作为一切问题的根源，推卸自己的责任。此时，意义疗法会指导病人：工作并不是发现生命意义的唯一途径。在失业这一不幸面前，人仍能不为环境所左右，保持内心的自由，从困境中发掘出生命的意义。

（2）通过体验某件事情或者某个人。发现生命意义的第二条途径是体认价值。可以通过体验某种事物，如工作的本质或文化，尤其可以通过爱体验某个人。爱是将某个人当作独特的个体去体验。只有借助爱，才能进入另一个人最深的人格核心，也只有借助爱，才能发现所爱者的潜能，并促使他发挥那些潜能。在这种超越自己的爱中，潜藏着生活的深蕴和价值，等待着人们的发现。弗兰克尔将两性之间的关系分为三个层次：生理的、心理的、精神的，这三者分别对应着性、情、爱。诸多类型的性神经症有一个共同特征：患者或害怕不愉快、单恋带来的紧张，或不相信爱的存在，因而回避一切爱的机会，将两性关系降格到较低的层次。对于这部分人，意义疗法采取的方法是引导他们学会并乐于接受九苦一甜的爱，以及随之而来的责任。

（3）面对挫折和苦难要有坚忍之心。当一个人面临无可改变的厄运，创造性价值和体验的价值都难以实现时，人们也得到了一个机会，去实现最深的意义与最高的价值——态度的价值。因为坦然正视命运所带来的痛苦本身就是一种进取，而且是人所具有的最高的进取。苦难还使人远离冷漠与无聊，使得人更为积极，从而导致成长与成熟。当然，只有在痛苦是不可避免的时候，忍受痛苦才具有巨大的价值。否则，苦难不能称其为苦难，忍受也就没有意义。

## 相关阅读　意义疗法的技术

意义疗法不仅适用于心灵性神经症，对于存在着精神性（存在性）问题的神经症、精神病，它同样有效。在对这些病症进行治疗时，意义疗法所关心的既不是症状，也不是心理病原，而是患者对疾病的态度。对此，意义疗法发展了两种专门的技术，矛盾意向和非反思。

矛盾意向主要用于类似焦虑症、强迫症的情况。弗兰克尔认为，在这种情况下，失调行为是由于预期焦虑而产生的，亦即由于过分担心某种可能使之感到焦虑的处境，人变得极度恐惧，以至不由自主地被引入这种境地。所发生的结果又强化了预期焦虑，形成一种恶性循环。最后，病人不得不回避一切可能引起这种恐惧的情境。矛盾意向法就是要求病人在这种情况下去做他感到最为焦虑、恐惧的事，或盼望这种事发生，从而让病人逐渐认识到自己的焦虑和恐惧是没有根据、不符合客观现实、十分荒唐的。如果一个患者 1 小时洗 10 次手，治疗者不是劝阻他洗那么多次，相反要他洗二三十次；如果一个患者总放心不下他的几千元存折而总要检查它，治疗者不是劝患者不要老是检查，而是劝他存到更保险的地方去。当病人停止与症状的抗争，转而对情境采取一种幽默的、嘲讽的态度时，他便不再与症状结合在一起，而是从更高的位置，以一定的距离来审视自己的症状。如此便打破了恶性循环，各种症状也就随之消失了。

非反思是意义疗法的另一种技术，主要用于过度意愿、自我窥视（self-observation）的治疗，尤其适用于性神经症。在这些病症中，患者通常过于担心行为表现不尽如人意，由此导致扭曲的过度意向（hyper-intention）和过度反思（hyper-reflection），并将注意力集中于自我，从而阻碍了行为的正常进行。为了寻求正常的表现或快感，患者会将此视为目的本身，进一步强化过度意向和过度反思。于是，患者便被某种恶性循环包围了。非反思就是使患者的注意力从行为本身或自我转移到积极的方面，转移到外部事物，如转移到伴侣、自然界、社区活动上。要求患者将注意力转向外部事物，避免过分的自我关注，从而减轻焦虑与痛苦，并通过参与活动，学会发现人生的价值和意义。通过超越自我，来消除自身的神经症症状。

弗兰克尔区分了四种反应模式：正确积极性、错误积极性；正确消极性、错误消极性。焦虑症、恐惧症患者的回避和退缩行为属于错误消极性，性神经症患者的过分意愿则是错误积极性。矛盾意向力图用正确消极性取代错误消极性，非反思则致力于使错误积极性转化为正确积极性。弗兰克尔还特别强调：仅仅靠这些方法是不够的，只有引导病人再度发现其生命的意义及天赋使命，才能彻底协助他摆脱神经症或精神病的纠缠。

## 二、秋叶之静美

奥里利厄斯·奥古斯丁（Aurelius Augustinus）说：人不应当害怕死亡，他所应害怕的是，未曾真正地生活。在我们的生命历程中，总是会危机四伏，充满艰难险阻。若你为之困扰、无法自拔就是在做生命的减法；若你勇敢面对、冲出重围就是做生命的加法。

美国心理学家卡普兰认为：当一个人面对困难情境，他先前处理问题的方式及其惯常的支持系统不足以应对眼前的处境时，就会产生暂时的心理困扰，这种暂时性的心理失衡状态就是心理困境。很多个体都曾遭遇过运用往常的应对方式不能处理目前所遇到的内外应激事件而陷于极度的焦虑、抑郁，甚至失去控制、不能自拔的状态。

首先，大学生的心理困境具有渐进特征。对于大学生而言，其生理状况基本成熟，但还有待整合。青春期极易发生身心失衡，许多大学生极易产生心理问题，而引发某个阶段的心理困境。大学阶段是个体自我意识迅速发展，人格形成的关键时期，这个时期的个体有着强烈的自尊心和成就欲望，总盼望着社会将他们当作成年人看待。同时又习惯和依赖以往的包容和宽谅。当社会将他们看待为成年人，相应提出“成人要求”后，学业和就业的压力接踵而至，大学生因生存本领、身份认同、情感波动而产生的焦虑，远远超出了其自身所能承受的范围，进而造成严重的心理压力。

其次，大学生的心理困境具有现实拷问。大学时期是学生形成正确人生观念的重要时期，某些人生问题也会逐渐列入大学生的思考范围之中，如人生价值、人生责任及人生目标等，令其内心产生矛盾冲突。大学生在探索自我价值的过程中，会产生许多苦闷，若不能及时化解，就会极容易造成心理困境。

大学生的心理困境具有累积效应。心理困境爆发之初，通常会存在一个较为隐蔽的阶段。当心理问题积累到一定程度时，就会爆发心理困境，对生活和学习产生影响。某些心理问题较轻的大学生，在觉察问题后自行寻求缓解的办法。心理问题较复杂的大学生可能会寻求校内机构或社会机构的帮助。对自身的问题有觉察和主动寻求帮助是健康的表现和自愈的契机。

大学生心理困境具有危害倾向。心理问题极为严重或长期没有得到有效解决的大学生，可能会偶尔出现自戕行为，甚至有想彻底回避或逃离的念头及行为。近几年，大学生因心理问题而造成的极端事件时有报道。

## 相关阅读　　涂尔干的社会反应

涂尔干·杜尔凯姆对自杀原因的解释和分类受到重视。涂尔干认为，自杀并不是一种简单的个人行为，而是对正在解体的社会的反应。由于社会的动乱和衰退造成了社会文化的不稳定状态，破坏了对个体非常重要的社会支持和交往。因而就削弱了生存的能力、信心和意志，导致自杀现象的出现。

在有关自杀的研究中，自杀的传染性是一个受重视的现象。自杀的模仿性现象及潜意识引导确实存在。电视报道自杀事件确能导致青少年自杀率上升，媒体报道越多，内容越详尽，则引致自杀率上升幅度也越大。青少年女性自杀率上升约13%，男性上升5%。

学者认为最容易引发模仿性自杀的新闻报道的特征：详细报道自杀方法；对自杀而引致的身体伤残很少提及；忽略了自杀者生前长期有心理不健康的问题；将引发自杀的原因简单化；自杀者知名度高，社会影响大；使人误认为自杀会带来好处等。

为降低自杀的传染现象，学者强调大众传播媒介注意在报道自杀事件时应该持谨慎态度，应尽量指出解决问题实际有很多其他可以选择的途径，自杀不是唯一出路，以便尽量减少那些有自杀意念的人认为自杀是一种正确处理困难的方法。

大学期间正是寻找生命意义，认清自我价值的阶段，产生的迷茫也多是因为对自我生命价值的思考。但是，放弃的生命没有最后的秋叶之美。经历挫折和苦难是每个人人生的必修课。因为应对挫折和苦难给了你实现自己最深的意义与最高的价值的机会。挫折并不可怕，可怕的是你对它的态度。苦难还使人远离冷漠与无聊，使人更为积极。学习压力、就业压力、考试焦虑、情感焦虑不是你的专属，每个人都有。解决问题的方法可能会有很多种，当你的挫折和苦难是不可避免的，那么忍受它、走过去，就会浴火重生。

## 课堂活动　　我对他人的价值

作为生命的个体，你的存在会给他人带来哪些快乐和幸福？请在下面的空格处填上“因为有了我”的意义，并尽量多写。

因为有了我，____________________；

因为有了我，____________________；

因为有了我，____________________；

因为有了我，____________________。

在影片《这个杀手不太冷》中，12岁的玛蒂尔达向路过的里昂提出了疑问：“是不是人生总是如此艰难，还是只有童年如此？”里昂回答：“总是这样。”编剧想借此告诉人们，人生的任何阶段，生活都是艰难的。欧文·亚隆（Irvin David Yalom）提出安抚心灵的方法：一是尽可能地活在当下。二是留下自己的足迹，获得生命的意义。

## 第三节　向　死　而　生

死亡是最孤独的人生体验。刘易斯·托马斯（Lewis Thomas）在《细胞生命的礼赞》中写道："动物似乎都有这样的本能：独个儿去死，在背人处去死。即使最大、最招眼的动物到时候也想法隐蔽自己。"很多动物都能预知自己的死亡，它们在死亡来临之前，会寻找一个非常隐秘的地方，然后静静等待死亡，依靠自己的力量去完成生命的最后阶段。

### 一、理解生命

在大多数人眼中，死亡是痛苦的，是灰暗的。在文学作品中对墓地的描写大多充满阴森、神秘与恐怖气息。在中国传统文化中人们会回避"死亡""去世"这样的字眼，认为这样说是对逝者的不敬，也是对生者的伤害。人们常常用"离开""走了"或者有欺骗意味的"睡着了"来替代死亡。

索甲仁波切在《西藏生死书》中说：我们是一个没有死亡准备的民族。成年人总以为把死亡与孩子隔离是对孩子的保护，或者是为孩子讨取的吉祥。每年都会有在中考或高考前对考生隐匿亲人亡故消息的事件。

1948 年，匈牙利心理学家玛丽亚·纳吉（Maria Nagy）调查了 378 名 3～10 岁的儿童，发现他们对死亡的看法大致有三个阶段：

（1）3～5 岁的儿童倾向于否认死亡是一个人的终点，他们会认为死者只是去旅行，还会回来。因此，他们对"死亡"没有理解，更多的是"分离焦虑"上的情绪表达。如果让他科学地了解死亡，知道亲人终究会离他远去，那么可能会适得其反，加重他的不安全感。因此，此时的死亡教育可以通过向孩子拟人化地描述死亡。比如"兔妈妈睡着了，会做一个很长很长的梦"。

（2）5～9 岁的儿童会理解死亡是生命的终点，且是永久的现象。但他们并不认为死亡是不可避免的，还会认为只要够聪明就能骗过死亡、避免死亡。而且不会把自己和死亡联系起来。出于对死亡的好奇，这个年龄段的孩子会经常向家长发问。如果家长认为死亡话题非常敏感、忌讳，采取回避姿态，那么在多种媒介的影响下，儿童很有可能会对死亡产生恐惧心理。无论是对死亡本身感到恐惧，还是对死亡的"产物"（幽灵、鬼魂）感到恐惧，都会伴其一生。所以在这个阶段，坦诚是治疗死亡终极之问的良药。

（3）9～10 岁的儿童会理解死亡无法避免，人人都有一死，自己也不例外。他们知道没有王子可以吻醒死去的公主。此时的死亡教育在于让儿童知道任何生命都会有由盛转衰的那一刻。用正确的方式、正确的情绪面对死亡，了解生命的意义，更好地珍惜生命。

## 扩展阅读　死亡教育

每个人都以自己的方式恐惧死亡。1969 年，列温顿（Leviton）首先提出了三个层面的死亡教育内容，即“死亡的本质”“对死亡及濒死的态度和其引起的情绪问题”“对死亡及濒死的调适”。1977 年，列温顿在《死亡教育》刊登的一篇文章中，将死亡教育定义为：“向社会大众传达适切的死亡相关知识，并因此造成人们在态度和行为上有所转变的一种持续的过程”。死亡教育的目标，包括让人们获得更多关于死亡的知识；学习如何面对自己和亲友的死；了解临终护理和丧葬仪式；确立自己对社会、伦理问题的价值取向。

纳西族村落中，死亡不是个人事件，是整个村子的事情。全村人共同重温自己的文化和历史，构建自己的“人死观”。孩子们目睹、参与、陪伴老人的死亡，知道自己将怎样死，死后将会去哪里。这是一个隆重的告别。弥留者安卧床上，与亲友逐一告别。院子里东巴、和尚、喇嘛、道士各安其位，各司其职。这些仪式在死者尚未咽气的时候就已经开始了。整个仪式可能要延续数日。全村老少与逝者共同面对死神，陪伴他走完人生的最后阶段。纳西族的祭司吟诵着经文，指引逝者在路上可能遇到什么？如何应对？将逝者送到祖先灵魂安居的地方。那里的人们并不惧怕死亡，也不避讳谈及死亡。

对于死亡的正确态度应该是：① 生老病死是每个人必经的自然过程；② 惧怕死亡是人的本性；③ 生命应该是为了活得更加精彩，向“死”而生，珍爱生命，做有价值的事情。

亚隆把活着比喻成持有一张商场的限时兑换券。当暮色临近，打烊在即，而你的礼券还没有兑换出去，恐惧便发生了。

用手机电量图来显示我们的余生时会看到，我们刚出生时手机的电量是满格的。稍有放纵，电量就只有 80%。我们每个人的生命都可能电量不足。你生命的电量还有几格？

2005 年，史蒂夫・乔布斯（Steve Jobs）在斯坦福大学演讲时说：“从那时（17 岁）开始，过了 33 年，我在每天早晨都会对着镜子问自己：如果今天是我生命中的最后一天，你会不会完成你今天想做的事情呢？”于是，他把每一天都当作生命的最后一天去生活，如此才成就了后来的事业。所以乔布斯说：“死亡是生命的最伟大发明。”

## 延伸阅读　不教一日闲过

向死而生是指德国哲学家马丁・海德格尔（Martin Heidegger）在《存在与时间》中提出的哲学理念。他在书中对人如何面对无法避免的死亡给出了建议：向死而生。向死是对死亡的恐惧，但凡个体离开了懵懂，就开始了对死亡不很明确和清晰的恐惧。在对死亡有了真切的理解后，个体开始考虑怎样活出生命的意义。

向死而生可以理解成从死之前的那一天，或最后一天倒过来生存。那一天你还有什么事情要做？你最关心的人是谁？你挂念的是什么？人们总有一种错觉，以为未来的日子很多，所以不觉得日子过得寡淡。我们用算数来表达一下，假如20岁时觉得还能活65年，这么久的时间肯定能做很多事，但是你要做的其中一件事就需要40年。然后你在做前一件事的过程中又萌生新的想法，要达成新的愿望可能需要26年，然后在最接近愿望实现的时候，差了一年。只好满怀遗憾及不甘地诅咒上天不公。有时死亡又来的那么猝不及防。很多大学生临近毕业的时候发觉：没学到什么，因为他的毕业预设出了问题。他以为四年很长，其实八个学期很短。短到刚刚庆祝考试科目全部通过，就又开始了下一个学期。然后不期而遇地遇上了毕业。

由于不能完成或没有完成平生的心愿，人们内心对死亡生出畏惧。对死亡的畏惧，又把人们逼出直面人生的勇气。

来日方长是将来我会慢慢努力，向死而生是每一天都在努力。白石老人的“不教一日闲过”，既体现来日方长，又蕴涵向死而生。生命是园中青草，日有所长，焕发生机和意义。不带焦虑地只争朝夕可能是人生的最佳状态。

向死而生，或许是人们对生命的终极领悟和生活态度。

## 二、优雅赴死

科技发展到今天，医学有足够多的方法让垂危的生命延续下去。数据显示，中国人一生75%的医疗费用，花在了最后的无效治疗上。选择如何离去已成为很现实的问题。《2015年度死亡质量指数》指出：死亡质量，英国位居全球第1，中国大陆排名第71。死亡质量就是指病患的最后生活质量。当面对不可逆转、药石无效的绝症时，英国医生一般建议和采取的是缓和治疗，即当一个人身患绝症，任何治疗都无法阻止这一过程时，便采取缓和疗法来减缓病痛症状，提升病人的心理和精神状态，让生命的最后一程走得完满有尊严。缓和医疗有三条核心原则：① 承认死亡是一种正常过程；② 既不加速也不延后死亡；③ 提供解除临终痛苦和不适的办法。对于病危患者医生除了“提供解除临终痛苦和不适症状的办法”外，还会向患者家属提出多项建议和要求：① 要多抽时间陪病人度过最后时刻；② 要让病人说出希望在什么地方离世；③ 听病人谈人生，记录他们的音容笑貌；④ 协助病人弥补人生的种种遗憾；⑤ 帮他们回顾人生，肯定他们过去的成就。

### 课堂练习　假如当初我……

假如生命只到这里，你最不想留下的遗憾将是什么？

1. 假如当初我……
2. 假如当初我……

3. 假如当初我……

4. 假如当初我……

5. 假如当初我……

## 三、死之追悼

尼采说："不尊重死亡的人，不懂得敬畏生命。"人们有很多方式祭奠逝者，以表达对逝者的怀念和对生命的敬畏。成熟文明的表现就是敬畏生命的神圣，关注生命的价值，肯定生命的意义。中国传统文化历经了几千年的沉淀，对生命的敬畏也以各种形式表现到了极致。

1. 祭祀

祭祀的产生与人类早期对自然界的恐惧和敬畏有关。风雨雷电，日月星辰，山石树木，飞禽走兽都被认为是由神灵主宰，"万物有灵"的观念也由此产生，人类感激神灵，但也对他们心存敬畏。古代先民们又相信人死后具有灵魂，灵魂能与生者在梦中交流，并可以作祟于生者，使其生病或遭灾，这种敬畏众神的心理便是祭祀行为产生的重要原因。在黄帝时代，人们已经具有较为发达的鬼神观念，并且产生了大规模的祭祀活动。

殷商时期人们尊崇的鬼神非常多，但对祖先神的崇拜却尤为突出。祭祖活动在周代就已形成定制，历经千百年而不衰。在《诗经》中，祭祀祖先的诗歌最多。初时的祭祖除了死时厚葬及人殉之外，还要定期地供奉酒食玉帛，后来发展为烧纸钱供祖先花销。祭祀也是给了祖先游荡的魂灵一个归宿。同时对已故长者的敬畏，也使人们定时为祖先供奉衣食。春秋时期，祭祖内涵已发生了变化，对祖先的敬畏与祈求已转化为"致意思慕之情"的伦理观念。秦汉时期，在平民社会中社祭和祭祖成为生活及心灵上的寄托。社祭扮演着凝聚社会功能的角色，家中祭祖则成为全年中不可或缺的行为。魏晋后，佛教思想融入祭祖思想中，形成了儒佛整合的神灵与轮回的结合。

几千年间，对其他神灵的祭祀或淡漠或消亡，或并入佛道两教之中，唯有对祖先的祭祀经久不衰。死亡意味着肉体的别离，祭祀是对亡灵的牵挂。

### 扩展阅读　　家谱

家谱是记载一个家族的世系繁衍及重要人物事迹的表谱。家谱是中华文明史中具有平民特色的文献，记载的是同宗共祖血缘集团世系人物和事迹等方面情况的历史图籍，又称族谱、宗谱等。

完整的家谱包括地图、家族的历史、家族的辈分。

（1）地图。地图是家谱的图像组成，有些家谱除了祠堂的地图外，还包括一些风水图，例如某某祖先的墓图，埋葬地点等，这些地点一般都以某某形状来描述，例如那个地方是一个凤凰翅膀形状，老虎嘴形状，蛇形，龟形等。有些家谱甚至还有一些祖先的图片，故居绘画等。

（2）家族的历史。绝大部分家族都有迁移的历史，家谱中会描述一些迁移的原因，即家族迁徙历程。

（3）家族的辈分规定（字辈）。通过名字中间的那个字来排定辈分。字辈一般由宗族中比较有威望者讨论，可以循环使用。

（4）世系表。这里面就包括了家族的所有成员。每个家族成员都有一个小小的简介。始祖是谁，生于哪一年，哪一年去世，享年多少岁。有几个儿子，几个女儿（有的地方有女儿不入家谱的做法），配哪位夫人，有没有迁葬过等。

据传，孔家的八个辈字是明太祖御赐的：公彦承弘闻贞尚胤，供起名用。清圣祖康熙帝御赐孔姓“希言公彦承，弘闻贞尚衍，兴毓传继广，昭宪庆繁祥”20字定辈序。后又御准孟颜曾三姓同用御赐派字。孔、孟、颜、曾四姓成为“通天谱”。

2. 祠堂

祠堂是古儒家祭祀祖先或先贤的场所，记录着家族的辉煌与传统，是家族的圣殿。宗族观念在人们的头脑里根深蒂固，是对家族祖先长辈的缅怀和尊敬，又称宗祠、祠室、家庙。

祠堂由门坊、仪门、门厅、享堂、寝堂五部分组成。寝堂是祠堂中最庄严之地，是摆放祖宗牌位和族人跪拜祭祀之地。牌位自立祠供奉之始祖及始迁祖，要按世序一定位置依世代供奉的。宗祠正厅供奉着始祖公及夫人塑像，左边是建祠宗支宗亲各支祖公及夫人塑像，右边是广行忠孝善事，两侧依次陈列着历代珍藏的龙头祖牌，如同“家谱”。祠联，包括堂联、楹联、门联等，是通过对联形式，将姓氏的来源、发祥地、祖先的居住地、名讳字号、官位及祖先的嘉行懿事等内容，用言简意赅的语言进行的艺术再现。以达到不忘祖先、不忘故土、不忘根源的目的。

祠堂文化表达了人们敬天法祖和对祖先慎终追远的崇拜心理。祠堂文化以家庭的形式维护一方稳定、保障人们安居乐业，许多家族有子孙违反国法家规或干了伤风败俗的行径不准入祠堂的规矩。宗祠是人们心中信仰的归宿和敬仰的圣地。

### 扩展阅读　烧七

我国独特的丧葬仪式。“烧七”就是从死者去世之日算起，每七天为一个祭日，称为头七、二七、三七、四七、五七、六七、末七（断七），共计四十九天。民间有人有三魂七魄，死后一年散一魂，七天去一魄，三年魂尽，七满魄尽的说法。所以要过“七期”和守孝三年。

烧七中尤以“二七”和“末七”最重要。死者魂魄会于“头七”返家，也就是“头七”的回魂夜。家人应该于魂魄回来前，给死者魂魄预备一顿饭，在堂屋点上长明灯，之后回避。在三十五天至四十九天正式进入轮回。从人断气到命魂入轮回这段时间，是佛教所说的“中阴身”。

民间还有另外的说法。死者从去世之日起，在四十九天内，每隔七天阎王要审问亡魂一次，故“七期”又称“过七灾”。头七在家设灵牌，焚香明烛，供奉酒肴祭奠，之后的六七都到坟地化纸钱。“断七”以后，丧礼才告结束。死者彻底与人世断绝关系，再也没有还阳的可能。

烧七的丧葬仪式从心理学上讲也是逐渐缓解悲痛和居丧抑郁的过程，对于人们因失去挚爱亲人而产生的剧烈冲击起到保护作用。

敬重生命，缅怀先辈，活着的人，才能坦然前行。

# 第十一章

# 无网不利

> 生活中大多数的阴霾归咎于我们挡住了自己的阳光。
>
> ——爱默生

科技的进步改变了人们的生活。视频通话让天涯变成咫尺，让思念成为永远。大学毕业没有了留言簿和纪念册，不再互赠照片。人们也越来越言而无信，鸿雁同所有受保护的动物道别，先走了一步。

## 第一节 掌中乾坤大

网络与手机普及带来人际交往、购物娱乐、提醒备忘、学习培训等诸多方面的便利，人们也越来越依赖手机、平板电脑等电子产品。网络及手机已经给身处发展之中的大学生群体带来了变化，其生活方式与行为习惯也在发生改变。

### 一、对童年的补偿

游戏具有悠久的进化史。去除人类大脑的新皮层（neocortex）有关的脑区，动物仍能正常玩耍，玩耍的动机来自脑干。新皮层是与高阶思维（higher-order thinking）如推理和制定决策等有关。脑干在哺乳类动物出现之前就已经存在了。

人类的游戏内容和机能就更加复杂。游戏主体自愿参加到一定情景中，在遵循设定或商定的规则内活动，并在内心体验和满足的心理感受的过程就是游戏。柏拉图的游戏定义是：那种无功利、非理性、结果也无害处的活动，由它所提供的愉快作为评价标准。

游戏的内容随时代的进步和科技的发展而更替。20世纪60年代后的儿童游戏有：欻嘎拉哈，抽冰嘎，踢口袋，跳房子，摔泥窝，打衙役，滚轱辘圈，骑马抢将，弹玻璃球，打啪叽，扇烟宝，跳猴皮筋，悠悠球。从游戏历经户外的大动作到不分场所的随时开展的电子游戏的发展历程来看，唯独电子游戏受到老师和家长的抵制。社会竞争映射的学习竞争日趋激烈，游戏和玩耍正从儿童的日程表中消失。但人的生命中的游戏时间是设定的，并且在童年前完成嬉戏，随之是技能倾向的游戏。如果嬉戏游戏被剥夺，生物体则自行弥补。

## 补充阅读　认知游戏的种类

（1）感觉运动游戏。感觉运动游戏一般在人从出生到2岁的年龄段。个体是通过感知和动作来认识环境、与人交往的。游戏最初是通过自己的身体作为游戏的中心，逐渐地会摆弄与操作具体物体，并不断反复练习已有动作，从重复简单的动作到尝试探索新的动作，从而使自身获得发展。在游戏中，婴幼儿通过反复、成功地摆弄游戏器具获得愉快的体验。

（2）象征性游戏。象征性游戏是2～7岁儿童的典型游戏。象征即用具体的事物表现某种特殊意义，游戏中出现了象征物，儿童把一种东西当作另一种东西来使用，即“以物代物”，把自己假装成另一个人，即“以人代人”。游戏的主要特征是模仿和想象，通过象征性游戏，儿童可以脱离当前对实物的知觉，以象征代替实物并学会用语言符号进行思维，体现儿童认知发展的水平。角色游戏是象征性游戏的主要表现形式，是儿童通过模仿、想象而扮演角色，从而有创造性地反映现实生活的一种游戏。在角色游戏中，儿童能够较好地结合现实生活的情境，通过自己的想象力、创造力结合到游戏活动中去。游戏需要一定的物质支持和情景再现。

（3）结构游戏。结构游戏是儿童利用各种不同的结构材料来建构、反映现实生活中的物体的活动。结构游戏是以表征思维为基础，通过对结构材料进行操作、搭建、拼摆，而使之呈现出具有一定形式或结构的游戏。结构游戏是游戏活动向非游戏活动的过渡，前期带有象征性，后期逐渐成为一种智力活动。儿童的结构游戏通过想象加工可以将他们思维中的东西表现出来。

（4）规则游戏。规则游戏是7～11岁儿童按照一定的规则进行的、带有竞赛性质的游戏，参加游戏的儿童必须在两人以上。规则游戏一般分为四个大块：游戏任务、游戏玩法、游戏规则、游戏结果。其中游戏规则处于整个规则游戏的核心位置，游戏规则是否能够较好地建立，直接影响和制约着规则游戏能否顺利进行。因此，在规则游戏中各种要素之间是相互影响，相互制约，缺一不可的。学龄初期规则游戏的数量和复杂性不断发展，至小学中期达到高峰，然后发生类似象征性游戏的演化：变得“小型化”——进入桌面游戏；变得“抽象化”——出现纸笔游戏或猜谜游戏；变得“社会化”——出现运动竞赛和其他一些有正规规则的游戏。

2005年，《儿童和青少年医学文献》上的一篇报道表明，从1981～1997年，儿童自由玩耍的时间缩短了1/4。为了让孩子考上好的大学，父母牺牲了孩子的游戏时间，从幼儿园开始给他们安排了很多课外专长的补习活动。

斯图尔特·布朗（Stuart Brown）历经42年，追踪调查采访了6000人，了解他们的童年生活。数据显示，如果在儿童时代不能无拘无束地玩耍，孩子长大后可能会不快乐，难以适应新环境。

（一）自由玩耍

自由玩耍（Free play）是由孩子发起并不断创新的游戏。自由玩耍是没有结构、没有规则或临时商定规则的游戏。在自由玩耍中，孩子们会利用丰富的想象力，不断尝试新的活动和角色。

自由玩耍对于培养孩子的社交能力、应对压力的能力以及解决问题的认知技能都至关重要。对动物行为的研究证实了玩耍能让动物（包括人类）学会某些技能，有利于生存和繁衍后代，以及它在进化上的重要性。

不让孩子自由玩耍可能导致他们不开心、过于焦虑、社会适应能力差。调查数据显示，以自由玩耍为主导内容的幼儿园培养出来的孩子，在以后的生活中能更好地适应社会。

（二）游戏对心理发育具有促进作用

（1）感知觉能力是通过激活有机体，在认识周围事物中发育和健全的心理机能。儿童以一种直接和细致的方式感知世界，在环境中主动地发现、探索、参与和抽取信息。游戏让儿童观察到事物的许多信息，以及事件和环境的事件序列。

婴幼儿对周围的世界通过咬、摸、拉、扔等动作初步认识到事物的属性，辨认事物的颜色和形状等。

（2）由于游戏本身具有的愉悦性、新奇性和结果的不确定性等，使得游戏本身就极富吸引力。需要动脑筋的游戏，可以使儿童的思维、想象力得到进一步发展。儿童在游戏中还会根据情境需要，开发出新的游戏方式和游戏规则。

（3）儿童口头言语游戏为语言的理解和表达提供发育的环境，皮亚杰的研究发现，幼儿在游戏中自言自语，借助语言推动游戏，同时也借助游戏发育语言。在幼儿的双边和多边游戏中语言得到了更大的提升。

（4）游戏是儿童社会化的基本渠道。在游戏中，儿童学会分享、协商、谦让和互助等交流与沟通的方式。游戏让儿童获得了社交规则和角色规范。

（5）嬉戏打闹也可以提升孩子解决问题的能力。儿童只有先玩耍才能获得各种技能。缺少游戏和自由玩耍的儿童由于很少接触新事物，很难学会灵活地解决问题。

（6）游戏有利于培养儿童勇敢、坚毅的品格。儿童在游戏中，学会利用线索与选择策略，动手动脑解决问题，发现和体验自己的本领，产生胜任感与成就感，增强自信和探索欲望。

网络游戏兼具娱乐和促进心理发育的机能。但是在虚拟空间内和现实之间需要很好地结合与转换。

## 二、对现实的逃避

1997 年，金伯利・杨（Kimberly Young）提出了互联网成瘾的 ACE 模型。ACE 模型中的 A、C、E 分别指“anonymity”（匿名）“convenience”（便利）“escape”（逃避现实）。杨认为，正是网络的匿名、便利和逃避现实的特点导致了互联网成瘾。沉迷于网络可视为个人对于自尊与自我价值低落的一种逃避作法。网络世界的“去社会规范”，可以将自己在社会角色、期待、性别上重新定位。对于自卑感重、易退缩的青少年，反而能打造出另一个新的内心。

网络可导致个体的无意识需要发生变化。人们容易判断自己有意识的需要，难以留意无意识的需要，但是无意识的需要会在某些活动中表达出来。当合理的需要被压抑、忽略、转移和陷入一个表面的、间接满足的恶性循环时，往往会出现病态的固执和成瘾行为。在健康状态下，现实和需要的满足可以获得牢固的、统一的自我感，在病态和成瘾时，自我变得空洞和支离破碎。一个人对网络的热情可以处于健康、病态或介于两者之间，其中有许多相关因素，包括需要的类型、需要被剥夺的程度、网络活动类型、网络对人际关系的影响、对痛苦的主观感受、对无意识的警觉、上网的经历和阶段、网络活动和现实的平衡等。

## 扩展阅读　游戏的心理因素

动机是解释个体活动的原因。儿童游戏动机是内部动机，也是儿童身心发展的客观要求。不因为他人的命令或要求而发生，即儿童游戏是“我要玩”，而不是“要我玩”。所以，游戏是主动、自发自愿的活动，不需要任何强迫与催促。儿童不是为了游戏以外的东西而游戏，玩即目的。在游戏过程中，儿童获得了自身的满足，不需外部的褒奖和称赞。游戏必须是儿童可以自己控制和亲自参与的过程，他们可以自己决定对活动材料、伙伴、内容的选择，决定使用活动材料的方式方法，而不是按照外部的要求与规则来进行。

游戏体验。儿童作为游戏的主体，会在游戏过程中产生对游戏的主观感受，这就是游戏体验。游戏体验是游戏者在游戏过程中真切“获得”的内容，是游戏的魅力所在。

胜任感/成就感体验。胜任感或成就感体验是一种对自己能力的体验，该体验能增强参与游戏者的自信心。胜任感体验的产生在于主体知觉到当前任务与自己的能力间的差距合适。在游戏活动中，由于儿童可以自由选择、自行决定游戏的内容和方式方法，可以通过尝试错误，反复选择找到适合自己能力与兴趣的活动内容，不担心失败而导致成人的批评，因此，游戏一般总可以让儿童获得胜任感和成就感。胜任感或成就感是游戏过程给儿童的自然奖赏，也是儿童喜欢游戏的一个原因。

幽默感。幽默感是由嬉戏玩笑、诙谐等引起的一种快感。最初的幽默感就是来源于嬉戏性行为过程中的偶然现象。当儿童在自己所熟悉的情景或行为过程中，偶发出现了让儿童觉得新奇的事件或现象，这时儿童就会重复这种游戏活动中的新元素，表现出一种故意取乐的倾向。随着知识经验的丰富以及认识能力的提高，儿童逐渐能够理解语言、电视、绘画等文学作品中的幽默，并会将其应用于与同伴的游戏活动中。

驱力愉快。游戏可以给儿童带来生理上的快感，这些生理快感是由于身体活动的需要和中枢神经系统维持最佳唤醒水平的需要得到满足后而产生的。在成长过程中，儿童的骨骼肌肉系统有生长发育的需要，儿童在生理需要上是有身体活动的需要的，于是好动就是儿童的一大特点。在游戏中，儿童可以任意变换动作与姿势，使自己的中枢神经系统机能状态调整到最佳水平。

非适应性认知（maladaptive cogntion）涉及关于自我的认知和关于世界的认知两个方面。关于自我的非适应认知主要包括自我怀疑、较低的自我效能感以及否定的自我评价等。对现实世界的非适应（和人格扭曲）人士则认为网络给了他们一切，现实一无是处。该模型相信，病理性网络使用的情感症状和行为症状是认知症状诱发的。Davis 认为，非适应性认知是病理性使用互联网的心理因素。

网络依赖者具有自持性、较喜欢单独生活、限制自己的人际交往渠道；抽象思考程度较高，较不遵守社会习俗，容易情绪化，较为敏感、谨慎，低自我揭露。

网络依赖者多数是藉由网络来逃避生活中其他层面适应不良，如害羞、缺乏自信、忧郁或人际挫折。以网络为生活重心后，虽然能够得到一定程度的解脱，但反过来又由于过度使用网络而造成生活各层面新的困扰或适应不良，如时间管理不当、人际交往疏离。

网络依赖的连体兄弟是被称作空心病的状态，研究者将空心病患者归纳出以下特点：

（1）从症状上来讲它可能是符合抑郁症诊断的。它会表现为情绪低落，兴趣减退，快感缺乏。但是和典型抑郁症不同的是，所有这些症状表现并不非常严重和突出，所以外表上看起来可能跟其他同学或其他大多数人并没有差别。

（2）他们会有强烈的孤独感和无意义感。这种孤独感来自好像跟这个世界和周围的人并没有真正的联系，所有的联系都变得非常虚幻；更重要的是他们不知道为什么要活着，他们也不知道活着的价值和意义是什么。可能他们取得了非常优秀的成绩和成就，这些成就似乎上瘾，仿佛毒品。他们似乎是为了获得成就感而努力地生活、学习和工作。但是当他发现所有那些东西都得到的时候，内心还是空荡荡，就有了强烈的无意义感。

（3）通常人际关系是良好的。他们非常在意别人对自己的看法，需要维系在他人眼里良好的自我形象，需要成为一个好孩子、好学生、好丈夫、好妻子。但似乎所有这一切都是为了别人而做的，因此做得非常辛苦，也非常疲惫不堪。

（4）对生物治疗不敏感，甚至无效。

（5）有强烈的自杀意念。这种自杀意念并不是因为现实中的困难、痛苦和挫折，用他们的话来讲就是“我不是那么想要去死，但是我不知道我为什么还要活着。”所以他们倾向于不用那么痛苦和惨烈的方式来结束自己，比如烧炭、自缢、服药。

（6）可能从初中、高中，甚至更早就开始有这样的迷茫，可能他之前已经有过尝试自杀的行为。

（7）传统心理治疗疗效不佳。

## 相关阅读　习得的无助

马丁·塞利格曼（Martin E. P. Seligman）认为，我们对能力和控制的知觉是从经验中习得的。他相信，当一个人控制特定事件的努力遭受多次失败后，他（或她）将停止这种尝试。如果这种情形出现得太过频繁，这个人就会把这种控制缺失的知觉泛化到所有的情景中，甚至泛化到实际上控制能发生作用的情况下。于是，他（或她）开始感到自己像一颗“命运的棋子”任人摆布，无助而抑郁。塞利格曼把这种抑郁的产生原因称为“习得性无助”。

具体的实验是把狗放在一个大箱子里，箱子由一块隔板分割为两部分。在箱子一边的地板上通电。狗感到箱子的一边有电流时，便只需越过隔板跳到箱子的另一边即可避开电击。通常，狗和其他动物都能很快学会这种逃脱行为。

但在实验中，无论狗怎么努力都无法逃离电击后，它们就不再做出这种逃脱回避的行为。当狗在先前的电击经历中已经懂得自己的行为不能改变电击结果后，即使处于新的环境中，可以轻而易举逃离时，狗也不会逃走。并且狗还表现出情绪低落、兴趣减退、快感缺乏等抑郁症状。

大学生沉迷网络，逃避现实的状况，主要是由家长的过度设计和安排造成的。中国人受教育程度普遍提高，资讯日益发达，每个关心孩子成长的家长都热衷于教育的话题。但是，没有心理学依托的教育是伪科学，没有尊重的教育是假教育。最终导致的结果是学生没有自主意识和独立精神，外部表现是浑噩懵懂，不知所言，不知所为。学生说：我不知道我为什么要学习，所以我不去学。我打游戏也不是因为游戏有多好玩，而是我不知道还有什么事情可做。

沉迷游戏的孩子，其实是在寻找情感共鸣。平时和家人相处时间较多，能被人深切理解的孩子，比独处时间较多或虽然有人陪伴却不能被深切理解的孩子表现出的上瘾症状要少。

孩子对手机上瘾是从情感的缺乏开始的。经常独处的孩子和自身性格倾向得不到认可的孩子很容易对智能手机上瘾。那些表面看起来情感世界很丰富，内心却很空虚的孩子，如果能从家人身上得到深切的理解和情感共鸣，与包括父母在内的家人、亲戚和朋友们沟通良好，玩手机上瘾的程度也会相对较低。

### 三、对自信的提升

简·麦格尼格尔（Jane McGonigal）提出，要提升对个别技能的信心有很多种方法，但要让大脑整体提升自我效能，即相信你能够克服任何困难，没有比玩游戏和学会游戏化思维更快更可靠的途径了。感受自己更强大、更乐观、更能积极地影响自己的健康，班杜拉称之为“自我效能”（self-efficacy）。自我效能是相信自己具备解决特定问题或达到特定目标的技术和能力。有了强烈的自我效能，你更有可能采取有助你达成目标的行动。

所有的游戏都有意让玩家随着时间提升竞争力、力量和技能；换句话说，就是构建玩家的自我效能。人们玩游戏的时候经常体验到的自我效能感是大脑特定神经回路反复激活的结果，它的典型路径是：接受目标，付出努力，从努力中得到反馈，改善具体技能，继续尝试，最终成功。通过游戏可以控制自己的注意力，从而控制自己的想法和感觉；深化现有的人际交往；激励自己，增强自己的英雄品质。

当然，实践这条路并不一定需要游戏，但游戏能有效地帮你迅速达到这个境界。大脑神经回路训练使大脑更容易被挑战所激励，更容易获得反馈的奖励，面对暂时的失败更具复原力。如果你想让大脑变得更好，即把动机变成自我效能、提升学习速度，培养更多复原力，可以用游戏化的思维，游戏化的规则，用挑战性的学习机会去刺激大脑。

## 延伸阅读　社会学习理论对手机依赖行为的解释

大学生在使用手机的过程中，愉悦的记忆被储存起来，形成个体的信念并形成认知结构，进而影响手机使用行为。大学生不使用手机时产生明显的生理和心理的不适症状，但使用后又会产生明显的自责、歉疚等心理状态，认为手机占据了自己过多的学习时间，进入“追求享乐—使用依赖—自责控制”的恶性循环中。

班杜拉认为，个体内在因素、外在环境与行为三者间存在交互作用，也就是说个体、环境、行为存在动态交互影响。社会学习理论认为人的大部分学习活动通过观察他人行为完成。但观察他人行为是一种外化行为，而对结果的期望和自我效能是一种内化行为动机，影响人们的行为意向。因此，感知自我效能（Self-efficacy）、结果预期（Outcome Expectation）和自我调控（Self-regulation）成为社会学习理论的重要框架。自我效能感是人们对于组织和执行一系列行为达到某项特定目标能力的自我评价，一般个体感受到的自我效能感越高，越有信心实现这一目标；结果预期是个体对于行为发生带来结果的期盼程度，一般对行为发生报以期待的个体，出现特定行为的可能性增加。社会学习理论认为，个体行为发生不仅取决于个人信念和决心，也取决于对行为产生结果的预期。

研究发现自我效能、自我调控均降低过量手机使用，而结果预期提高了过量手机使用的可能，多元 logistic 回归分析显示，自我效能感成为社会学习理论中唯一有效降低过量手机使用和手机依赖的变量，自我调控降低了使用手机产生的短期负面影响，而当个体感知到手机带来的愉悦体验时，会产生积极态度和积极评价，并且持续使用。

可能没有人像简·麦格尼格尔对游戏充满期待。她认为游戏化可以让现实变得更美好。游戏化可以让人们更满意工作，更有把握成功，和陌生人结盟，建造更大的社群，让幸福成为一种习惯。游戏是集中精力的大好机会，我们乐观向上地做一件自己擅长并享受的事情。所有优秀的游戏都是艰苦的工作，它是我们自动选择且享乐其中的艰苦工作。当我们从事自己喜欢的艰苦工作时，就点燃了头脑里的那根快乐雷管。戴维·埃尔金德（David Elkind）警告说“人们应该重新认识玩耍，不能将玩耍看作是工作的对立面，而应看成是对工作的补充。好奇心、想象力和创造力就像肌肉一样，不用则废。”

## 第二节 线 上 日 月 长

网上游戏极富挑战，也充分利用了人性的弱点。2018 年，中国青年网对全国高校的 856 名大学生作了“大学生手机使用情况”的调查，结果显示：41.94%的大学生每天使用手机 4～6 小时，无聊时、睡觉前、休闲娱乐时手机使用频率最高，社交聊天、听音乐、转账支付为主要用途，超 3 成学生认为手机已成为生活的一部分，超 4 成学生表示“一天不玩手机会无聊”，超 7 成学生表示“手机没有网络，会影响到学习和生活”。

在这项话题调查中，同时对“长时间玩手机给自己带来哪些不良影响？”进行了提问，数据显示，76.52%的大学生认为玩手机“严重浪费时间”，“生活、学习规划受到影响”和“自制力下降”，分别占 71.5%和 66%，还有 64.72%的大学生觉得自己“身体健康受到了伤害”，39.72%的大学生认为自己“消费大手大脚”，38.55%的大学生认为“手机已成为生活的一部分”,“对手机产生了依赖性”和“有时厌恶但又离不开”,分别占 19.28%、18.81%，其余为“没手机就没有安全感”“一刻都不能离手”等。在这项调查中显示出参与调查的大学生有五分之一的比例感到“对手机产生了依赖”，如果一天不使用手机，便会感到不适、焦虑、烦躁、惶恐、气愤。在这份数据及更多的研究中，我们可以看到使用手机改变了人们的生理、心理和行为。

### 扩展阅读 网络成瘾

Goldberg（1996 年）提出“网络成瘾综合症”（internet addiction disorder，IAD）。由于过度沉迷某项事物而出现失常行为的现象，称为计算机成瘾（computer addiction）。甚至从更宽泛的角度来命名：电脑空间成瘾（cyberspace addiction），即沉溺在互联网络、游戏等虚拟世界中的异常行为。

Hal 等人提出网络行为依赖（Internet Behavior Dependence，IBD）。网络行为依赖的并发症包括意志消沉、冲动控制障碍和低自尊。Hal 等人认为网络的过度使用是生活中的一个良性问题，它弥补了在生活其他方面缺少的满意感，是普通人生活中都有可能遇到的问题。他们认为 IBD 仅仅是一种适应不良的认知应对风格，可以通过基本的认知行为干预加以矫正。

Griffth 认为网络成瘾是一种技术成瘾，即对网络中新的软件，新的游戏和新的信息产生了迷恋。互联网成瘾大多数是以心理上的依赖为主要病理机制。现有的关于互联网成瘾的定义为：在无成瘾物质作用下，上网行为冲动失控。

## 一、手机依赖的评定标准

手机依赖（mobile phone dependence），是指每天超过 4 小时沉迷于手机应用而导致的心理行为损害的现象，是在没有药物作用下的行为失控。

手机应用的常见分类。手机 App 可分为以下 8 类：① 商城 · O2O，包括网上商城、线上线下交易平台、支付平台；② 资讯 · 社区，主要包括新闻资讯、网络社区、行业信息、社交应用；③ 视频 · 声音，主要包括视频软件、音乐软件、电台软件及音乐相关；④ 摄影 · 绘画，主要包括修图软件、创意创作软件和绘画软件；⑤ 游戏 · 娱乐，包括各种游戏、直播软件；⑥ 摘录 · 笔记，主要包括文章摘抄、笔记、写作应用；⑦ 工具 · 效率，比较杂的工具类软件会放在这里，比如计算器、云盘、天气等；⑧ 阅读 · 文档，主要包括文档处理软件、阅读软件等。

到目前为止，国内外已经有不少学者按照自己对成瘾行为的理解，编制了测查工具用以诊断手机依赖。

### 心理测试　　手机成瘾量表

用于评定青少年手机依赖。量表采用 5 点评分：1 表示从不，2 表示偶尔，3 表示有时，4 表示经常，5 表示总是。

| | 从不 | 偶尔 | 有时 | 经常 | 总是 |
|---|---|---|---|---|---|
| （1）你的朋友和家人曾因为你在用手机而抱怨吗？ | ○ | ○ | ○ | ○ | ○ |
| （2）有人说过你花了太多的时间在手机上面吗？ | ○ | ○ | ○ | ○ | ○ |
| （3）你曾试图向其他人隐藏你在手机上花了多长时间吗？ | ○ | ○ | ○ | ○ | ○ |
| （4）你的话费超支吗？ | ○ | ○ | ○ | ○ | ○ |
| （5）你发现自己使用手机的时间比本来打算的要长吗？ | ○ | ○ | ○ | ○ | ○ |
| （6）你尝试在手机上少花些时间，但是做不到吗？ | ○ | ○ | ○ | ○ | ○ |
| （7）你从未觉得在手机上花够了时间吗？ | ○ | ○ | ○ | ○ | ○ |
| （8）当在手机信号盲区待上一阵时，你总担心会错过电话吗？ | ○ | ○ | ○ | ○ | ○ |
| （9）你很难做到将手机关机吗？ | ○ | ○ | ○ | ○ | ○ |
| （10）如果有一会没看短信或没开手机，你会变得焦虑吗？ | ○ | ○ | ○ | ○ | ○ |

| | | | | | |
|---|---|---|---|---|---|
| （11）没有手机你会心神不宁吗？ | ○ | ○ | ○ | ○ | ○ |
| （12）如果没有手机，你的朋友会很难联系到你吗？ | ○ | ○ | ○ | ○ | ○ |
| （13）当感到被孤立时，你会用手机与别人聊天吗？ | ○ | ○ | ○ | ○ | ○ |
| （14）当感到孤独的时候，你会用手机与别人聊天吗？ | ○ | ○ | ○ | ○ | ○ |
| （15）当心情低落的时候，你会玩手机来改善情绪吗？ | ○ | ○ | ○ | ○ | ○ |
| （16）有其他的事要做却沉迷于手机，曾给你带来些麻烦吗？ | ○ | ○ | ○ | ○ | ○ |
| （17）在手机上耗费的时间，直接导致你的办事效率降低吗？ | ○ | ○ | ○ | ○ | ○ |

香港中文大学梁永炽编制。量表有戒断、失控、低效和逃避四个维度。戒断是指个体无法适应不能正常使用手机时出现的不良情绪等反应，包括项目 8、9、10、11；失控指个体没有办法控制自己在手机上花费的大量时间，包括项目 1、2、3、4、5、6、7；低效指过度使用手机导致较低的学习或者工作效率，包括项目 15、16、17；逃避指利用手机逃避现实世界，使用者沉浸在手机网络世界中，包括项目 12、13、14。

计算该量表得分，四个维度的因子分求和，计算方式是求平均分。手机依赖平均得分大于或者等于 3，就被界定为手机依赖。

## 二、互联网成瘾标准的研究

Kimberly Young 根据美国精神病学会的《精神疾病诊断和统计手册》中病理性赌博 10 项标准确定了互联网成瘾的 8 项标准，只要符合诊断标准中的 5 项就可以判定为互联网成瘾。但是 Beard 和 Wolf 认为 Young 所给出的 8 项标准，以下 5 项是必需的：

（1）互联网使用成为生活中心；

（2）需要增加互联网的使用；

（3）不能成功减少、控制、停止互联网的使用；

（4）停止或减少互联网使用会导致无聊、郁闷、气愤；

（5）在线时间超出预期计划。

以下 3 项标准应该至少具有一项才能被诊断为互联网成瘾：

（1）重要人际关系、工作、职业机遇遭到破坏；

（2）向别人撒谎互联网卷入的程度；

（3）使用互联网逃避现实问题。

只要满足“5+1”的标准，就可以诊断为互联网成瘾。

同时，Young 根据问卷调查结果将互联网成瘾分为 5 种类型：① 网络性成瘾，难以控制对成人网站的访问；② 网络关系成瘾，过分迷恋在线人际关系；③ 上网冲动，过分关注在线购物、交易及赌博；④ 信息超载，冲动性地浏览网页及搜索过多的数据或资料；⑤ 计算机成瘾，过于迷恋计算机游戏。

互联网成瘾的七种症状：

（1）耐受性增强，上网者不断增加上网时间才能达到满足，也就是网瘾越来越大；

（2）戒断症状，如果有一段时间不上网，上网者就会明显地焦躁不安、不可抑制地想上网，甚至做梦也是关于网络；

（3）上网频率总比事先计划的高，上网时间总比计划的长；

（4）企图缩短上网时间，但总失败；

（5）在和互联网有关的活动上花费大量时间；

（6）上网给上网者的社交和家庭带来严重影响；

（7）虽然能够意识到上网带来的严重问题，但仍花费大量时间继续上网。

在过去 12 个月内有三种以上症状，即存在互联网成瘾倾向。

## 扩展阅读　　沉迷游戏是病

2019 年 5 月 25 日，第 72 届世界卫生大会审议通过《国际疾病分类》（第十一次修订本）（ICD-11），官方正式将“游戏成瘾”（gaming disorder）定为疾病。

世界卫生组织对“游戏成瘾”的官方定义为：一种持续或复发性的游戏行为（数字游戏或视频游戏），可能是在线或离线，体现在：对游戏的自控力低下，比如对玩游戏的频率、强度、持续时间、终止时间、情境等缺乏自控力。

对游戏的重视程度不断提高，以至于游戏优先于其他生活兴趣和日常活动；尽管有负面效果出现，但依旧会持续进行游戏或增加玩游戏的时间度。

世界卫生组织对诊断“游戏成瘾”的条件也非常严格，当事人的相关行为必须足够严重，而且已经造成个人、家庭、社会、教育、工作或其他重要方面的重大损害，至少需要 12 个月才能确诊。但也表明，如果症状严重，确诊前的观察期也可缩短。

相关规定已于 2019 年 6 月 19 日起生效。世界卫生组织通知世界各国政府，将游戏成瘾纳入医疗体系。

### 三、手机满足的心理需求

众所周知，智能手机使用者不仅在通信、社会交往方面获益，美颜拍照、网络购物、手机游戏、短视频以及各种各样手机应用都已经成为使用手机的常规访问，在公交车上、地铁里、马路边、饭店乃至大学校园的每个角落，都能看到正在低头聚精会神看手机的人。手机里丰富的资讯和多彩的内容，已经深深吸引人们的心，不知不觉牵动着情绪，改变了行为。

从最基本的点外卖满足饥饿的生理需要，到上网课、阅读、摘抄笔记的认知需要，大学生们对手机的沉浸和依赖，仅仅是因为手机带来强烈的愉快感。

愉快感强化了使用手机的行为。行为主义著名的“操作性条件反射理论”告诉我们，人们做出某种行为、不做出某种行为，只取决于一个影响因素，那就是行为的后果。玩游戏、浏览社交网站、即时通信聊天、看小说和电影等多种手机功能，不仅能带来愉悦感（正强化），还能让青少年暂时逃避学习、生活和人际交往中的焦虑、抑郁、孤独、无助和无聊等消极情绪（负强化），因为正强化与负强化的双重作用，增加了使用手机的行为，特别是使用手机获得快乐体验的行为，例如打游戏、看小说、追电视剧等。

（一）大学生上网的动机

调查显示，大学生对网络感兴趣，最重要的原因是信息量大，其次是娱乐，最后则是聊天。而谈到为什么要聊天，70.9%的人选择了无聊，也就是说，大多数人是因为无聊才到网上去聊天的。大学生在网上交往通常涉及的话题中，36%是情感，23%是电脑技术，17%是学习，8%是国内国际形势，还有16%是其他问题。

（二）内容偏好与人格特质

不同人格特质的学生对互联网内容有不同的偏好。

喜欢信息类内容的学生，情绪稳定成熟、能面对现实、庄重谨慎、并且有一定依赖性；喜欢技术类内容的学生，情绪稳定成熟、不依赖他人，愿意自己做决定但又有胆怯拘束、害羞的特点；喜欢休闲类内容的学生，开朗外向、情绪稳定、自我满足、自信安详并且松弛沉着；喜欢游戏类内容的学生，武断顽强、敢于竞争、大胆敢为、好幻想、忧虑烦躁，不太合群、情绪不够稳定。

（三）高频率上网者的情绪状态

Young 利用荣格忧郁症自评量表进行的调查发现，中度至重度的忧郁症伴随着病态性网络使用而产生。高频率上网者时常有易哭、心悸、易倦、不安、绝望、生活空虚感、易激惹等抑郁的感觉。越是高频率上网者，就越容易产生抑郁倾向。同样，高频率上网者也存在焦虑倾向。调查表明，高频率上网者时常有害怕、惊恐、不幸预感、头疼、乏力、心悸、呼吸困难等不舒适的感觉。

（四）成就目标与上网频率

成就目标是个体在成就情景中渴望实现的目标，例如，一个人可能雄心勃勃地想要获得本月最佳销售奖，另一个人可能把目标定为演奏一个高难度的钢琴曲。成就目标可以分为两类：掌握目标和成绩目标。掌握目标与发展能力有关，受掌握目标驱动的学生会努力学习一门课程的主题内容。理解了材料的含义以及精通所学的内容令其满意。成绩目标是指向别人展示成就。受强烈的成绩目标驱动的学生想要得高分，也许还想成为全班最高分。因为好成绩而受到赞扬是他们快乐的源泉。两类学生都按时完成作业，努力学习、准备考试，取得同样的分数，但他们的动力来自完全不同的目标。其中一类希望学到知识，享受迎接挑战获得能力的滋味。另一类期望得到好成绩，他们合理地安排学习时间以获得理想的分数。

但是，在成就情境中人们并不仅仅渴望成功，有时候他们更加在意不要失败。因此，心理学家发现有时候需要区分趋近目标和回避目标。Elliot 和 Pintrich 在逻辑推论和实证研究基础上，进一步将掌握目标划分为掌握趋近目标和掌握回避目标，这样就形成了四种目标定向的理论结构，这四种目标分别是掌握趋近目标、掌握回避目标、成绩趋近目标、成绩回避目标。掌握趋近目标的高频率上网者，关注任务掌握、学习和理解，重视自己的进步和提高，以及对任务的理解深度来评价自身的表现。掌握回避目标的高频率上网者，不关心如何避免不理解，也不重视判断成功的标准是准确无误地完成任务。掌握趋近成绩的高频率上网者，关心如何超越他人，喜欢表现出自己的聪明和才智。掌握回避成绩的高频率上网者，不关心如何不让自己显得低能，显得比别人笨，他们也不根据常模标准来评价自我。低频率上网者的特征则完全相反。

### 扩展阅读　　依赖的生理机制

多巴胺（Dopamine，$C_8H_{11}O_2N$）是一种神经递质，是在神经元、神经和体内其他细胞之间传递紧急信息的化学物质。沃尔夫拉姆·舒尔茨（Wolfram Schultz）对老鼠进行了一系列实验，发现多巴胺会改变大脑的连接方式，让人重复愉悦的活动，似乎与渴望、野心、上瘾和性冲动有关。

多巴胺与人类大脑中的愉悦回路密切相关。如果我们做出的某个行为得到奖赏，在中脑内部就会分泌一点多巴胺，这种行为就会变成一种习惯。反之，动物就会对这种行为做出调整。

多巴胺于1957年被发现，被认为主要与身体运动有关。在50年代，多巴胺用于治疗帕金森病。近期研究显示，多巴胺在大脑中泛滥，把接近10%的帕金森病患者变成了赌博成瘾者。

在人类的基因组中，有一种名为HK2的逆转录病毒。HK2病毒位于调节大脑中多巴胺活动的基因RASGRF-2附近，而多巴胺物质会促进大脑中与多巴胺相关的活动。HK2病毒在药物成瘾者身上更常见，因而与成瘾有显著相关。HK2病毒整合入人体基因可能是导致成瘾行为的原因。

全球只有5%～10%的人群携带HK2病毒。所以，影响成瘾这种复杂的人类特性，也可能还有其他病毒。

但是，肯特·贝里奇（Kent Berridge）对老鼠作了脑外科手术，阻止它们产生多巴胺，老鼠不再主动去喝糖水。但是如果喂给它们糖水后，它们又似乎享受着跟手术之前一样多的愉悦。贝里奇得出的结论是：渴望比喜欢重要。对事物成瘾的心理需求似乎比生物机制更重要。

## 第三节　青春成“网事”

Facebook联合创始人兼总裁肖恩·帕克（Sean Parker）坦承，创办Facebook的目标不是让我们交流，而是让我们分心。

## 一、手机依赖的伤害

多巴胺分泌的多少让人的情绪在无谓的兴奋和失落中恶性循环。研究表明，长期释放多巴胺可能会使我们大脑内的左腹侧纹状体发生变化，分泌多巴胺的中脑腹侧被盖区（VTA）会被持续激活，长此以往，大脑很容易被损伤。

浏览新闻，刷热搜榜，表面上在与世界进行联结，得到“我与这个世界相关”的错觉，不断用知识充实自己，但其实我们所获得的只是一个又一个知识碎片，难以互相联系成为知识网络。长期接受视频带来的高兴奋体验，会让人在面对纸质书籍这种刺激略低的媒介时，难以集中注意力。在碎片化的信息获取过程中，我们得到的往往只有事实和结果，却没有学习到真正重要的逻辑框架，而后者和我们的深度思考能力有直接关系。

卡尔·纽坡特（Cal Newport）在《深度工作》中说，“如果你生活中每一刻无聊时光都用浏览智能手机打发的话，你的大脑已经被重新编排，出现了‘心智残疾’，此时你的大脑已经无法胜任深度工作了”。津巴多也指出，年轻群体正面临一个全新的危机。在数字时代，男孩子们的大脑正在被“数字化重新连接”，而罪魁祸首就是在线视频游戏和色情内容。

## 二、手机依赖影响健康

手机依赖对个体身心健康的影响正日益凸显，如青年人的视力、身体发育都受到影响，使用手机时久坐不动的状态间接影响了心肺功能并诱发疾病；手机依赖降低睡眠质量，并对个体的情绪状态、人际交往、孤独感造成负面影响；特别需要注意的是手机依赖降低了个体的学业表现。

### （一）手机依赖损害身体健康

长时间使用手机，直接危害双眼，玩游戏容易得干眼症，使眼睛感到干涩、刺痒，导致视疲劳，易患结膜炎。

除了影响视力外，日常生活中使用手机时间越长，体育锻炼的时间便越短。人们在使用手机的时候，经常久坐，如长时间坐着不动地浏览网页，玩手机游戏，观看视频等。这样的久坐不动是多种疾病的诱因，不仅会降低心肺功能，引发肥胖、高血压、高血脂和血糖代谢异常等生理疾病。锻炼时，因为收发微信、接打电话而中断或干扰锻炼，也会产生负面影响，手机会分散运动时的注意力，并打断锻炼计划，最终可能会导致运动难以坚持下去、减少体育锻炼的时间。

手机依赖同样影响着睡眠质量。睡觉前使用手机会影响睡眠的脑电波，并会促使快速眼动睡眠的出现，在睡眠中使人始终处于浅睡眠状态。手机发射的脉冲调制电磁场会影响清醒状态下大脑局部的血流量，并改变入睡前（α 波的频率增大）和睡眠第二阶段（纺锤波的频率增大）的脑电波波形。因此，手机的电磁场可能改变睡眠的正常脑电波波形，由此使人处于兴奋状态，干扰并缩短睡眠时间。

（二）手机依赖影响学业表现

大学阶段，学生在课堂上使用手机，正在给高校课堂管理带来前所未有的挑战，学生们很难做到一边在手机中获得精彩的视频或图片资讯，一边又全部吸收专业知识。手机在课堂上通过分散学生注意力的方式，干扰了学生的听课进程，影响知识学习。

手机依赖对学业造成的影响还包括其增加了拖延行为，黄明明等人对大学生的手机成瘾和学业拖延进行了调查，学生手机成瘾和学业拖延发生比分别是43.4%和40.9%，二者呈正相关。手机成瘾可以预测大学生的学业拖延行为。学业拖延是指个体本可以在规定时间内完成学业，却无法自拔地做出与该学习任务无关的活动而导致该任务未能完成或直至最后才完成的现象。而很多学业拖延的学生正是因为长时间不能自控地使用手机，占用应该完成学业任务的时间，从而造成了学业拖延，影响学业评价。

## 三、手机依赖的理论分析

（一）使用–满足理论对手机依赖的解释

使用–满足理论认为大学生依赖手机，源于手机可以满足个体的各种需要，人本主义心理学家马斯洛将人的需要由低到高划分为五个层次：生理需要、安全需要、归属与爱的需要、尊重的需要、自我实现的需要。使用–满足理论认为正是人们不同层次的需要诱发了对使用手机的某种期待和动机，人们在动机驱使下，使用手机满足需要、获得愉悦感，如果个体过度依赖这种心理体验而对自己的行为不加控制，则最终会导致依赖行为。

如果自我认同感降低，需求不能得到满足，发生“病理性补偿”过程。网络游戏等以易产生成就感的方式进行补偿。如果青少年心理需求现实满足强于虚拟满足，那么形成依赖行为的可能性就会降低，反之，手机依赖的可能性将增高。

（二）计划行为理论

阿耶兹（Ajzen）提出的计划行为理论，较为清楚地解释了行为发生的影响因素。计划行为理论是个体在决定采取行为前，理性地评价自己对信息的掌控程度，主要关注行为意向，并认为行为意向直接影响行为，个体执行特定行为的意图越强烈，发生行为的可能性越高。

规范信念是指个体预期到重要他人或团体对其是否应该执行某特定行为的期望。就课堂上使用手机来举例，课堂管理规定及学校、老师都是态度明确反对上课时使用手机的。这样的规范信念将影响大学生主观上对规范的体验及感受。当个体感受到重要他人的认同时，个体感知到更强烈的行为意向，而如果个体感受到重要他人的强烈不赞同，个体将降低行为意向。

控制信念是指个体知觉到的可能促进和阻碍执行行为的因素。还是以课堂上使用手机为例，个体想到可以用书包挡在手机前，书包挡住促进了个体知觉到的行为控制，知觉行为控制是个体感知到执行某特定行为容易或困难的程度，它反映的是个体对促进或阻碍执行行为因素的知觉。这里存在的阻碍或支持环境是个体感知到的环境而不是真实环境。个体在想到书包挡住即可（控制信念），随即感到这一方法十分可行（知觉行为控制）。

## 扩展阅读　擦出心中的火花

彼得·本森（Peter Benson）提出了“火花”的概念。火花指的是藏在内心深处的兴趣和热忱。每个孩子都有一个或多个兴趣的火花。兴趣的火花可以是任何事——邮票收集、打球、看电影等。对于年轻人来说，在体育运动和文学艺术活动方面的兴趣（跳舞、戏剧、音乐、阅读、绘画和手工）是最常见的火花。对动物（如狗、马）的喜爱或想要保护动物的心愿本身，排在第三位。

每个孩子内心深处都藏着等待被发掘的兴趣爱好，当孩子找到内在兴趣，发现了更广阔的世界时，就不会整天沉浸在游戏的小世界里。给孩子足够的空间和时间去寻找他们真正感兴趣的事物。孩子需要的是不带目的性的纯粹的兴趣。不用担心“这会通向何方”或者“他们将来怎么谋生”之类的问题，因为个人的发展不在于最终的目标能否实现，而在于把现阶段做好。

（1）拥有内心的火花的孩子在学校表现得更好、更快乐、更自信、更积极，与年长的人的沟通交流也更多。他们更加关心他人，善于交际，自己的状态也更放松。

（2）经常有不止一个火花。事实上，有能力满腔热情地投入并掌握一件事情的孩子，往往也会想要尝试其他的事情。

（3）家庭内部至少有一个成年人对此感兴趣，并为孩子提供相关帮助。要有一个或两个家庭外部的成年人给予支持。不表示鼓励和支持，火花是会熄灭的。

年轻人中，约有一半人都从事与他们兴趣的火花相关的事业，而做着其他工作的年轻人也会保持着他们兴趣的火花并以此来不断激励自己。

心中的火花可以让人们的内心充实，可以不借助对某物的依赖来逃避现实，保护自己。

### 四、走出依赖的泥沼

上瘾行为带来短期的快乐，却会破坏长期的幸福和健康。调查显示，生产和设计高科技产品的人，仿佛遵守着毒品交易的头号规则——自己绝不能沾染。乔布斯的孩子从未用过 iPad。数量惊人的硅谷巨头们根本不让自己的孩子靠近电子设备。

保罗·威廉姆斯（Paul Williams）和特雷·西杰克逊提出的告别成瘾的建议是：

（1）有些东西需要改变，很可能就是自己。

（2）我不知道该怎么办，但我内在的力量知道。

（3）我要从错误中吸取教训，不能讳疾忌医。

（4）只要有可能，我一定要弥补以前的错误。

（5）我要做到每日“三省吾身”。

（6）我要活在爱与奉献、感恩与信任中。

针对消解手机依赖，可以参考以下几点：

（1）戒除手机依赖不是简单地限制时间。依赖行为的核心内容就是缺少时间的觉察。

（2）不要把玩游戏的时间作为完成作业、获得好成绩的奖励。

（3）结成手机同盟。陪同上网和共同游戏，介入对方的虚拟世界，并向现实世界转换。

（4）改变使用手机的情绪。在过量使用手机后，不懊悔，不自责。在轻松的心态下，规划下一次的减量行动。

（5）正确使用手机。把手机变成学习的工具。破解手机使用的羞耻感和惭愧心理，正面评价自己。

（6）寻找并培养新的爱好。寻求和发展自己的现实兴趣、享受其中的快乐。

# 第十二章

# 我的宠物是大象

> 人类具有独特的学习他人经验的能力，同时由于不愿意这么做而臭名远扬。
>
> ——道格拉斯·亚当斯

有人说心理学的研究极像盲人摸象，没有统一的结论，但又谁都没有说错。关于学习的理论尤其如此，所以，我爱极了心理学。

学习是个体在一定情景下，体会到不曾知晓的事物或事物间的关系，进而产生思维或行为上显现的或潜在的改变。

## 第一节 大 师 们 的 宠 物

学习贯穿了个体生命的全过程。有机体生活在不断变化的复杂环境中，必须经常调节自己的行为以求得与环境的平衡。动物适应环境的行为经过长期的演化，表现为本能行为。人类社会复杂多变，人类的个体更多地表现为习得行为。相当多的习得行为经过世代相传，可以演变为本能行为。

1. 巴甫洛夫与狗

巴甫洛夫专门研究狗的消化腺的工作机制。他的助手发现一个现象，当他来到狗的面前，还未开始喂食时，狗就已经分泌了唾液。进一步地观察发现，狗会对许多原来并不引起唾液分泌的中性刺激物，产生分泌唾液的反应。巴甫洛夫将这种现象称作“心理的分泌”。

17 世纪，笛卡尔提出反射的思想，描述了反射的现象，如遇到危险情形，人会眨眼、缩手等。后来的研究发现人或动物有很多无条件反射（unconditioned response，UCR），如抓握反射，膝跳反射等。生理学上把不需要从外界获取经验的自然生理反应，称为无条件反射。

在巴甫洛夫的实验中，狗见到食物分泌唾液的生理反应也是无条件反射。最初，铃声或灯光，以及喂养员的脚步声都是不引起生理反应的中性刺激物（neutral stimulus）。中性刺激物铃声（或灯光等）并不引起狗的唾液分泌，但是在铃响过后紧跟着给狗喂食，反复多次之后，铃响过后即使没有跟随食物，狗也会分泌唾液。巴甫洛夫将这种原来并不引起动物反应的中性刺激物，经过多次伴随意义刺激（食物）出现后，可以转为条件刺激（conditioned stimulus，CS），并引起狗的生理反应的现象称为条件反射（conditioned response，CS）。条件反射在很长时间内被认为是人类及动物的学习机制。

**相关阅读**　**白鼠喝糖精水**

1966 年，约翰·加西亚和罗伯特·凯尔林设计了白鼠喝糖精水的实验。给白鼠喝掺入糖精的水，数小时后通过其他方法让白鼠“生病”，那么这只白鼠以后不再喝糖精水，好像它已经把糖精的味道和生病联系起来，它预见到喝这种味道的水会产生不好的结果。尽管喝糖精水与生病间隔数个小时，白鼠还是能将二者之间的关系连接起来，并对自己以后的行为产生预见，这类现象就是心理学讲的学习。白鼠的本能或者智力还表现在，仅仅经历过一次体验就可以学会避开危险。而且老鼠只是不喝糖精味道的甜水，仍然喝其他味道的甜水，说明老鼠具有了分化的能力。老鼠的学习本领可以保证个体生存和种族繁衍。

2. 桑代克与猫

桑代克是心理学史上第一位用动物实验来研究学习的人。1898 年，桑代克发表了《动物的智慧》。桑代克的学说来源于他设计的猫走迷笼的实验。桑代克设计了 15 只迷笼，每个迷笼各有一个互不相同的装置，触动了这个装置，笼门就会自动打开，笼内的猫就可以出来吃到笼外放着的食物。

桑代克将 13 只处于饥饿状态的猫轮流放入每个迷笼里，多数的猫先是做出许多无效的动作，最后偶然触动了开门的装置，逃出来获得了食物。经过很多次的尝试后，无效的动作逐渐减少，最后猫被放入迷笼后立刻就能打开笼门，桑代克称之为“效果律”（law of effect）。根据实验，桑代克提出，动物的学习是一种尝试与错误的过程，也就是选择了连接的过程。“人之所以善于学习，就是因为他养成了这许多连接”。在他看来，人的学习就是按照一定的方式对一定的情境发生的反应倾向。教育的目的就是把其中的某些连接加以永久地保留，把某些连接加以清除，并且把另一些连接加以改变或利导。

3. 苛勒与黑猩猩

苛勒则认为“如果人或动物采用由它本身的组织作用产生的活动方式，通过径直无碍的道路达到其目的，这种行为不能称作智慧行为；如果环境中直接的通路为某些事故所堵塞，人或动物只能采取迂回的道路或其他间接的方法去适应这种情境，这种行为才可称作智慧行为。”1913～1917 年间，苛勒针对黑猩猩的学习设计了很多实验。如将香蕉放在笼外猩猩的手臂够不着的地方，在笼内靠近栅栏处放着几根手杖。几乎所有的猩猩都能借助手杖获得食物，也就是说它们把本来无关的物体（手杖）与情境联系起来了。

在折枝实验中，食物放在栅栏外手拿不到的地方，笼内又无手杖等可用之物，但笼内有一棵砍倒的枯树。聪明的猩猩会在枯树上折下一根细长的枝条，获取笼外的食物。在苛勒看来，猩猩对问题的解决并非一种盲目尝试错误的过程，而是在对整个情境完全统揽后对问题解决产生的顿悟。

## 扩展阅读　印记

印记现象首先由海因罗特在1911年描述的。习性学家康拉德·洛伦茨（K. Z. Lorenz）用孵化器孵化了一堆鹅蛋，小鹅孵化出来后，第一眼见到的活动对象是洛伦茨，以后就总跟在洛伦茨的身后，洛伦茨走到哪里，小鹅就跟到哪里；在见到它们的母亲时，也不理不睬；在受到惊吓时，就向洛伦茨跑去。很多早成性动物（如小鸡、小鸭、小鹅和小羊等）的幼仔出生或孵化之后，很快就能到处走动并能毫无选择地跟着一个移动的物体走。例如，刚刚出壳的绿头鸭在与母鸭隔离的情况下，会跟着一个粗糙的模型鸭走，也会跟着一个缓慢步行的人甚至一个移动的纸盒子走。小鹅出生后对洛伦茨的“依恋”现象，人们称为印记（stereotype），也叫“跟随反应”。印记是动物的一种本能。印记只在出生后某段时间内发生。绿头鸭在孵出后的第10～15小时内，最容易形成对一个移动物体的依附性，形成后的2个月内就一直跟随这一物体，此后依附性逐渐减弱。

在自然条件下，幼鸟彼此之间也会形成印记。以后人们在许多动物中也都发现了印记现象。印记除了影响亲代与子代的关系外，还能明显影响成年动物之间的社会关系和婚姻。印记的一个重要功能，就是保证求偶交配是在本物种个体之间进行，并能确保双亲所抚养的后代不是别人的，这对每个物种来说都是至关重要的。有人认为，性印记使动物从小就能识别近亲个体的特征，以便以后选择的配偶能与近亲（如父母兄妹）有些区别，但又不会差别太大，这样就既能避免近交也能防止远交。

4. 斯金纳与老鼠

斯金纳认为人类的行为大多表现为操作性行为，操作性行为代表着有机体对环境的主动适应，由行为的结果所控制。为了更好地系统控制和分析影响动物行为的因素，斯金纳专门设计了实验的装置，即斯金纳箱。箱内设一杠杆，杠杆与食物仓相连，白鼠偶然地按动杠杆，食物仓便打开落下食丸。箱外有记录器，记录白鼠按压杠杆的速度。同由特定的、可观察的刺激所引起的应答性行为不同，操作性行为是指在没有任何能观察的外部刺激的情境下的有机体行为，它似乎是自发的。

斯金纳箱里的白鼠偶然地按动杠杆竟获得了食物，食物的强化增加了白鼠按压杠杆的可能性。“如果一个操作发生后，接着给予一个强化刺激，那么其强度就增加”。连续的食物强化使白鼠很快习得了按压杠杆的反应。虽然强化增加的不是某一具体的反应，而是反应发生的概率，但只要巧妙安排强化程序，可以训练动物习得许多复杂的行为。斯金纳还指出“如果在一个已经通过条件化而增强的操作性活动发生之后，没有强化刺激物出现，它的力量就削弱。”消退的时间，则与该习得反应本身力量的强弱成正比，即如果原来反应非常牢固，那么消退的时间较长，反之亦然。

斯金纳的实验结果似乎论证了机体的反应或习得的行为，必须经由操作和强化来完成。人类个体须借助操作和强化来习得在某些特定场合的得体的反应和行为，斯金纳又据此设计了程序教学，以期在学校里达到教学的理想效果。

### 延伸阅读　迷信的鸽子

斯金纳认为人类的大部分行为都是经强化形成的操作条件反射，包括迷信。人们之所以会迷信是因为他们相信或推测迷信行为和某些强化的结果之间存在联系，虽然实际上两者并不相关。人们相信这种联系是因为该行为曾经被偶然地强化了一次、两次或者几次。斯金纳称之为非关联性强化。这种强化与特定行为并不一一对应，但人们却相信这种因果关系确实存在。为了证明自己的推论，斯金纳进行了严谨而细致的研究。

斯金纳的实验对象是 8 只鸽子。他首先连续几天喂这些鸽子少于它们正常进食量的食物，以便在测试时使它们处于饥饿状态，由此增强寻找食物的动机，同时增加强化的效果。然后，他把鸽子放进一只箱子。箱子里有食物分发器，而且食物分发器被设定为每隔 5 分钟便自动放出食物，也就是说不管鸽子做了什么，每隔 5 分钟它都将获得一份食物，或曰奖赏，即强化。对鸽子的其他行为不作任何限制。实验结果出人意料，“8 只鸽子中的 6 只产生了非常明显的反应，两名观察者得到了完全一致的记录。一只鸽子形成了在箱子中逆时针转圈的条件反射，在两次强化之间转 2～3 圈；另一只反复将头撞向箱子上方的一个角落；第三只只显现出一种上举反应，似乎把头放在一根看不见的杆下面并反复抬起它。还有两只鸽子的头和身体呈现出一种摇摆似的动作，它们头部前伸，并且从右向左大幅度摇摆，接着再慢慢地转过来，它们的身子也顺势移动，动作幅度过大时还会向前走几步。还有一只鸽子形成了不完整的啄击或轻触的条件反应，动作直冲地面但并不接触。”鸽子好像认为只要它们重复某个动作就能得到食物。这个例子简单概括了人类也常常犯的“迷信”错误。

其实人类也有很多鸽子的行为。为了寻找事物的规律，人们创造了各种理论，一旦成功了几次，我们受到了奖励，会使得我们更加坚信理论是正确的，但问题是我们不可能每次都得到奖励。为了期望奖励的出现，证明自己理论的正确，更多的时候是人类无法控制事情的结局的时候，人们也经常有意无意地去要做一只“迷信的鸽子”。

## 第二节　什么是学习

学习可以分为两类，一类是知识的积累，主要发生在课堂上，强调知识的精确性，是教育学依据心理学的研究进展讨论的内容；另一类是经验的积累，可以发生在不同的场合，允许模糊性和不确定性，并以不同的方式改变个体的行为，是心理学研究的领域。

1. 托尔曼与潜伏学习

托尔曼认为学习是达到目的的符号及其意义，而非简单的机械运动反应。托尔曼和杭齐克设计的迷津实验将白鼠分成三组。A 组不给任何食物，为“无奖励组”，B 组每次予以食物强化，为“奖励组”，C 组为实验组，前十天不予以食物强化，从第十一天开始予以食物强化。结果表明从第十一天开始，C 组的错误突然减少，几乎与奖励组一样少，甚至还更少些。实验结果表明，C 组在前十天没有受到食物强化时，动物依然学习了迷津的“空间关系”，形成了认知地图，只不过没有表现出来。食物的强化促使动物利用已有的认知地图，学习也就表现出来。所谓潜伏学习是指动物在没有强化的条件下，学习也会发生，只是学习的结果是以隐性的方式存在着。一旦受到强化，具备了操作的动机，学习的结果就会通过操作明显地表现出来。潜伏学习证明强化并非学习的必要条件。在符号学习中，强化能够促进符号的学习，但不是符号学习的必要条件。

2. 班杜拉与观察学习

观察学习又称无尝试学习或社会学习。班杜拉认为人具有自我指导的潜在能力。个体通过语言和非语言的形式获得信息及自我调节的能力，使得个体通过观察他人（榜样）所表现的行为及其结果，就能学到复杂的行为反应。在观察学习中，学习者不必事事经过亲身体验，无需亲身体验强化，也不必做出直接反应，只要通过观察他人在一定环境中的行为便可完成学习。

班杜拉讲过一个故事：一位农夫为了解闷买了一只鹦鹉，然后他花几个晚上教鹦鹉说话。他极为耐心地不断重复一个要求：“叫叔叔！”但是不管他费多大的劲儿，鹦鹉都没有回应。后来，失望的农夫拿着一根小棍，鹦鹉不做回应，农夫就敲鹦鹉的头，但是鹦鹉依旧不肯开口。最后农夫抓起这个有羽毛的客人，扔到了鸡窝里。过了不久，鸡窝里传出尖叫声。农夫立即跑过去，吃惊地看到鹦鹉一边抓着木棍敲母鸡的头，一边大喊：“叫叔叔！叫叔叔！”班杜拉讲的故事是想解说观察学习的过程。

人的自我调节功能的建立需要较为漫长和复杂的过程。班杜拉认为自我调节由三个过程组成。第一个过程是自我观察。由于不同活动的衡量标准不尽相同，人们往往根据各种标准对自己的行为做出评价。这种评价对自己的行为既有积极影响，也有消极作用。第二个过程是自我判断。人们在行动之前总为自己确定一个标准，并以之判断和评定自己的行为结果与所立标准的差距，如果结果超过了标准，就会产生积极的自我评价；反之，则会产生消极的自我评价。第三个过程是自我反应。个人对自己的某种行为做出评价，要么会产生自我肯定、自我满足、自信自豪的体验，要么会产生自我否定、自我批评、自怨自艾的体验。自我赞赏起正强化作用，产生积极影响，自我批评会产生消极影响，属负强化作用。

班杜拉认为在一个人的成长过程中自我奖惩的标准可以通过模仿、标准内化和榜样作用获得。模仿是儿童通过模仿父母、同伴或权威人物的示范行为获得评判标准。由于父母、教师或其他年长者对符合他们信念和标准的行为予以奖励，不符合者予以惩罚，儿童将这些信念和标准内化为自己的标准，掌握道德伦理的评价尺度。儿童凭借榜样作用，学习怎样借助道德的要求或论点为自己的标准提供合理的依据。

个体能通过观察他人的行为得到某种认知表象，并以之指导自己以后的行为。观察学习比潜伏学习更注重学习中的认知因素，简单地说，观察学习不仅证明强化并非学习的必要条件，而且说明了学习并不需要学习者的亲自操作和尝试。

## 扩展阅读　攻击行为

班杜拉曾设计了一项实验。实验将被试分为 A、B、C 三组，分别观看同一题材但却具有不同结局的电影故事。故事的前半段是一个成年人，对一个充满空气的橡皮人拳打脚踢，故事的结局分为三种。A 组儿童观看的是成人受到惩罚；B 组儿童观看的是成人受到奖励；C 组儿童观看的故事没有结局。看过故事以后，3 组儿童分别都被给予橡皮假人玩具，任凭他们自行处理。结果发现，三组儿童都对橡皮假人玩具表现出了不同程度的攻击性行为，A 组看过成人受到惩罚的儿童表现出的攻击性行为最少，B 组看过成人受到奖赏的儿童表现出的攻击性行为最多。由此，班杜拉指出，通过对榜样的行为进行观察与模仿可以导致学习；无论榜样的行为是否受到奖赏，观察学习都会发生；观察学习的内容不一定都通过外显行为表现出来，模仿既可以表现在行为上，也可以仅停留在头脑内部。可见，社会学习理论所强调的观察学习带有认知的性质。

3. 皮亚杰与图式学习

皮亚杰认为，每个认识活动都包含有一定的认识发展结构，包括图式、同化、顺应和平衡。个体之所以能对刺激做出各种反应，是因为个体具有能同化内外刺激的某种图式，因而做出相应的反应。皮亚杰认为生物学的机能和结构与认知的机能和结构之间具有同型的关系，同时心理发生与有机体之间的关系还表现在作为认知发展基础的动作对神经系统的依赖。图式最初来自先天的遗传，在与环境的相互作用中逐渐丰富起来，所以机体和认知的发展都表现出渐成的系统特征。随着年龄和经验的增长，图式的种类、数量和质量都有所提高。从另一个角度讲，人们对环境的适应也可以说成是图式的不断分化。

图式是动作的结构或组织，它可以从一种情境迁移到另一种情境中去。个体据已有的图式或经验为基础去吸收新经验，反映新刺激的过程就是同化。个体的同化过程是受他已有的图式所限制，个人所拥有的图式越多，他所能同化的事物范围也就越广泛；个人所拥有的图式越少，他所能同化的范围也就越狭窄。当已有的图式不能同化新异刺激，或认识活动产生新的经验时，个体就改变原有的图式，创立一个可以包容新刺激的新图式。皮亚杰认为“内部图式的改变，以适应现实，叫作顺应”。

个体的认识过程都涉及同化和顺应两个方面。同化引发图式量的增加，顺应导致图式质的改变。对于与原有的图式一致或不一致刺激或事物，个体分别以同化或顺应两种智慧机能去适应变化着的客观环境，达到认知结构的平衡和稳定。

**补充阅读** **认知方式**

赫尔曼·威特金（Herman Witkin）认为，有些人较多地受他所看到的环境信息的影响，有些人则较多地受身体内部线索的影响。他把个体较多依赖自己内部的参照，不易受外来因素影响和干扰，独立对事物做出判断的称为场独立性；个体较多地依赖自己所处的周围环境的外在参照，在环境的刺激交往中定义知识、信息称作场依存性。

场独立性：善于从整体中分析出各个元素，喜欢学习无结构的材料，不太喜欢受外界的影响，对于他人的评价有自己的看法，不受外界环境的干扰。倾向于冲动、冒险，容易过分主观。建议把老师的要求与自己的想法相协调，使自己的做法与外界相辅相成。

场依存性：善于把握整体，善于学习系统化、条理化的材料，喜欢与同伴一起讨论或进行协作学习，注意环境的要求，很容易适应环境，受大家欢迎，受内在动机支配。表现较为谨慎，不愿冒险，但受到批评时，很容易受影响，学习的积极性下降，容易受外界环境的干扰，学习前主动，受外在动机支配，建议不轻易受他人评价的影响。尤其当他人提出批评时，应分析原因，并考虑自己应该怎样努力，而不能因此气馁。

## 第三节　大学的学习

大学的学习注定与以后和以往不同。一个人的大学生活是草草考试、匆匆毕业，还是沉浸其中，品味和享用书香翰墨，体验时间流逝的精致？

在基础教育阶段，特别是初高中的备考阶段，逢月必考，注重的是知识的精确性，考核内容的掌握。大学阶段，只有在一门功课结业时才考，或者是功课之外的等级考试，不再强调知识的精确性，更注重专业的熏陶、学科的融汇和思维的深刻。

1. 学习的侧重

从桑代克和苛勒的实验结论上看，顿悟说与试误说是对立的观点，其实它们分属于不同问题和不同智力阶段的表现。首先，实验的对象不同，猫属于哺乳类，尽管比较聪明，但相比灵长类的猩猩，还处于较低的阶段，其对信息的加工还缺少整合的能力，对问题的解决缺少情境统领的能力。第二，在人类身上的表现，低龄儿童的智力学习简单的事物，主要依靠尝试错误的方法学习。随着智力水平的增长、经验的增多，个体对于事物间的相互联系和内在本质认识的加深，领悟成为人类学习的主要方式。第三，个体在进入陌生领域之初的学习，主要依靠模仿和重复练习，在掌握基本的原理和定律之后，高深阶段的研习表现为领悟和触类旁通。第四，试误阶段的学习是不可替代和不可省略的，试误是通向高级学习阶段的基础。同时，又存在着较低进化层次的动物不能统领情境，从整体上考虑问题解决方案的种系限制。苛勒曾指出“当猩猩进入实验情境后，它确实未表现出一种从事任何偶然性动作，从而导致一种偶然性解决的特征。我们很少看到它试图从事任何看起来与情境毫无关系的事情，在真实和令人信服的情况下，解决从未出现于一种盲目冲动的混乱状态。”

大学学习发生的变化，可以类比成与人类的进化阶段有关。如果将人类个体的幼年时期比喻成人类进化的早期，或者相当于哺乳类动物的进化阶段，或者初习人类知识的低级阶段，人类个体的学习过程类似于条件反射建立的过程，这个时期的学习基本以练习和诵记为主。当人类个体成长到成年时期，在生物进化阶段上达到智慧发育的最高序列，经过学校的学习在科学知识的积累上也进入较高级阶段，人类个体的学习更接近情境领悟和知识整合的过程。一个基本浅表现象使大学的教学基本上是管教不管会，不再像基础教育阶段那样大量地练习和精雕细刻。

## 扩展阅读　十年磨一剑

一万小时定律是马尔科姆·格拉德韦尔的作品《异数》中提出的。要想成为世界级的专家，需要一万小时。7500 小时也不行，没有人能例外。

这条定律认为只要经过一万小时的锤炼，任何人都能从平凡变成超凡。按比例计算是如果每天工作四个小时，一周工作五天，那么成为一个领域的专家至少需要十年。一万小时的定律，不禁让人想起中国古老的故事：十年磨一剑。但是丹尼尔的理论还不止于此。丹尼尔还提出，要成为行家里手，首先不能是“你不行，我更不行”的观望者，也不是“你行，我不行”的菜鸟，必须是“你行，我也行”的牛人。同时，一万小时，不是闲情的堆积，必须是精深的练习，必须满怀激情每天 3 小时沉浸其中，然后才会成为你想成为的那个人。读过这本书，无论从理念，还是从方法，更主要是状态，也许你真会成为一名“异类”。

2. 学习的设定

在学习的过程中，有两种记得牢固的情形一般不被人们觉察。一种是涉猎闲书，另一种是阅读本学科极专业的书。闲书是因为没有功利目的，属兴之所起趣之所至，所以读起来轻松愉快，反倒记得牢记得快，这种情况说明动机和情绪的重要作用。读本学科极专业的书记得准记得快似乎理所当然，但也需要具备足够深厚的理论功底。功底越深，掌握新的动态也就越快，这也是学习建构学说的佐证。另一种为大家所觉察的情形是考试前苦心孤诣背诵的复习范围和考题答案，考试过后反倒忘得一干二净。

人们在推崇大脑的理性思维和解决问题的能力时，常常忽略大脑具有的另外一种功能，就是大脑自主和自动地运动。人的神经系统中，首先分为中枢神经系统和外周神经系统，外周神经系统又分为交感神经系统和副交感神经系统。副交感神经系统和交感神经系统的功能是拮抗性质的，如交感神经系统分泌唾液，副交感神经系统则抑制唾液的分泌，它们都是自动或自主运动的，所以外周神经系统又称作自主神经系统。人的睡眠和觉醒也是由自主神经系统控制和调节的，人体的节律或人体的生物钟都属于自主神经系统。同时，自主神经系统和中枢神经系统又是相互作用的。一个人如果第二天要早起办事，要比平日早起两三个小时，很多人不用定闹钟，也会在规定的时间内醒来，这便是自主神经系统和中枢神经系统相互作用的现象。同理，我们可以解释考试前呕心沥血突击的考题，为何在考试过后忘得干干净净？我们可以假定，人脑有个“定时装置”。人在考前突击背题时，已经把此次背题的功用定时在考试，考试结束相当于定时的闹钟响过，结果可想而知。不但如此，人脑还有自身的防御系统或自洁系统。比如“非礼勿视”，原以为是道德规范，后来发现它还是人脑自动的防御功能。人脑对于有损自身健康的，或引起情绪不快的刺激都避免接触，诸如“非礼勿听”的噪声等，人们都会极力回避或逃避。如果无意中受到不良刺激的侵袭，人体还会有排斥反应，对之进行清理，以保证机体的清洁。考前突击的复习范围和考题答案，考试过后就被大脑当作无用的垃圾信息给予了清理。

学习时伴随的情绪状态也是重要的影响因素。心理学上，焦虑情绪是指对尚未发生的事件的担忧，或者说是预期的恐惧。适度的焦虑对于加快工作节奏，提高学习效率是有帮助的。过度的焦虑会造成心浮气躁、忧虑恐惧，妨碍学习的效果。更重要的是，在焦虑情绪下，背诵学习内容是伴随着不良情绪摄入的信息，将被人脑视为有害讯息而拒绝和排斥。拒绝表现在背诵此部分内容时，学习效率不高。排斥表现在一旦用过之后，大脑立即将其清除。

所以，要想收取好的学习效果，提高学习效率，必须做到无功利目的地阅读和研习，不觉丝竹之乱耳、案牍之劳形，让大脑在轻松愉悦的状态下工作。

3. 知识的累积和内隐

临近毕业是大学生活的收尾阶段，原以为大学的四年会很漫长，眼下却匆匆度过，不免有同学觉出落寞，更有同学叹出“没学着啥”的感慨。如果不是真的疲于应付考试，仅仅通过了三十几门的功课；不是混大学，终于熬出了头，或者被上大学，那么这种感觉很可能是几种情绪混杂的错觉。

其一，知识的累加效应。有种说法是读大学时觉得啥都懂，读硕士时感觉有些不懂，读过博士才知道啥都不懂。清末学者王国维先生曾借助古诗名句描述过求学中境界的迁升。第一层境界是“昨夜西风凋碧树，独上高楼，望断天涯路。”第二层境界是“衣带渐宽终不悔，为伊消得人憔悴。”第三层境界是“众里寻他千百度，蓦然回首，那人却在灯火阑珊处。”当某位同学在为自己的四年大学感叹没学着啥时，他还处于笃志苦学的初级阶段。知识的积累是个渐进的过程，或者说是整合的过程。从前景上说，初入某个领域学习基础知识时，可能会觉得简单，碧树凋零，尽收眼底，但还远没有登堂入室，未免觉得两手空空。从结果上说，尽管感觉没学着啥，但同学们在本专业上积累的知识已远远超过其他专业的同学，反之亦然。所以对于认真研习功课的同学来说，“没学着啥”应该是种错觉。

其二，毕业情绪的映射。当一段经历结束，当一段友谊逝去，当一段历史翻过，人们会无缘由生发出莫名的感伤，最典型的事件便是离别。人生自古伤别离，更那堪冷落清秋节。所谓的世纪末情结是人们普遍的情怀。当临近毕业，面对逝去的岁月，不免有些惋惜和无奈；面对分别的同窗，自然有些不舍和留恋；面对未卜的前程，又有些担忧和茫然，所有这些情感汇集起来，纷杂不明的时候，都指向了曾经以为目标明确的学业。空寂落寞的心境下，人们自然会发出学无所成的感叹。所以，“没学着啥”只是遮挡或替代了毕业前夕的复杂情感。切不可因此否定四年的耕耘，更不可将此当成四年大学没有收获。

## 补充阅读　黑瞎子劈苞米

有一种说法，出处已经无法考证了，但在同学中流传得很广，而且人人都信。这种说法就是“背早了会忘”。具体地说，就是功课不用太早地背，背早了，到考试的时候就忘了。这种说法，貌似有理。黑熊在东北话里称为黑瞎子，苞米就是玉米。黑瞎子到苞米地里劈苞米，还要带回去给小黑瞎子吃，但是它没有筐，没有兜，没有土篮子。劈下的苞米没有地方放，就顺掌夹在胳肢窝里（腋下）。如果是右掌劈的苞米，就抬胳膊夹在左胳肢窝。每次夹新劈的苞米，原来夹好的那穗苞米就掉下来了。所以东北有句歇后语是黑瞎子劈苞米——白忙活，比喻做事情费了很大的劲，最后并没多大收获。同学们流传的说法，很类似东北的这句歇后语。其实同学们都知道，知识的积攒，绝不会白费工夫。但是，人们还是为自己的行为寻找借口，然后去干自己喜欢，又觉得违拗学生身份的事情。所以，说到底，“背早了会忘”只是同学们偷懒的借口。踅摸一圈后，同学们还是会回来完成正经的事情。

4. 知识的潜在效应

毕业前夕的另一种错愕感受是学的东西没有用处。经世致用是知识理论或文人志士崇尚和追逐的目标，不管人们如何贬损和斥责知识的实用取向，空谈和坐而论道毕竟不能提高民众的生活水平，不能推动社会的进步和文明的增长。但是知识的用与无用却不是个人的感觉。

首先，衡量知识有用性的标准。知识有用性的标准有两个，一个是适应职业或岗位的需要，另一个是个人深厚的文化底蕴和长远发展。这里又涉及教育类型和培养目标。

教育类型是职业教育和高等教育，培养目标是实用型人才和研究型人才。职业教育培养的实用型人才，到岗后上手快，操作能力强。高等教育培养的研究型人才，专业水准高，发展后劲足。如果混淆了教育类型和培养目标，很容易在高等教育的培养框架下得出“没学着有用的东西”的结论。

其次，知识内部的高度相关。无论是高等教育还是职业教育，都将围绕专业的培养目标设定课程体系。许多课程的设置目的是开阔视野、训练思维、培养能力，所以任何专业都不可能紧紧围绕岗位情境，拮取相关内容设置课程科目。很多貌似无用的课程，恰恰训练了研习者专业直觉，专业的思维模式，提高了分析判断的思路，提高了推理的能力。知识学习的潜在效应基本在毕业后，经过很长的时间，几年或更长的时间才能显现和发挥作用。

最后，腹有诗书气自华。如果把知识学习限定在现学现用的标度上，未免太急功近利和目光短浅。苏东坡诗曰：“腹有诗书气自华”，向来为史家推崇。一个人读书习文不仅仅是为了生存，为了温饱。实用当然是学习知识的基本目的，同时修养身心，提升内涵也是读书人追求的目标。正如苏大学士诗中所言，一个人性情随和、举止儒雅，气度雍容华贵，正是这个人终其一生饱读诗书的缘故。所以，开卷有益不只体现在俗务的打理上，还表现在个人的自身修养上。

5. 忙碌的课余

学习的挫败更经常的是发生在入学之初，特别是第一学期的考试上。尽管深刻的道理还没来得及领悟，直接的挂科已迫在眼前。绝大多数同学初入大学校园都面临着学习方式的适应问题。首先，考试的次数减少，初高中时，周考月考模拟考，以及期中考都没有了。其次，同学之间关于学习的交流减少了。由于没有备考的气氛，同学间的交流更为恣意和开阔。第三，老师的督促少了。很多学科的老师，上课有影，下课无踪，基本上和同学没有交流。凡此种种令同学们以为学习是明天的事，考试是遥远的事。待到考试来临，又发现高中三年的课抵不上大学半年的课，课量之大超乎想象。如果平时精力投入不够，期末的挂科就不可避免。

大学的考试似乎只有两类，及格和不及格，不及格就成了另类。另类的含义是，它不像初高中的考试，很快就迎来扳平或正名的机会。大学里的考试成绩，如果假期后的补考没过，不及格就将跟随多年，一直到毕业前的大补。跟随更久的是不及格的考试阴影。大一考试失手后，很多同学初上大学的锐气和高考中榜的自信受到沉重打击。一些同学在潜意识里选择逃避，基本的做法是淡漠功课，隔离考试。很多同学越是考试前越是忙碌。的确有成绩很高，能力不强的学生，一些同学似乎要以较低或不及格的成绩反衬说明自己的能力很强。考试前无缘由的忙碌又给自己再次失手埋下伏笔。有的同学倾力于社会或社团事务，有的同学疲惫于职业资格的考证，无论哪一种都是对期末考试的回避。从心理健康的角度讲，只有面对困难，解决问题才是积极和阳光的做法。

## 课堂练习 你的感知觉通道是哪种类型？

指导语：阅读下列每一句，若非常符合你，请在后面空格上选择3分，若完全不符合则选择1分，若属于中间，则选择2分。

| | | | |
|---|---|---|---|
| 1. 听比看能记住更多的内容。 | 3 | 2 | 1 |
| 2. 看书面的说明比听口头说明容易。 | 3 | 2 | 1 |
| 3. 喜欢记录或做笔记以便日后阅读复习。 | 3 | 2 | 1 |
| 4. 用铅笔或钢笔书写时用力很大。 | 3 | 2 | 1 |
| 5. 看图表或视觉指示时需加以解释、提示。 | 3 | 2 | 1 |
| 6. 喜欢做摆弄器具的工作。 | 3 | 2 | 1 |
| 7. 擅长并喜欢绘制图表。 | 3 | 2 | 1 |
| 8. 能敏锐地辨别出不同声音。 | 3 | 2 | 1 |
| 9. 学习材料抄写几遍后记得最牢。 | 3 | 2 | 1 |
| 10. 能理解并根据地图上的图示说明看地图。 | 3 | 2 | 1 |
| 11. 通过听讲座或磁带学习效果较好。 | 3 | 2 | 1 |
| 12. 爱玩硬币和钥匙。 | 3 | 2 | 1 |
| 13. 大声重复朗读字母比在纸上拼写字母记忆单词效果好。 | 3 | 2 | 1 |
| 14. 读报比听收音机更能理解新闻材料。 | 3 | 2 | 1 |
| 15. 学习时喜欢吃口香糖、香烟或零食。 | 3 | 2 | 1 |
| 16. 记忆的最佳方式是将所学材料在脑中想象出一幅画面。 | 3 | 2 | 1 |
| 17. 通过书写或抄写学习生字。 | 3 | 2 | 1 |
| 18. 对教材内容愿听老师讲而不愿自己看。 | 3 | 2 | 1 |
| 19. 长于玩拼板玩具（魔板）和走迷津。 | 3 | 2 | 1 |
| 20. 喜欢通过眼睛看而学习。 | 3 | 2 | 1 |
| 21. 了解新闻喜欢听收音机而不愿看报。 | 3 | 2 | 1 |
| 22. 通过阅读参考资料来获取感兴趣的有关信息。 | 3 | 2 | 1 |
| 23. 与他人接触如拥抱、握手感到很舒服。 | 3 | 2 | 1 |
| 24. 听口头说明比看书面说明容易。 | 3 | 2 | 1 |

这是个表面效度较高的测验，几乎不用计分就可以知道自己属于哪种类型。学习的感觉通道可分为视觉型、听觉型和动觉型，也有一些人属于混合型，但一般都倾向于某个方面。研究表明，感觉通道类型还存在性别上的差异，一般是男性偏向于视觉，女性侧重于听觉，此外是儿童多采用动觉，所以大家看到儿童似乎漫不经心地边学边玩的现象。学习中，我们应当充分发挥自己的感觉通道优势，采取与之相应的学习策略，提高自己的学习效率，才能取得好成绩。

# 第十三章 似曾相识燕归来

> 我对遗忘有一个精彩的记忆。
>
> ——罗伯特·露易丝·史蒂文森

记忆可以说和人类一样古老，甚至比人类还要古老，只是记忆的内容相对简单。观察现存的动物似乎可以推断人类早期的记忆内容和记忆水平。水源在哪个方向？什么可以吃？食物藏在了什么地方？怎样走才能回到天亮时离开的家？这些记忆属于人和动物共有的内容。

## 第一节　形象记忆与感知世界

人类的记忆都是先从形象记忆开始，婴儿能认知母亲或其他熟人的面孔，就表明他已有了形象记忆。形象记忆是感知过的事物以表象的形式储存在我们头脑中的。形象记忆保持的是事物的感性特征，具有鲜明的直观性。

### 一、形象记忆

形象记忆是人类进化进程中出现最早的记忆形式。美国心理学家霍尔根据进化论的思想提出了复演说。他认为，人类的胚胎发育过程是从动物到人的进化过程的复演，个体出生后的心理发展是人类种系进化历程的复演。从复演的阶段看，8～12 岁的儿童期，复演了人类远古的特征。远古的人类知觉力敏锐，道德感、宗教心、同情、爱情及美感等十分地幼稚；12 岁以后的少年期复演了中世纪人类的特征。少年期知觉敏捷、记忆力强，道德观念迅速发展；青年期则复演了近代人类的特征。青年期人性趋于完善，发展迅猛。霍尔还列举了具体的人类行为：儿童的追逐游戏是人类狩猎本能的复演，少年期打猎、捕鱼、偷窃、游泳、划船、争斗和爱好动物等游戏是祖先野外生活的复演。

从一般的规律讲，越是出现较早的大脑机能，其决定人类心理活动的功能就越强大，如嗅觉。嗅觉是动物进化到爬行类阶段的主要心理功能，嗅球在脑结构中占较大比例。随着脑结构的复杂化和功能的精细化，嗅球在脑中所占的比例逐渐缩小，嗅觉的功能逐渐为人类所淡漠，但其在人类生命中枢中的功能依旧强大。

## 延伸阅读　古老的嗅觉

嗅觉应该是动物接收外界信息最古老的感觉功能。迄今为止，绝大多数动物依然依赖于嗅觉保护自己，捕获猎物。鲨鱼在海水中可以嗅出水中百万分之一浓度的血肉腥味，800 亿分之一的一种人体分泌物——左旋羟基丙氨酸的气味。鲨鱼凭借敏感的嗅觉维持全部生命活动。大象的嗅觉神经接收器的数量是人类的 500 倍，可以闻到 12 英里外的气味。

嗅觉补充了视觉和听觉所不及的领域，鼻腔的特定神经元能够探测那些令人厌恶或感到愉快的气味。这些神经元能够向大脑的嗅觉中枢——嗅球发出警报。

在陆生哺乳动物中，视觉逐渐占据了较重要的地位，特别是人类。人类发明了文字符号后，视觉阅读成为智力活动的主要方式。人类借助于工具仪器，视觉成为获取外信息的主要渠道，但是最原始的功能也是最强大的功能。在人类的大脑中，虽然嗅神经的比重下降了，但是嗅觉的功能仍发挥重要作用。嗅觉系统会直接传达某些信息到脑部神经中枢，再由脑部反射出某种影像。因此，不可因表面的现象对人体的感觉器官有所偏废。

独特的气味能作为回忆的线索。赫兹（Hertz）在实验中用了一种被试感觉新异的气味（木樨属植物味），一种与研究实验室不相称的熟悉气味（薄荷味），一种与研究实验室相称的熟悉气味（干净新鲜的松木味）。要检验的假设是只有两种在环境中引起注意的气味——由于新异或不相称——才会被用于编码。结果证实了这一预言。尽管编码和提取时间相隔 48 小时，但当研究实验室的气味在提取时同编码时一样的时候，被试确实能记起更多的单词（从 20 个项目的序列中）。

若巧克力的气味在编码和回忆时都出现，记忆成绩会大大提高。实验中，单靠回想当时的气味能增强记忆，应该是潜意识发挥的作用。现实中，我们将实验结论自觉地提升到意识层面，辅佐记忆的功效。实验室将二十几个词汇，与新异气味和不相称气味在被试没被告知，也没有觉察的情况下进行。现实的记忆过程中，可以将确有气味的事物联想起来，将人物的形象特征勾勒出来，将故事的场景勾画出来，在大脑中呈现全景的故事内容，调动全部感官协助记忆。

嗅觉功能区参与记忆。德国科学家最近发现，人脑中除了海马区与记忆功能有直接关联外，另有一块控制嗅觉的功能区也与记忆密切相关。该发现进一步揭示了人脑记忆的生理机制，解释了人脑记忆功能在视觉、感觉等刺激下得到强化的原因。

由于一些癫痫病人在接受脑部病灶切除手术后出现记忆受损的症状，波恩癫痫医院的科学家尝试测量病人发作时脑部的记忆活动以准确定位病灶。科学家将测量电极放置在病人脑部海马区的附近，同时给病人出示几组互不关联的词汇以进行试验，记录下病人记住这些词汇时脑部的活动。结果发现，大脑中除了海马区外，另有一块所谓“嗅觉大脑”也参与了记忆过程。德国科学家发现，当病人看见一个单词时，总是距离海马区约15毫米的嗅觉功能区里的神经元先活动，然后才是海马区的神经元开始活动。一旦两个功能区的神经细胞活动达到绝对同步的时候，给出的词汇就会被完全记住。

在现实生活中，人们推崇语义记忆，淡化形象记忆。大约是由于专精的学术论述和高深的逻辑推断都是由语言文字的形式承载的缘故。

## 二、编码体系

在人类的日常生活中，更多的是依赖各种感官接收信息，并作为经验去记忆。但是，嗅觉、听觉、触觉，包括视觉所接收的信息，不便于描述和储存，所以人类对所有的事物进行了编码，以便交流和传递，包括代际传递。在所有的符号体系中，都有自己的一套规则。

从新石器时代至今，人类的大脑几乎未发生太大的改变，而事物的编码体系却出现了巨大的改变——人类发明了文字。

人脑会因语词文字的出现而增添功能吗？如果是的话，首先应该增添或改变的应该是大脑的结构。如果人类大脑结构没有发生根本性改变的话，人脑最本质的或最强大的记忆形式应该仍旧是形象记忆。心理学研究证实，人类的记忆同人脑的海马结构密切相关。海马属于人脑三个同心圆的第二层。按照进化的顺序，人脑分别为脑干、间脑和大脑与大脑皮质的进化序列，相应形成三个同心圆。海马是属于人类早期的大脑结构。

语词符号确切地说，它只是另外的一种形象，是人类强行赋予一定含义的符号，是不同于实物的且并行于实物编码、自成体系的编码体系。对于中国人来讲，英语（或其他语种）是排列在实物、汉语之后的第三位编码系统。一个人的一生可能学习很多种编码系统。

## 扩展阅读　土著人的几何概念

柏拉图在公元前380年就曾提到人类有着与生俱来的几何学概念，苏格拉底发现奴隶尽管没有受过教育，但他们对几何图形有着过人的理解。

人类学家调查发现，巴西亚马孙河畔蒙杜鲁库人掌握了几何学的基本概念，却没有用来表达这些概念的语言，研究人员表示，这可能是一种独立于一般语言之外的延展性数学语言。

蒙杜鲁库土著部落以狩猎为生，他们的语言对于现代文明来说显得极为奇特。因为在其语言中表达数字的词汇很少，只有1到4，而且这些数字对他们来说只是简单的概念，既不具备口头计数的功能，也不具备将其用作符号刻度计数的功用。

然而，来自法国法兰西学院和美国哈佛大学的研究人员对生活在偏僻地区的这一部落研究后发现，蒙杜鲁库人对几何学很有天赋，他们能轻易掌握几何学中的基本概念。

2004～2005 年，研究人员深入到蒙杜鲁库土著部落，邀请当地人加入他们的实验。为了验证出蒙杜鲁库土著部落对于几何概念的形成，他们选取了小孩和成人，其唯一的标准便是这些人并未接受过教育的启蒙。研究人员发现，在蒙杜鲁库人语言里，没有与长方形、平行线等几何学相对应的语言，但部落里发现的许多画作阐释了相当多的几何美学。

为了探测出蒙杜鲁库人对几何学中点、线、平行线、长方形、图形、对称等概念的理解，研究人员设计了六种图案的排列，其中一项为干扰项，被测试者要识别出那个干扰项。

试验结果是，不论年龄大小，蒙杜鲁库人都能很顺利地完成试题，只是在识别“对称”这一概念时稍有困难。这个结果证明，蒙杜鲁库人尽管语言构成中没有几何学的基本概念，但他们具备几何学的基本常识。这种能力并未经过后天的教育，而是他们与生俱来的。研究人员表示这便表明在蒙杜鲁库人的数学思维中有着一种独特的语言——延展性数学语言。

## 第二节 记忆系统论的解释

现代信息加工心理学将人脑对信息的处理过程，比拟为计算机处理数据的过程，来解释人脑的记忆加工过程。外界刺激作用于人的感官后，信息首先进入感觉记忆（瞬时记忆），引起个体注意的感觉信息进入短时记忆，在短时记忆中存储的信息经过加工再存储到长时记忆中，而这些保存在长时记忆中的信息在需要时又会被提取到短时记忆中。

### 一、瞬时记忆

当客观刺激停止作用后，感觉信息在一个极短的时间内保存下来，这种记忆叫感觉记忆（sensory memory）或瞬时记忆（immediate memory）。感觉记忆的储存时间大约为0.25～2 秒。

### 扩展阅读　瞬时记忆的实验

1960 年，斯波林（sperling）图像记忆实验证实了感觉记忆的存在。以往对记忆保存量的实验研究都是使用全部报告法（whole—report procedure），即用速示器在短时间内向被试者呈现数字卡或字母卡，数字卡或字母卡呈现后，让被试者把所看到的数字或字母尽可能多地报告出来。实验结果是，当呈现的数字数低于 4 个时，被试者可以全部正确地报告出来；当数字增加到 5 个以上时，被试者的报告开始出现错误，正确率平均为 4. 5。

斯波林创造了一种新的方法——部分报告法（partial—report procedure）。他按 4 个一排，一共三排的方式向被试者呈现 12 个英文字母。

X　M　R　J<br>
C　N　K　P<br>
V　F　L　B

呈现时间仍为50毫秒，其中每排字母都和一种声音相联系，如上排用高音、中排用中音、下排用低音。要求被试者在字母呈现后，根据声音信号，对相应一排的字母作出报告（局部报告法）。由于三种声音的出现完全是随机安排的，因此被试者在声音信号出现之前不可能预见要报告的是哪一行。这样，研究者就可以根据被试者对某一行的回忆成绩来推断他对全部项目的记忆情况。实验结果表明，当视觉刺激消失后，立即给予声音信号，被试者能报告的项目数平均为 9 个，这比采用整体报告法几乎增加了一倍。由此，斯伯林用局部报告法证明了感觉记忆的存在。

莫瑞（Moray）等人于1965 年的研究发现，除视觉通道外，听觉通道也存在感觉记忆。他们模仿斯伯林的局部报告法，在一个房间的 4 个角放置了 4 个扬声器，被试者坐在房间中间可以从 4 个不同的声源听到声音，并且能区分出声音发出的位置。实验时可以通过 2 个、3 个或 4 个声源同时呈现 1～4 个字母，刺激呈现之后，被试者要根据视觉提示报告出他所听到的字母。实验也采取了整体报告法和局部报告法，结果表明，局部报告法的成绩要优于整体报告法，说明听觉系统中也存在感觉记忆。

瞬时记忆向短时记忆的转换的重要条件是注意。感觉记忆中只有能够引起个体注意并被及时识别的信息，或者说意识到的瞬时记忆的信息，才有机会进入短时记忆。没有受到加工的信息，在 1 秒钟后会自动消失。

## 二、短时记忆

短时记忆是指外界刺激以极短的时间一次呈现后，保持时间在 1 分钟以内的记忆。在短时记忆中加工信息的时候，有时需要借助已有的知识和经验，这时又要从长时记忆中把这些知识和经验提取到短时记忆中来。因此，短时记忆中既有从瞬时记忆中转来的信息，也有从长时记忆中提取出来的信息，它们都是当前正在加工的信息，所以短时记忆又叫工作记忆。

短时记忆的容量是以单元来计算的。一个单元可以是一个数字、字母、音节，也可以是一个单词、短语或句子。单元的大小随个人的经验组织而有所不同。在编码过程中，将几种水平的代码归并成一个高水平的、单一代码的编码过程叫组块（chunking）。以这种方式形成的信息单位称为块（chunk）。因此，可以利用已有的知识经验，通过扩大每个组块的信息容量来达到增加短时记忆容量的目的。

### 延伸阅读　组块提高记忆的容量

1956 年，G.米勒发表了一篇题为《神奇数 7 加减 2：我们加工信息的能力的某种限制》的论文，文中明确提出短时记忆的容量为 7±2，他从信息加工的观点出发认为，倘若人在主观上对材料加以组织、再编码，记忆的容量还可以扩大。他提出了组块

（chunking）概念，所谓组块是指将若干较小单位联合成熟悉的、较大的单位的信息加工，也指这样组成的单位。组块可以提高记忆的容量和效率。

默多克（Murdock）用听觉方式先向被试者分别呈现三组不同的材料。

第一组是由 3 个辅音构成的三字母组合，如 PTK。

第二组是由 3 个字母组成的单词，如 HAT（帽子）。

第三组是 3 个单词，如 EAR（耳朵），MAN（男人），DOG（狗）。

然后让他们进行回忆。实验结果表明，三字母组合与 3 个单词的回忆成绩差不多。也就是说，回忆 3 字母单词比回忆不相关的 3 字母组合的成绩要好得多。这说明一个单词是一个熟悉的单位——块。通过组块，被试者能大大提高对一系列字母的记忆数量。

加工指的是大脑对事物的处理。有的同学花一节课的时间，在纸上写了满满的一整篇的单词，粗略一数不下 200 个，仔细去看竟然都是同一个单词。按理说一个词写了 200 遍，即使记得不牢，也应该很熟了。但你若去问：你在课上记的哪个单词，他却懵然不知。这种情况是手眼的协调活动，但不是大脑对信息的加工。

## 补充阅读　造句是组块的便利形式

有人提出汉语里最容易读错的 10 个字，用最标准的读音将上述 10 个词语集中在一句话之中，则会提高读音的准确率。

（1）结束的“束”（shù）。

（2）强劲的“劲”（jìng）。

（3）召开的“召”（zhào）。

“我们之间一切都结束了，在圣诞树还未及装点的时候；纵使北风不够强劲，消息也足以不胫而走；还需要召开一个新闻发布会吗，即使留下几张亲密的照片又有什么意义？”

（4）迁徙的“徙”（xǐ）。

（5）粗犷的“犷”（guǎng）。

（6）扪心自问的“扪”（mén）。

“两颗温柔的心曾经在不停地迁徙中相遇，那是千禧之年；后来的我们却都变得无比粗犷，直至广种薄收；扪心自问，昔日热烈的情感街市如今为何沦为门可罗雀？”

（7）勉强的“强”（qiǎng）。

（8）良莠不齐的“莠”（yǒu）。

“不必勉强，毕竟抢银行不能让人变得富有；良莠不齐的人群，有多少知己可以两情相悦？”

（9）瑕不掩瑜的“瑜”（yú）。

（10）天下没有不散的筵席的“筵”（yán）。

“瑕不掩瑜，美好回忆于无声处；奈何天下没有不散的筵席……”

## 三、长时记忆

长时记忆是指外界刺激以极短的时间一次呈现后，保持时间在 1 分钟以上的记忆。长时记忆中的信息是有组织的知识系统，它使人能够有效地对新信息进行编码，以便更好地识记。

编码时的意识状态对长时记忆的信息储存有决定性影响。有意编码可使人们的全部心理活动趋向于一个目标，这使任务从背景中突出出来，人们在进行感知时头脑中能留下较深的痕迹。

有意编码的实验。首先给被试者呈现不同颜色的字母，如 O、B、P、C、M、O、R、B，要求被试者记住其中有几个字母 O。呈现结束后，问被试者有几个字母 O、它们是什么颜色，除了字母 O 以外，还有哪些字母、这些字母是什么颜色。结果表明，由于事先给被试者布置了实验的任务，在有意编码的情况下，被试者对字母 O 的数量回答得最准确。相反，被试对事先没有布置的其他问题，由于没有进行有意编码，因此回答时错误较多，甚至不能回答。这说明没有记忆的意图，编码的结果往往不够准确。

### 课堂练习

请在规定的时间内，记住下面的单词：草房、木桶、水井、道路、云彩、松树、梯子、杠杆、栅栏、湖水、架子车、斧头、长凳、仓库、杨树、水槽、灭火器、小船。（时间：2 分钟）

如果将所述之物编织成田园风光图，如图 13-1 所示，可能会有助于记忆。

这种记忆方法有形象记忆与语词记忆的互通，也有对信息的深度加工。

图 13-1　田园风光图

## 扩展阅读　　情景记忆

图尔文（Tulving，1972）将长时记忆分为两类：情景记忆和语义记忆。情景记忆（episodic memory）是指人们根据时空关系对某个事件的记忆。这种记忆与个人亲身的经历是分不开的，如想起自己参加过的一个会议或曾去过的地方。由于情景记忆受一定时间和空间的限制，信息的储存容易受到各种因素的干扰，因此记忆不够稳定，也不够确定。

课堂练习中的单词有18个。在规定的时间内，你全背下来了吗？你使用什么方法背下来的？有的人是强背，一如往昔；有的人采用了分类记忆，大约可分为建筑、工具和自然景物等。

您有没有采用情景记忆法？可否将上述的单词联系成一幅恬静的田园风光图画。

在画面里，包含了所有要求记忆的词汇，而且我们看到，在这幅广袤的田园风光图中，还可以增添新的词汇。

在下面的画面中又增添了公鸡、母鸡、鸭子、圆木、劈柴，如果用分类法，还须加上动物，如果物件再杂乱一些，单是分类就够记的了。更重要的是，人类的记忆或思维绝不仅仅是条块分割或直线连接的，而应该是相互联系的。

上面的图画中还可以增添更多的事物吗？目前画面上的内容，可以用文字描述成很长的故事吗？一个在城里工作的白领，回到童年生活过的家乡，映入眼帘的就是上面午后宁静的乡村。换个场景，一个海外游子，从大洋彼岸回到阔别多年的故土，故事会更加丰富。

故事可以编得很长，长到足以相当于你的课文那么长，那么你肯背你的课文了吗？

情景记忆是一个人的亲身经历。情景记忆也可以是想象的情景记忆。为了牢记单词，可以将单词联系成一幅情景图画。在阅读课文时，也可以将课文的内容想象成一幅图画。事实上，无论我们阅读母语还是阅读外语的文章，我们都会将文章讲述的内容、人物、场景通过想象再次呈现在脑海当中。心理学上将这种想象称为再造想象。

## 第三节　动　态　记　忆

动态记忆是指记忆的内容在质量和数量方面的变动，通俗地说就是遗忘。但是，当时没想起来的事情，过了一段时间后又想起来了，由此可见，遗忘也不是完全的遗忘。还有，我们亲身经历过的事件，若干年后再回忆，会有很多误差。所以，记忆不是记住或没记住那么简单。

## 一、信息的干扰

在记忆和遗忘的矛盾中，令人感到困扰的常常是我们想记的没记住，而下决心要忘掉的却又忘不掉。那么什么是遗忘呢？在解释遗忘的理论中，比较有影响的是干扰说。

1924 年，詹金斯（Jenkins）和达伦巴克（Dallenbach）设计了最早的有关记忆的干扰实验。他们先让被试者学习一些无意义音节字表，然后让一组被试者去睡觉，另一组被试者进行一般的活动。分别在 1、2、4、8 小时之后，让被试者回忆所学字表的内容。结果表明，睡眠组比活动组的回忆成绩好。

干扰实验说明，清醒时的遗忘不是因时间流逝的自然衰退，而是大脑的持续活动，后进入大脑的信息对记忆内容产生了干扰。根据活动在学习之前还是在学习之后，可以将干扰分成前摄干扰（或前摄抑制）和倒摄干扰（或倒摄抑制）。

### 延伸阅读　前摄抑制和倒摄抑制

前摄抑制是指先前的学习与记忆对后继的学习与记忆的干扰作用。实验是按下面程序进行的，见表 13-1。

表 13-1　前摄抑制实验设计程序

| 实验组 | 控制组 |
|---|---|
| 学习 A 材料 | 休息 |
| 学习 B 材料 | 学习 B 材料 |
| 回忆 B 材料 | 回忆 B 材料 |

实验结果，控制组的回忆成绩优于实验组的成绩，由此可以断定实验组由于学习了 A 材料反而对识记或回忆 B 材料产生了干扰，因此导致成绩低于控制组。

安德武德（Underwood）的实验发现，在学习无意义音节字表前有大量练习的人，24 小时后检查，只记住所学会字表的 25%；而以前没有过这种练习的人，则能记住同一字表的 70%。说明先前的活动对当前的学习产生了强烈的干扰。

倒摄抑制是指后继的学习与记忆对先前学习材料的保持与回忆的干扰作用。从表 13-2 的实验结果中可以看到，控制组的回忆成绩仍然优于实验组。因此可断定实验组在学完 A 材料后插入了学习 B 材料的活动而干扰或抑制了对 A 材料的记忆。

表 13-2　倒摄抑制实验设计程序

| 实验组 | 控制组 |
|---|---|
| 学习 A 材料 | 学习 A 材料 |
| 学习 B 材料 | 休息 |
| 回忆 A 材料 | 回忆 A 材料 |

前摄抑制作用的程度随先前学习材料数量的增加而增加。斯拉墨卡（Salamanca）对学习有连贯意义的散文材料时前摄抑制的影响进行了实验，结果表明，先前学习的次数越多，数量越增加，前摄干扰作用也越大。此外，先后所学习的材料内容越相似，干扰越大。

倒摄抑制的强度受前后所学的两种材料的性质、难度、学习时间的制约。如果前后所学材料相同，后继学习则是复习。前后所学材料完全不同，倒摄抑制作用较小，如果前后所学材料既相似又不相同，容易混淆，其倒摄抑制作用最大。先学习的材料巩固程度越好，受倒摄抑制的干扰越小。

## 二、言过其实的遗忘

人们在了解记忆之前，首先感受了遗忘。因为人们总是说自己忘了什么，而不是留意自己记住了什么？或许人们认为记住是应该的，而忘记是羞于启齿的，这也是种负向思维。负向思维将人的自信和勇气消磨殆尽。所以凡事应该注重积极的、成效的方面。

最早对记忆进行系统研究的是赫尔曼·艾宾浩斯，他在实验中选用的材料和方法都具有特色。

首先，艾宾浩斯自制了无意义音节作为记忆材料。无意义音节是由中间一个元音、两边各一个辅音构成的，如 MIQ、ZEH 和 GUB，以在德语字典中查不到为准，因此称为无意义音节，共拼成 2300 个音节。然后将几个音节合成一个音节组，由几个音节组合成一项实验的材料。

用无意义音节作为实验材料是一项创造性工作。首先，以无意义音节为实验材料，目的是避免受旧有知识经验的影响。无意义音节虽然本身没有含义，但它可以引起被试者的联想，为了使记忆的难度尽量一致，要选用联想值较低的无意义音节作为实验材料。其次，无意义音节只能依靠重复的诵读来记忆，使记忆效果一致，便于统计、比较和分析。例如，研究不同长度的音节组（7、12、16、32、64 个音节的音节组等）对识记、保持效果的影响及学习次数（或过度学习）与记忆的关系等。

艾宾浩斯以自己为主试者和被试者，独自进行研究，持续数年之久，获取了大量的数据，并归纳出记忆保持的函数公式：$b=100K/(\log t)c+k$。

后来的研究者根据艾宾浩斯的实验数据绘制的保持曲线，如图 13-2 所示，从曲线中我们可以看到，遗忘在学习之后立即开始，遗忘的过程最初进展得很快，以后逐渐缓慢。

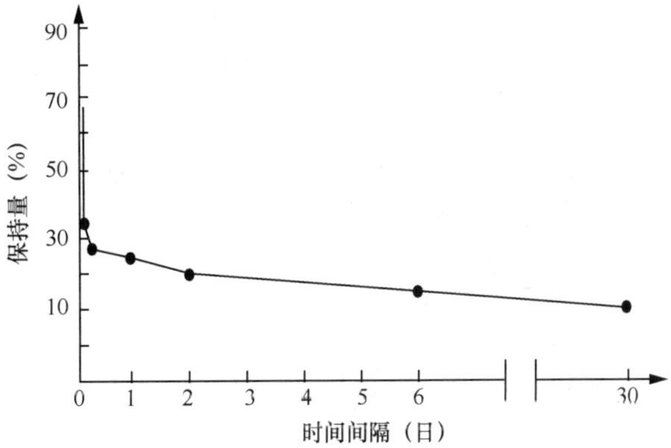


图 13-2　艾宾浩斯的保持曲线

## 补充阅读　舌尖现象

在回忆过程中，经常会发生提取信息的困难，这可能是由干扰引起的。例如，考试时，有人明知考题的答案，但是由于当时情绪紧张，一时想不起来，这种明明知道而当时又回忆不起来的现象叫“舌尖现象”(tip of tongue)，即话到嘴边又说不出来。

尽管人们对遗忘的过程最初进展得很快有一定的心理准备，但看到遗忘的速度笔直地接近极限时，内心还是生出恐慌。

但事实上，这里有三个误会。其一，艾宾浩斯采用的是无意义音节。由于记忆材料没有意义，很难使它们和已有的知识产生联系而得到巩固。其二，艾宾浩斯把记忆当作机械地重复，没有考虑到记忆是个复杂的主动过程。其三，最大的误会是，人的大脑只接受有意义，并且是自觉有意义的信息。对于没有意义的信息不予加工，更不予记忆。所以，艾宾浩斯的实验只能是实验室里的数据，而不是日常生活和学习的事实。

## 扩展阅读　记忆的回涨

1913 年，巴拉德（P. B. Ballard）在一个实验中，要求 12 岁左右的学生用 15 分钟学习一首诗，学习后立即测其保持量，并把回忆的平均数定为 100%，此后的六天内分别测量保持量，发现识记后立即回忆的成绩不如过两三天后回忆的成绩。具体为，第 2 天可达 120%，第 1、3、4、5 天约为 110%，第 6 天约为 95%。这就是记忆的回涨现象，这种现象在许多人的研究中均得到证实。记忆回涨现象在儿童期比较普遍，随着年龄的增长将逐渐消失。学习较难的材料比学习容易的材料更为显著。记忆恢复的内容大部分是处于学习材料的中间部分。记忆回涨现象说明大脑需要时间对新输入的知识同原有的经验进行整合。无意义音节的诵记则不会出现记忆的回涨，因为无意义音节不具有实质意义，也没有原有经验系统的吸纳和整合。

# 第四节　有　效　记　忆

心理学对记忆的研究始终围绕着揭示记忆的生理机制和有效方法，目的是帮助人们提高记忆效率。

## 一、系列位置效应

对记忆的研究是从人类的符号记忆开始的。1962 年，墨多克（Murdock）向被试者呈现一系列无关联的字词，如肥皂、氧、枫树、蜘蛛、雏菊、啤酒、舞蹈、雪茄烟、火星、山、炸弹、手指、椅子、木偶等，以每秒出现 1 个的速度呈现完毕，让被试者以任意顺序自由回忆。

结果发现，回忆的效果与字词在原呈现系列中所处的位置有关。在系列的开始部分和末尾部分的单词都比中间部分的单词记得较牢或更容易回忆，心理学把这种现象称为系列位置效应。根据实验结果所画出的曲线叫作系列位置效应曲线，如图 13-3 所示。

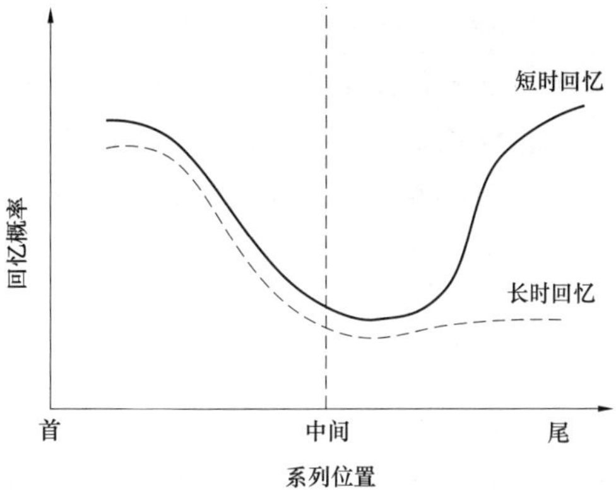


图 13-3　系列位置效应示意图

对词表开始部分的单词记忆的效果优于中间部分，回忆率高，这种现象称为首位效应或首因效应。词表末尾部分的单词比中间部分的单词更易于回忆，再现率更高，这一现象称为新近效应或近因效应。

这项记忆实验的结果对我们知道日常生活的记忆有重大的启示。

## 二、睡眠惯性

人们很自然会想到，记忆效果最好的时段是在早晨和晚上。中国的民间也有闻鸡起舞的训诫。但是问题是，起早背书，起多早才算好？晚上背书，背到多晚才算好？原则是既不贪黑，也不起太早。

试想，如果为背记一些材料，强迫自己从睡梦醒转。在某种程度上，似乎已经醒转，但在完全意义上，人还处于睡眠当中。且不说尚未完全睡醒，即使如往常一样，在正常的作息时间内起床，也不宜马上工作，因为人们普遍存在着“睡眠惯性”。

### 相关阅读　　睡眠的理论

关于睡眠的成因，医学界主要有两种观点：一是大脑深部的松果体分泌的褪黑色素令人入睡；二是脑干蓝斑核和中缝核是睡眠管理中枢，通过一种叫作 ASP5–a–DSIP 物质产生和维持睡眠。

心理学的研究认为，脑干上行激活系统和上行抑制系统的兴奋性，决定着大脑皮层处于清醒或睡眠状态。神经生物学从睡眠过程中脑电变化的角度提出，睡眠是为了恢复脑细胞的疲劳，睡眠时大脑特殊的脑电活动有利于神经元调整其自身的生理平衡。

睡眠的活动同步化的理论较为合理地解释了大脑睡眠的生理机理。我们已经知道人脑内的信息载体是神经脉冲电，而不同频率的神经脉冲电可以引起神经元不同基因功能的表达。神经元由于这些基因功能的表达，产生自身形态结构和突触传递功能的改变，形成学习记忆的神经结构基础。但是从神经元生理代谢的角度，这些基因功能的表达扰乱了神经元内部的代谢平衡，导致神经元的疲劳。同时引起神经元内部纤维的缠结和蛋白的堆积，直接引起神经元细胞的功能退化或老化。所以，睡眠是脑细胞的修复和保养。

分析睡眠时脑电图的变化，人们对睡眠的机理提出脑电活动同步化的设想。人在睡眠时脑干上行抑制系统产生一种上行性的电脉冲频率，逐渐诱导大脑皮层神经元细胞的电脉冲活动与其同步化，因而在脑电图上记录的脑电频率逐渐减缓、波幅逐渐增大。大脑皮层神经元这种脑电活动的变化，可以诱导细胞某些基因功能的表达，达到其调整内部代谢平衡的目的。所以慢波脑电取代清醒时的脑电活动，是为了达到其消除疲劳的目的。

美国科罗拉多州立大学科学家的一项研究显示，人们醒来后的表现和喝醉酒一样糟，甚至更坏。研究人员说，人刚睡醒后头脑有一段很不清醒的时间，这就是所谓的“睡眠惯性”，在这段时间里，人的短期记忆力、计算和认知能力都削弱了。

研究人员还发现，睡眠 8 小时后醒来的人们的表现并不好于那些 24 小时都没有睡觉的人。通过对参与者进行研究，他们发现醒后的头 3 分钟，人受“睡眠惯性”的影响最严重，通常情况下这种糟糕的表现会在 10 分钟内逐渐减轻。但研究人员表示，在醒后 2 小时，“睡眠惯性”对身体仍有一定的负面影响。

肯尼思 • 赖特指出，这项研究对从事医学、安全和运输工作的人来说都有启示作用，它凸显了那些不得不在突然醒后做决定的人们所面临的挑战。赖特说：“人在刚刚醒后的认知能力比长时间剥夺睡眠时间还要糟糕。在短时间内，至少睡眠惯性对人造成的影响和喝醉了一样糟糕，甚至更加糟糕。”

同样，如果晚间，你的身体和大脑都出现了疲倦，强行记忆的效果也不会太好。所以若想真正取得理想的记忆成绩，首要的前提是睡足才好。

## 扩展阅读　科学用脑

1. 遵循生物节律

大脑和身体有它们各自的节律。每天的早晨和晚上是记忆的高峰。上午 8～10 点，晚上 6～8 点，是用脑的最佳时间。大脑和身体经常交流。如果身体很轻松活跃，大脑也会保持警觉。

2. 选择适宜的学习环境

大脑工作时，脑细胞需要大量的氧气，来氧化分解葡萄糖，从而保证脑功能正常所需要能量的供应。大脑喜欢整洁的空间，气味影响大脑，颜色能帮助记忆。

3. 交替不同的学习材料

人们的各种学习和活动都是由大脑皮层相应的区域主管，文理科不同内容相互搭配，减少抑制作用的影响，减轻大脑某区域的疲劳。适当休息，大脑集中精力最多只有 25 分钟。

4. 保持良好的情绪

开心和学习效率成正比，心情越好，学到的知识就越多。研究证明，紧张、忧郁、焦躁，会引起脑细胞能量的过度消耗。压力产生的皮质醇，会杀死海马状突起里的脑细胞，影响记忆。大脑喜欢开玩笑，用积极的话语同大脑交谈。

5. 保证营养和休息

脑力劳动要消耗大量的能量，这就需要充足优质蛋白质、碳水化合物和维生素等。饮食结构影响你的智商，经常性头痛和脱水有关。大脑皮层的工作由于超过工作能力的界限而产生保护性抑制，睡眠是大脑休息的最好方式。睡眠时，大脑能把你新旧知识联系起来。

## 第五节　记　忆　课　文

我们介绍了许多记忆的研究成果，以及有效记忆的方法，将这些内容应用到背诵课文的记忆当中才是运用所学。英语课文无论多长，它都要有逻辑结构，都有开始和结束，都有逻辑贯穿，这个故事的主线就为你的记忆提供了回忆的线索。

背诵课文的最大优势，就是为你要记忆的词汇提供了回忆线索和背景依托。所以单从背诵单词，增加单词量的角度，背诵课文也是可供选择的不错的方法。

背诵课文的效应还表现在英语听说读写成绩的全面提升。

1. 分进合击

背诵课文，谈何容易？偌大的一篇课文，不要说背，单是把词都认全了，把意思理解了就已经相当不容易了。因此，背诵课文要一段一段地去背。

一篇课文分几段？

按现在使用的大学英语教材计算，一般院校是一学期学一册，每册教材大约有 10 课。

每周讲一课。每课分主课文和副课文。在刚刚开始背诵课文的时候，我们只选取正课文。即使只背诵正课文，任务量也很重。

但我们有一周的时间。

分进：将课文分配到 5 天去背。每天大概是一个自然段，最多不会超过两个自然段。

如果还觉得长，那么我们一天还有早晨和晚上，就分割成 10（5×2）个段落。

乍听起来，每天的背诵量还相当不少，但是，不要忘记，每天我们有四个黄金时段。早晨起来没有前摄抑制，晚上睡前没有后摄抑制。从前摄抑制和后摄抑制的角度讲，我们可以将一天分成两个记忆单元。如果中午的时候小憩一下，则凭空争取了两段记忆的最佳时光，也就是说一天分割成 4 个记忆时段。午饭后，午休前是一个黄金背诵段。午休后又是一个黄金背诵时段。

这样一篇课文就分成了 20 小段。20 小段，每段大约相当于一句话。一次背一句话，用十几分钟，应该不成问题。

合击：用 5 天时间将课文分别背诵下来后，第 6 天，将课文从头到尾地完整地背诵下来。第 7 天，学习新的课文。当然，这期间不妨碍你学习其他内容的英文材料。

一周背一篇课文，是不是少点。你可以背得更多，当你轻松流畅地背下主课文后，可以背诵副课文。然后，背诵课文以外的资料。

2. 整体学习与部分学习

如果你需要把一篇演讲稿背下来，是从头到尾整体背诵效果好，还是一部分一部分地背效果好呢？一般说来，如果材料比较短，组织得比较好，整体学习（whole learning）比部分学习（part learning）的效果要好。但对于篇幅浩大且内容复杂的材料，则拆解成若干段落背诵比较好。例如，一本书的内容通过章和节被分成较小的部分，使读者能够一部分一部分地学习。在具体学习时，要根据学习材料的内容决定使用哪种学习方法，最大限度地将意义完整的信息内容作为每次学习的单位。

对于很长或很复杂的材料，还可以使用渐进式部分学习法（progressive part method），即把整个学习任务分解为一系列小任务。例如，你把一个任务分为三部分，首先学习第一部分，直到掌握为止；然后，你把第一和第二部分合并学习；最后，你再把三个部分连起来学习。如果你想背诵戏剧的台词、练习唱一首歌或背一首诗，这是一种很有效的方法。当你按三部分的顺序把整个材料背下来之后，还应该练习从中间任何一部分开始往下背，这样才不会在表演中因为忘了一句词而头脑中一片空白。

3. 行动优先

在背诵课文的初期，肯定会出现这样的情况：中午的时候发现早晨的没有记牢，晚上的时候发现一天的都没有记牢。万一遇上这样的情况，不要理睬，继续往下背。可能有人要问，没记牢，还往下背什么？先花时间把今天的记牢了。不然，第一天内容的没有记牢，但是已经足以给第二天的背诵提供了背景支持。我们现在需要的是为下一步的背诵提供支撑系统。

第二天的内容还没有背牢、背顺、背溜，都不要管它，继续往下背。随着内容的进展，人物的鲜活，到后面几天，你会发现，竟然在没有背牢前面内容的情况下，背牢了后面的内容。缘由就是你的支撑系统越来越强大，强大到足以背牢后面的内容。

其实最好的办法，还是不要急着去检验效果。最好的办法是持续地背下去。前面我们说过，6 周或 8 周之后再回过头去看效果，应该是恰当的时机。一想到 8 周，可能会觉得那么遥远。但是 8 周后回过头来看，竟有那么厚重的收获，自然会生出许多欣慰。

## 扩展阅读　乐观情绪

现在，请你闭上眼睛，回想一下或假设一下：你昨天背了 10 个英文单词，今天回忆的结果是什么？记住了 5 个。还是，忘了 5 个。也许你早已发现，也许你刚刚察觉，同样是一半的记忆效率，可以有两种截然相反的表述方式。一种是正面的，一种是负面的。

一般情况下，人们在回忆某事或某物或某人时，一旦没有及时回忆起来，或没有精确地回忆起来，往往会说：“看我这记性！”很少有人会说：“我记得你。”“我记得这件事。”

你的记性确实很好。你还记得回家的路。不好的是绝大多数人在没有及时回忆起来，或没有精确地回忆起来时，选择了消极地、颓废地否定自己的表述方式。一句话可能不重要，这是人们一般的想法，但是对于大脑却很重要。大脑需要的不是经常打击，需要的是不懈的鼓励!

很多人在检验昨天的记忆效果时，都是不厌其烦地，甚至有点暴躁地说："怎么又忘了!"大概最好的说法是"记住 5 个啊？"是问句，言外之意是怎么没把 10 个全都记住。

奖赏的做法是"我记住了 5 个。"是祈使句，即使你只记住了 1 个，也不说忘了 9 个，而是永远告诉自己"看我多行，又记住 1 个。"

奖赏自己的方法最简单，为自己喝彩!

原来习以为常的，看似谦虚谨慎、戒骄戒躁的做法，轻描淡写的一句话，不知不觉间摧毁了记忆的自信。由于自己不断地给自己错误的信息，使得自己的大脑误以为自己的记性很差。

说起来是废话，大脑是有记忆的。你告诉它什么，它就记住什么。你告诉它错的，它就记住错的。而且还不仅如此，更为严重的后果是，当事情过去了，事情引发的情绪还在。当你为自己没有记住另外 5 个单词自责的时候，你检验昨天记忆效果的事情过去了，当时自责的情绪却保留了下来，成为对自己否定的根据，颓废的理由。

你可能会因此远离英语的记忆与学习。没意思，可能是人们常挂在嘴边的老生常谈。

4. 诉与谁人听

在专家推荐的记忆法则中，有一条是把自己记住的东西讲解给别人听。向别人讲述的内容，自己必须弄清楚、搞明白，在理解牢记的情况下，才能给别人解释清楚。

我们观察儿童，在儿童向你讲述他的经历或请求时，他的语速是缓慢的，他的讲述是反复的，有的反复要倒退回去很多，甚至要回到开头重讲。原因是儿童对所讲述的事件的会意不连贯。因此，学习外语时的讲述也很重要。

当我们期望讲述时，我们向谁讲？似乎没有人肯花时间听我们讲他们不感兴趣，还有可能他们根本听不懂的话。我们可以对树讲。上课前，总能看到很多同学在树林里，在甬道上或背或诵。你再往前迈一步，将背或诵提升到讲。你面对不知厌倦的树木讲述，讲不通的地方还可以编，你最大的收获是诵背讲想，多举多赢的练习方法。

5. 协调大脑两半球

关于左右大脑半球功能差异的认识是由裂脑手术开始的。对少数频发性癫痫的患者进行研究，发现他们的癫痫发作是从一侧大脑半球扩散到另一侧大脑半球的。治疗的方法之一是切断病人的胼胝体。胼胝体是联系大脑左右半球的神经纤维束。切断病人的胼胝体是阻止病灶向另一个半球扩散。手术对缓解病情是有效的。

在对裂脑人进行的一系列实验中发现，人的左右半脑是严格分工的，左半脑是抽象思维中枢，右半脑是形象思维中枢。左半脑思维材料侧重语言，逻辑推理、数字、符号等；右半脑思维材料侧重事物形象、音乐形象、空间位置等。1981 年，R·W·斯佩里获得诺贝尔生理医学奖。随后的研究越来越多地报告了大脑两半球的差异。

人类的大脑左半球记忆靠语言，而右半球记忆则是靠图像；左脑记忆遵守逻辑顺序，所以要花费一定的时间，也称“直线处理记忆”；而右脑则可以一眼就把对象物作为图像保留在脑海中，记忆时不花费时间，所以右脑记忆也称“平行处理记忆”。掌握了平行处理记忆，记忆时就只需花费相当于以往 1/100 的时间和劳动。掌握了这种能力，还可以让你轻松通过一生中要参加的各种考试。今后的社会不再是学历社会，而是实力社会，能够使用右脑能力的人将成为这个社会的主导。

**补充阅读　　闪光灯记忆**

闪光灯效应（flashbulb effect）指对引人震撼的事件容易使人留下深刻的记忆。在多年前，曾有心理学家，在美国第十六任总统被刺身亡后的 33 年，以 179 位中年以上的人为对象，调查他是否还记得林肯遇刺的时间、地点及凶手姓名等历史事件。结果发现“回答完全正确者”居然有 127 人（占 71%）。在闪光灯效应影响之下所产生的深刻记忆，称为闪光灯记忆（flashbulb memory）。闪光灯记忆所记的内容，多半是与个人有关的重要事件。

6. 熟视有睹

我们每天接触很多事物，我们会逐一了解这些事物的名称、功能、用途，但人们忽略了一个现象，那就是在我们了解了这些内容之后，就不再留意它们了，但却能自动地觉察它们，自如地运用它们。这种情况叫熟视无睹，心理学上称为自动思维。

观察儿童，儿童在不断地指认他刚刚学习掌握了的新事物的名称。儿童拿起奶瓶会说“有”，喝光了会说“没”。儿童的行为是在学习语言。你的英语水平是否也基本上处于学习母语的童年阶段？

你的英文单词相当地丰富，你的英语语法相当地深奥，但是，你的大脑对英语的觉察和敏感相当地幼稚。给大脑灌输英文的信息，养成敏感英文的习惯，需要像儿童那样，熟视有睹，或者将“汉视无睹”，改变成“英视有睹”。

将每天看到的、遇到的、想到的用英文去描述、传递、思考，也就是随时辨认事物名称，遣词造句，或即兴构思一篇简洁的短文，不断地以英文的视角观察周围的人物和环境，不断地以英文的思维去思考身边的事物和事件，不断地以英文的信息刺激你的大脑。

**扩展阅读　　内隐记忆的案例**

1845 年，Robert Dunn 发现遗忘症患者在毫不知觉的情况下学会了某些技能。他报告了一位由于溺水造成长时间昏迷而患遗忘症的妇女，尽管根本无法记住学做衣服的过程，但却能够学会裁剪衣服的手艺。Dunn 描述道：她对自己每天所做过的一切毫无记忆，每天清晨，若非未完成的衣服出现在眼前，她就会开始做另外一件新衣服。

1911 年后，瑞士人 Claparede 报告了一位女性遗忘症患者。该患者自发病之日起，不能回忆起发病前五年中在何处度日，并且记不住每天为她治病的医生的姓名。有一次，Claparede 在自己的指缝间藏了一枚针伸向该患者的手，并刺了她一下。患者的手反射性地回缩，但很快她就忘记了这事。不久当 Claparede 的手再次靠近该患者时，发现她不自觉地将手缩回，问其原因，她却答不知道，她所能说的仅仅是“有时候针藏在人的手里”。Claparede 认为，拒绝和他握手是患者对针刺事件的一种无意识记忆的表达方式。

# 参 考 文 献


[1] 班杜拉．思想和行为的社会基础：社会认知论．林颖，译．上海：华东师范大学出版社，2001.

[2] 陈璟．大学生考试焦虑现状及其影响因素的研究．大连：辽宁师范大学，2006.

[3] 董志明．自尊的结构及发展研究．武汉：华中师范大学，2006.

[4] 董晶．高中生父母教养方式、竞争态度和考试焦虑的关系研究．石家庄：河北师范大学，2010.

[5] Martin Payne．叙事疗法．曾立芳，译．北京：中国轻工业出版社，2012.

[6] 黄希庭．大学生心理健康教育．上海：华东师范大学出版社，2004.

[7] 简・博克．拖延心理学．蒋永强，陆正芳，译．北京：中国人民大学出版社，2013.

[8] 李朝霞．大学生的社交焦虑及其与自我和谐的关系研究．武汉：华中师范大学，2004.

[9] 丽莎・茵・普兰特．简单生活．陈子，译．北京：中华工商联合会出版社，2000.

[10] 陆卫明，李红．人际关系心理学．西安：西安交通大学出版社，2006.

[11] 罗伊・鲍迈斯特，约翰・蒂尔尼．意志力：关于专注、自控与效率的心理学．丁丹，译．北京：中信出版社，2012.

[12] 理查德・格里格．心理学与生活．王垒，王甦，译．北京：人民邮电出版社，2003.

[13] 刘艳，谷传华．人际敏感：从社会认知到心理危险因素．心理科学进展，2015，23.

[14] 刘维．高中生考试焦虑与成就归因方式的相关分析．新课程研究，2011，217.

[15] 刘晓新、毕爱萍．人际交往心理学．北京：首都师范大学出版社，2003.

[16] 林榕发．大学生焦虑心理及其对策．南平师专学报，2005，02.

[17] 诺尔曼・道伊奇．大脑可以改变．田志军，译．长春：吉林出版集团有限责任公司，2009.

[18] 黎建斌，聂衍刚．核心自我评价研究的反思与展望．心理科学进展，2010，12.

[19] 皮尔斯・斯蒂尔．拖延心理学 2．陶婧，周玥，曹媛媛，译．杭州：浙江人民出版社，2012.

[20] 史蒂芬・柯维．要事第一：最新的时间管理方法和时间控制技巧．刘宗亚，译．北京：中国青年出版社，2013.

[21] 盛秋鹏．青少年心理健康．北京：人民卫生出版社，2008.

[22] 彭聃龄．普通心理学．北京：北京师范大学出版社，2003.

[23] 王祖莉，初铭铜．大学生心理健康教育．北京：科学出版社，2010.

[24] 肖永春，齐亚丽．成功心理素质训练．上海：复旦大学出版社，2005.

[25] 游金鳞．把爱找回来．台北：心理出版社．2014.

[26] 苑媛．自我接纳与意象对话．合肥：安徽人民出版社，2006.

[27] 杨治良．记忆心理学．上海：华东师范大学出版社，1999.

[28] 郑雪．人格心理学．广州：暨南大学出版社，2007.

[29] 张春兴．现代心理学．上海：上海人民出版社，1994.

[30] 杨磊，姚贵忠. 精神分裂症患者的社交技能训练（综述）. 中国心理卫生杂志，2010，04.
[31] 易高峰，易连云. 农村父母教养方式与中学生焦虑水平的相关研究. 教育探索，2005，12.
[32] 周文霞，郭桂萍. 自我效能感：概念理论和应用. 中国人民大学学报，2006，01.
[33] CARR A. 积极心理学. 郑雪，译. 北京：中国轻工业出版社，2008.
[34] JENSEN E. 不同的脑，不同的学习者. 脑科学与教育应用研究中心，译. 北京：中国轻工业出版社，2006.
[35] LUTHANS F, CAROLYN M. YOUSSEF, et al. 心理资本. 李超平，译. 北京：中国轻工业出版社，2008.
[36] SMAKK G, VORGAN G. 大脑革命. 梁桂宽，译. 北京：中国人民大学出版社，2009.
[37] KENNERLEY H. 战胜焦虑. 施承孙，宫宇轩，译. 北京：中国轻工业出版社，2000.
[38] PATTERSON J. 家庭治疗技术. 王雨吟，译. 北京：中国轻工业出版社，2012.
[39] JULIA C. BERRYMAN, DAVID J, et al. 心理学与你. 武国安，武国城，译. 北京：北京大学出版社，2000.
[40] JOHN D, BRANSFORD, ANN L, et al. 人是如何学习的. 程可拉，孙亚玲，王旭卿，译. 上海：华东师范大学出版社，2003.
[41] BRADSHAW J. 家庭会伤人. 郑玉英，赵家玉，译. 成都：四川大学出版社，2007.
[42] BORG J. 身体语言. 林伊玫，译. 北京：中国市场出版社，2012.
[43] SPRENGER M. 脑的学习与记忆. 脑科学与教育应用研究中心，译. 北京：中国轻工业出版社，2005.
[44] KELLERMANN P F, HUDGINS M K. 心理剧与创伤. 陈信昭，李怡慧，洪启惠，译. 北京：高等教育出版社，2007.
[45] SCOTT O, LILIENFELD. 心理学的 50 大奥秘. 衣新发，译. 北京：机械工业出版社，2012.
[46] MINUCHIN S, MICHAEL P, NICHOLS. 回家. 刘琼英，黄汉耀，译. 太原：希望出版社，2010.
[47] SAYLER S. 身体语言妙用. 张奇，译. 北京：北京师范大学出版社，2013.
[48] NOTEBERG S. 番茄工作法图解. 大胖，译. 北京：人民邮电出版社，2011.
[49] 李明，杨广学. 叙事心理治疗导论. 济南：山东人民出版社，2005.
[50] 杰弗瑞 • 考姆斯. 战拖有术. 徐嘉，译. 长春：吉林出版集团有限责任公司，2013.
[51] 菲利普 •津巴多. 让时间治愈一切：津巴多时间观疗法. 赵宗金，译. 北京：机械工业出版社，2014.
[52] 黄希庭. 探究心理时间. 北京：商务印书馆，2014.
[53] 高原. 你为什么总焦虑. 南京：江苏文艺出版社，2013.
[54] WHITE M, EPSTON D. 故事、知识、权利：叙事治疗的力量. 廖世德，译. 上海：华东理工大学出版社，2013.

# 后　记

心理素质和心理健康水平是人才竞争的核心内容。教育部办公厅关于印发《普通高等学校学生心理健康教育工作基本建设标准（试行）》的通知（教思政厅〔2011〕1 号）中第三部分“大学生心理健康教育教学体系建设”之第 9 条“高校应充分发挥课堂教学在大学生心理健康教育工作中的主渠道作用，根据心理健康教育的需要建立或完善相应的课程体系。学校应开设必修课或必选课，给予相应学分，保证学生在校期间普遍接受心理健康课程教育”。特别是第 10 条“高校应充分考虑学生的心理发展规律和特点，科学规范大学生心理健康教育课程的教学内容，切实改进教育教学方法。应有专门的教学大纲或教学基本要求。教学内容设计应注重理论联系实际，力求贴近学生。应通过案例教学、体验活动、行为训练等多种形式提高课堂教学效果，通过教学研究和改革不断提升教学质量”。

10 年后，教育部办公厅《关于加强学生心理健康管理工作的通知》（教思政厅函〔2021〕10 号）规定：“高校要面向本专科生开设心理健康公共必修课，原则上设置 2 个学分（32～36 学时）”。

大学生心理健康课的教学内容是多学科的综合，帮助学生提高适应环境的能力，提高心理健康的水平。后现代主义课程观主张课程的体验、互动和生成。建构主义认为，学习不是简单地由外到内地转移和传递，教学也不是从外部灌输和传递知识，而是引导学生与周围环境相互作用主动去建构意义的过程。只有将教学内容贴近学生的实际，令学生产生真实的心理触动，才能实现心理成长的积极效果。

本教材以情感体验为中介，力图通过情境性体验式教学的实验，改变学生的认知体验和思维模式，并藉由情绪状态和思维模式的改变促进生理结构的修复和重塑。其次，在正向塑造和挫折压力接种上提出了事先预防的演练方法。

由此，我们对大学生心理健康的讲授内容和讲述方式进行了探索，希望得到同仁的指正。

**编　者**

2025 年 7 月